U0452934

中华人民共和国
农村集体经济组织法
理解与适用

房绍坤　管洪彦 ◎ 主编

ZHONGHUA RENMIN GONGHEGUO
NONGCUN JITI JINGJI ZUZHIFA
LIJIE YU SHIYONG

中国法治出版社
CHINA LEGAL PUBLISHING HOUSE

序　言

良法是善治的前提。《中华人民共和国农村集体经济组织法》对于维护农村集体经济组织及其成员的合法权益，规范农村集体经济组织及其运行管理，促进新型农村集体经济高质量发展，巩固和完善农村基本经营制度和社会主义基本经济制度具有重要意义，是推进乡村全面振兴，加快建设农业强国，促进共同富裕的法治保障。《中华人民共和国农村集体经济组织法》的颁布是农业农村法治的新发展与新起点，具有夯基固本、守正创新之功用，在立法过程、立法效果及立法内容上均彰显着法治重要性、必要性与进步性。

2016年，《中共中央 国务院关于稳步推进农村集体产权制度改革的意见》提出抓紧研究制定农村集体经济组织方面的法律。2018年9月，十三届全国人大常委会立法规划将农村集体经济组织方面的立法列为第三类项目，要求经研究论证，条件成熟时，可以安排审议。2020年，农村集体经济组织法起草领导小组第一次全体会议召开，正式启动起草相关工作。而后，《中华人民共和国农村集体经济组织法（草案）》分别于2022年、2023年、2024年三次进行审议，最终《中华人民共和国农村集体经济组织法》由第十四届全国人民代表大会常务委员会第十次会议于2024年6月28日通过，自2025年5月1日起施行。可见，《中华人民共和国农村集体经济组织法》的出台是时间与经验双重累积的结果。

《中华人民共和国农村集体经济组织法》的制定实现了法治建设整体与局部的兼顾、社会效应由点及面的深入。就法治体系建设而言，《中华人民共和国农村集体经济组织法》主要是一部组织法，也具有行为法、监管法和促进法的属性，多重属性肩负多种功能。该法的颁布，也意味着我国初步构建起以《中华人民共和国民法典》为基本依据，以《中华人民共和国农村集体经济组织法》为特别法的农村集体经济组织制度和规范体系。从社会效应来看，该法的出台则是以农村集体经济组织为主体依托，不仅在经济效应上谋求新型农村集体经济高质量发展、巩固社会主义公有制、促进共同富裕，也在保障农村集体经济组织成员合法权益、加强乡村治理与基层党建层面上实现增益。

《中华人民共和国农村集体经济组织法》的内容翔实完备且内外兼修，应协调其外在形式体系与内在价值体系。从外在形式体系来看，《中华人民共和国农村集体经济组织法》的制定以农村集体经济组织法人的"特别性"为外在逻辑主线，成员、组织登记、组织机构、财产经营管理和收益分配、扶持措施、争议的解决和法律责任等章节都体现出不同于一般法人的特别性。从内在价值体系来看，《中华人民共和国农村集体经济组织法》贯彻了成员平等、团体自治、成员权保障等多元价值理念，并以农村集体经济组织成员权保障为价值根基。

为了阐释《中华人民共和国农村集体经济组织法》的条文内涵，提炼理论共识，方便司法实务，我们编写了这本《中华人民共和国农村集体经济组织法理解与适用》。本书由房绍坤教授和管洪彦教授担任主编，吉林大学农业农村法治研究院专兼职研究人员任编写组成员。多年来，吉林大学农业农村法治研究院研究团队持续关注农村集体经济组织法的立法进程，进行了大量立法研究工作。在本法起草期间，房绍坤教授主持完成了国家社科基金重大项目《农村集体产权制度改革的法治保障研究》，管洪彦教授主持完成了国家社科基金一般项目《农村集体经济组织法人的基本构造与制度表达研究》以及农业农村部委托的数个研究项目。研究团队紧跟立法进程，用法理服务立法，数年间发表了四十余篇相关学术论文，提交了多份决策咨询报告，为农村集体经济组织立法贡献了智慧。

本书以《中华人民共和国农村集体经济组织法》的条文为序逐一进行解读，展开体例一般包括【条文主旨】【条文解读】【适用指南】【关联规范】几大部分。同时，本书在《中华人民共和国农村集体经济组织法》的某些重点条文下设置了【案例评析】，选取中国裁判文书网公布的典型案例，通过"案情简介""核心问题""裁判要旨""专家评析"等部分进行条文的深度剖析，增强了本书的可读性、易读性。

我们希望本书的出版能对《中华人民共和国农村集体经济组织法》的理解与适用有所裨益。囿于编写组成员对该部新法认识上的局限性，本书的内容难免有疏漏与不妥之处，恳请各界人士不吝勘误和反馈意见，我们将不断加以完善。

本书编写组
2024年9月29日

目 录
Contents

第一章 总 则

第 一 条 【立法目的】 …………………………………………… 1
第 二 条 【农村集体经济组织的内涵和外延】 …………………… 6
第 三 条 【农村集体经济组织的地位和作用】 …………………… 10
第 四 条 【农村集体经济组织应当坚持的原则】 ………………… 14
第 五 条 【农村集体经济组织的职能】 …………………………… 17
第 六 条 【农村集体经济组织的特别法人资格、破产适用及
　　　　　其出资】 ………………………………………………… 25
第 七 条 【农村集体经济组织的义务】 …………………………… 27
第 八 条 【农村集体经济组织及其成员权益、集体财产和妇
　　　　　女权益的保护】 ………………………………………… 29
第 九 条 【对农村集体经济组织的扶持措施】 …………………… 32
第 十 条 【农村集体经济组织的主管部门】 ……………………… 33

第二章 成 员

第十一条　【农村集体经济组织成员的定义】 …………………… 36
第十二条　【农村集体经济组织成员的确认规则】 ……………… 38
　案例评析
　　村民小组仅因当事人为出嫁女即剥夺其集体经济组织的成员
　　身份，并以此为由不分配给其土地补偿费的，不应支持 ………… 44
第十三条　【农村集体经济组织成员的权利】 …………………… 46
第十四条　【农村集体经济组织成员的义务】 …………………… 54
第十五条　【非成员享受成员的部分权利】 ……………………… 58
　案例评析
　　对于农村集体经济组织为自然人配置股权，即使不能确认该

自然人是否具有成员身份，股权配置符合农村集体经济组织章程规定的，对该股权配置结果原则上应予以认可 …………… 61

第十六条 【农村集体经济组织成员的自愿退出】 …………… 63

案例评析

放弃承包土地的权利，不等于同时放弃了农村集体经济组织成员身份 …………………………………………………… 67

第十七条 【丧失农村集体经济组织成员身份的情形】 …………… 68

案例评析

农村集体经济组织成员已经取得了其他农村集体经济组织成员身份的，其丧失原农村集体经济组织成员身份 …………… 72

第十八条 【农村集体经济组织成员身份丧失的限制】 …………… 73

第三章 组织登记

第十九条 【农村集体经济组织的设立】 …………………………… 76
第二十条 【农村集体经济组织章程】 ……………………………… 80
第二十一条 【农村集体经济组织的名称和住所】 ………………… 82
第二十二条 【农村集体经济组织的登记】 ………………………… 83
第二十三条 【农村集体经济组织的合并】 ………………………… 86
第二十四条 【农村集体经济组织的分立】 ………………………… 89
第二十五条 【农村集体经济组织的变更、注销登记】 …………… 92

第四章 组织机构

第二十六条 【农村集体经济组织成员大会】 ……………………… 95
第二十七条 【成员大会议事规则】 ………………………………… 103
第二十八条 【农村集体经济组织成员代表大会】 ………………… 108
第二十九条 【农村集体经济组织理事会】 ………………………… 112
第三十条 【农村集体经济组织理事会职权】 ……………………… 115
第三十一条 【理事会的议事方式和表决程序】 …………………… 120
第三十二条 【农村集体经济组织监事会（监事）】 ……………… 124
第三十三条 【农村集体经济组织会议记录】 ……………………… 127
第三十四条 【交叉任职及其限制】 ………………………………… 128
第三十五条 【理事会成员、监事会成员（监事）、主要经营管理人员的义务和禁止行为】 ……………………………… 130

第五章　财产经营管理和收益分配

第三十六条　【集体财产的范围与权利主体】…………… 136
第三十七条　【集体财产的经营管理方式】…………… 140
第三十八条　【其他农村土地的经营】…………… 143
案例评析
　　农村集体经济组织作为"四荒地"所有权人，可依法实行承包经营，"四荒地"承包人与第三人就"四荒地"土地经营权流转达成协议的，该协议有效 …………… 146
第三十九条　【集体经营性建设用地的用途和入市方式】…… 148
第 四 十 条　【集体经营性财产收益权的量化】…………… 152
第四十一条　【发展新型农村集体经济的方式】…………… 154
第四十二条　【农村集体经济组织收益分配】…………… 158
案例评析
　　农村集体经济组织的公积公益金应当做到专款专用，只能用于弥补亏损、扩大生产经营等特定用途，不得挪作他用 …… 161
第四十三条　【农村集体经济组织集体财产管理制度】…… 163
第四十四条　【农村集体经济组织财务会计制度】…………… 165
第四十五条　【农村集体经济组织财务公开制度】…………… 168
第四十六条　【农村集体经济组织财务报告制度】…………… 171
第四十七条　【农村集体经济组织审计监督制度】…………… 173
第四十八条　【农村集体经济组织外部监督制度】…………… 176

第六章　扶持措施

第四十九条　【农村集体经济组织财政支持措施】…………… 179
第 五 十 条　【农村集体经济组织税收支持措施】…………… 182
第五十一条　【农村集体经济组织公共支出计入成本】…… 184
第五十二条　【农村集体经济组织金融支持措施】…………… 186
第五十三条　【农村集体经济组织土地支持措施】…………… 189
第五十四条　【农村集体经济组织人才支持措施】…………… 191
第五十五条　【农村集体经济组织其他支持措施】…………… 192

第七章　争议的解决和法律责任

第五十六条　【农村集体经济组织内部争议的解决】…… 194

案例评析

农村集体经济组织与其成员之间因收益分配产生的争议,属平等民事主体之间的纠纷。当事人就该纠纷起诉到人民法院,人民法院应当受理 …………………………………………… 197

第五十七条 【农村集体经济组织成员撤销诉讼】 ……………… 199

案例评析

农村集体经济组织决定不得侵害成员合法权益,成员有权依法提起诉讼,请求撤销侵害其合法权益的决定 …………… 203

第五十八条 【主要负责人的法律责任及违规担保的效力】 …… 205
第五十九条 【侵害农村集体经济组织合法权益的诉讼救济】 … 209
第六十条　 【农村集体经济组织成员派生诉讼】 ……………… 211
第六十一条 【农村集体经济组织章程、决定的监督】 ………… 216
第六十二条 【地方政府的法律责任】 …………………………… 218
第六十三条 【行政救济】 ………………………………………… 220

第八章　附　　则

第六十四条 【村民自治组织代行农村集体经济组织职能】 …… 224

案例评析

未设立农村集体经济组织时,由村民委员会代行农村集体经济组织职能,承担土地发包等经济职责。新成立的农村集体经济组织,依法行使经济职能,概括承受此前村民委员会与承包方签订的土地承包合同所涉权利义务 …………………… 227

第六十五条 【已依法登记的农村集体经济组织的效力确认】 … 228
第六十六条 【与农村集体产权制度改革中成员身份确认的衔接】 ……………………………………………………… 230
第六十七条 【生效日期】 ………………………………………… 232

附录

中华人民共和国农村集体经济组织法 …………………………… 233

后记 ………………………………………………………………… 247

第一章 总 则

> **第一条 【立法目的】**① 为了维护农村集体经济组织及其成员的合法权益,规范农村集体经济组织及其运行管理,促进新型农村集体经济高质量发展,巩固和完善农村基本经营制度和社会主义基本经济制度,推进乡村全面振兴,加快建设农业强国,促进共同富裕,根据宪法,制定本法。

【条文主旨】

本条是关于《中华人民共和国农村集体经济组织法》立法目的的规定。

【条文解读】

农村集体经济组织法的立法目的规定的是该法的立法目标和宗旨。在法律的第一条规定立法目的,符合我国立法的惯例。农村集体经济组织法在性质上主要是组织法,在我国相关组织法中对于立法目的也有类似规定,如《中华人民共和国公司法》第一条规定的立法目的是规范公司的组织和行为,保护公司、股东、职工和债权人的合法权益,完善中国特色现代企业制度,弘扬企业家精神,维护社会经济秩序,促进社会主义市场经济的发展。《中华人民共和国农民专业合作社法》第一条规定的立法目的是规范农民专业合作社的组织和行为,鼓励、支持、引导农民专业合作社的发展,保护农民专业合作社及其成员的合法权益,推进农业农村现代化。本条规定了七个方面的立法目的。

---

① 简要条文主旨为编者所加,下同。

一、维护农村集体经济组织及其成员的合法权益

农村集体经济组织是中国特色社会主义公有制经济组织[①]，是《中华人民共和国民法典》确认的特别法人，具有独立的法人地位。作为规范农村集体经济组织的特别立法，《中华人民共和国农村集体经济组织法》当然要维护农村集体经济组织的合法权益。农村集体经济组织要服务于农村集体经济组织成员，制定《中华人民共和国农村集体经济组织法》应当贯彻权利本位，将确认、实现和保障农村集体经济组织成员权作为立法目标。一方面，通过确认和保障农村集体经济组织成员自益权实现成员的经济利益；另一方面，通过确认和保障农村集体经济组织成员共益权实现成员的利益。本法第十三条规定了农村集体经济组织成员享有的具体权利，即本条中所称的"成员的合法权益"。此外，本法还规定了农村集体经济组织成员权的行使和救济机制。

二、规范农村集体经济组织及其运行管理

农村集体经济组织是市场主体[②]，担负着管理集体资产、开发集体资源、发展集体经济、服务集体成员等方面的职能。《中华人民共和国农村集体经济组织法》对农村集体经济组织的组织机构以及运行机制进行调整。本法第四章"组织机构"中对农村集体经济组织的内部治理结构，如成员（代表）大会、理事会、监事会的地位和职权等进行了规定，还对农村集体经济组织各组织机构之间的运行机制进行了规定，这些都体现了《中华人民共和国农村集体经济组织法》规范农村集体经济组织及其运行管理的立法目的。

三、促进新型农村集体经济高质量发展

党的二十大报告明确指出，巩固和完善农村基本经营制度，发展新型农村集体经济。[③] 发展新型农村集体经济需要激活主体，特别是强化农村集体经济组织的作用，构建支撑新型农业经营体系的主体法律制度体系。

[①] 《为健全农村治理体系和实现共同富裕提供有力法治保障 农村集体经济组织法草案首次提请审议》，载中国人大网，http：//www.npc.gov.cn/npc/c2/c30834/202212/t20221230_320960.html，最后访问时间：2024 年 7 月 15 日。

[②] 参见《中共中央 国务院关于稳步推进农村集体产权制度改革的意见》，载中国政府网，https：//www.gov.cn/gongbao/content/2017/content_5163444.htm，最后访问时间：2024 年 7 月 16 日。

[③] 《习近平：高举中国特色社会主义伟大旗帜 为全面建设社会主义现代化国家而团结奋斗——在中国共产党第二十次全国代表大会上的报告》，载中国政府网，https：//www.gov.cn/xinwen/2022-10/25/content_5721685.htm? eqid=f0a9b33d0001cbb7000000026474249b，最后访问时间：2024 年 6 月 29 日。

为此,《中华人民共和国农村集体经济组织法》将促进新型农村集体经济高质量发展作为立法目的之一。

四、巩固和完善农村基本经营制度和社会主义基本经济制度

《中华人民共和国宪法》第八条第一款规定,农村集体经济组织实行家庭承包经营为基础、统分结合的双层经营体制。《中华人民共和国乡村振兴促进法》第五条规定,国家巩固和完善以家庭承包经营为基础、统分结合的双层经营体制,发展壮大农村集体所有制经济。《中华人民共和国民法典》第三百三十条第一款规定,农村集体经济组织实行家庭承包经营为基础、统分结合的双层经营体制。党的十八大以来,政策和立法注重完善和优化农村基本经营制度,农村集体经济组织的地位和功能进一步得到重视。集体所有制经济是社会主义公有制经济的重要组成部分,农村集体经济组织是社会主义公有制经济在农村的重要实现形式。[①] 农村集体经济组织依照宪法的规定,实行家庭承包经营为基础、统分结合的双层经营体制,是维护农村土地集体所有、落实农村基本经营制度的重要组织保障。因此,《中华人民共和国农村集体经济组织法》要体现巩固和完善农村基本经营制度的立法目的。

《中华人民共和国宪法》第六条第二款规定,国家在社会主义初级阶段,坚持公有制为主体、多种所有制经济共同发展的基本经济制度,坚持按劳分配为主体、多种分配方式并存的分配制度。《中共中央关于坚持和完善中国特色社会主义制度 推进国家治理体系和治理能力现代化若干重大问题的决定》[②]指出:"公有制为主体、多种所有制经济共同发展,按劳分配为主体、多种分配方式并存,社会主义市场经济体制等社会主义基本经济制度,既体现了社会主义制度优越性,又同我国社会主义初级阶段社会生产力发展水平相适应,是党和人民的伟大创造。必须坚持社会主义基本经济制度,充分发挥市场在资源配置中的决定性作用,更好发挥政府作用,全面贯彻新发展理念,坚持以供给侧结构性改革为主线,加快建设现代化经济体系。"《中共中央 国务院关于稳步推进农村集体产权制度改革的意见》指出,农村集体产权制度改革是巩固社会主义公有制、完善农村

---

① 《全国人大常委会法工委相关负责人权威解读农村集体经济组织法》,载农业农村部网站,http://www.zcggs.moa.gov.cn/ncjtzcjdgl/202407/t20240702_6458189.htm,最后访问时间:2024年7月15日。

② 《中共中央关于坚持和完善中国特色社会主义制度 推进国家治理体系和治理能力现代化若干重大问题的决定》,载新华网,http://www.xinhuanet.com/politics/2019-11/05/c_1125195786.htm,最后访问时间:2024年6月29日。

基本经营制度的必然要求。农村集体经济是集体成员利用集体所有的资源要素，通过合作与联合实现共同发展的一种经济形态，是社会主义公有制经济的重要形式。为此，《中华人民共和国农村集体经济组织法》确立了巩固和完善社会主义基本经济制度的立法目的。

五、推进乡村全面振兴

2017年，党的十九大报告①中提出"实施乡村振兴战略"。为了全面实施乡村振兴战略，2021年我国颁布了《中华人民共和国乡村振兴促进法》。党的二十大确定了全面推进乡村振兴的重要任务，二十大报告中规定了全面推进乡村振兴的路径。《中共中央 国务院关于学习运用"千村示范、万村整治"工程经验有力有效推进乡村全面振兴的意见》② 提出，推进中国式现代化必须坚持不懈夯实农业基础，推进乡村全面振兴。"全面推进乡村振兴"与"推进乡村全面振兴"，分别强调了工作路径和工作目标。全面推进乡村振兴，需要促进农业全面升级、农村全面进步、农民全面发展。推进乡村全面振兴，需要从产业振兴、人才振兴、文化振兴、生态振兴、组织振兴方面共同发力。实现乡村的产业发展，为乡村振兴提供人才支撑，促进乡村文化繁荣，推进乡村生态保护，实现乡村的治理有效，都离不开农村集体经济组织的积极参与和推动。农村集体经济组织在统筹推进农村经济建设、政治建设、文化建设、社会建设、生态文明建设和党的建设中均发挥着重要作用。为此，《中华人民共和国农村集体经济组织法》将推进乡村全面振兴作为立法目的之一。

六、加快建设农业强国

党的二十大报告对全面推进乡村振兴、加快建设农业强国作出了重要战略部署。2023年中央一号文件③指出，"建设供给保障强、科技装备强、经营体系强、产业韧性强、竞争能力强的农业强国"。强国必先强农，农强方能国强。加快建设农业强国离不开农村集体经济组织发挥作用，为此，《中华人民共和国农村集体经济组织法》将加快建设农业强国作为立

---

① 《习近平：决胜全面建成小康社会 夺取新时代中国特色社会主义伟大胜利——在中国共产党第十九次全国代表大会上的报告》，载中国政府网，https：//www.gov.cn/zhuanti/2017-10/27/content_5234876.htm，最后访问时间：2024年6月29日。

② 《中共中央 国务院关于学习运用"千村示范、万村整治"工程经验有力有效推进乡村全面振兴的意见》，载中国政府网，https：//www.gov.cn/gongbao/2024/issue_11186/202402/content_6934551.html，最后访问时间：2024年6月29日。

③ 《中共中央 国务院关于做好2023年全面推进乡村振兴重点工作的意见》，载中国政府网，https：//www.gov.cn/zhengce/2023-02/13/content_5741370.htm，最后访问时间：2024年6月29日。

法目的之一。

七、促进共同富裕

党的二十大报告指出,中国式现代化是全体人民共同富裕的现代化。农村集体经济组织在促进农民、农村共同富裕方面发挥着重要作用。农村集体经济组织正体现出它可以为农民实现共同富裕发挥新的作用,尤其是在给本集体成员以及周边农民提供新的就业机会和开辟新的收入渠道方面。[①] 农村集体经济组织收益分配制度安排直接关系到农民利益的实现、农村集体经济的持续发展和农民共同富裕目标的实现。实现共同富裕,离不开农村集体经济组织的作用。为此,《中华人民共和国农村集体经济组织法》将促进共同富裕作为立法目的之一。

"根据宪法,制定本法"明确了农村集体经济组织法的立法依据。宪法是国家的根本大法,农村集体经济组织法应当落实宪法的要求。该表述和《中华人民共和国公司法》《中华人民共和国农民专业合作社法》等组织法中的表达保持了一致。

【适用指南】

农村集体经济组织法立法目的的功能不仅限于指引立法,对法律制度设计和规范表达起到统一价值理念的作用,更重要的是立法目的对于法律适用也具有重要价值。在对农村集体经济组织法的制度和规范进行解释时,如果出现解释争议或者冲突的时候需要运用目的解释方法,结合立法目的得出妥当性结论。

【关联规范】

《中华人民共和国民法典》第九十六条、第九十九条;《中华人民共和国公司法》第一条;《中华人民共和国农民专业合作社法》第一条。

---

① 陈锡文:《充分发挥农村集体经济组织在共同富裕中的作用》,载《农业经济问题》2022年第5期。

> **第二条　【农村集体经济组织的内涵和外延】** 本法所称农村集体经济组织，是指以土地集体所有为基础，依法代表成员集体行使所有权，实行家庭承包经营为基础、统分结合双层经营体制的区域性经济组织，包括乡镇级农村集体经济组织、村级农村集体经济组织、组级农村集体经济组织。

【条文主旨】

本条是关于农村集体经济组织的内涵和外延的规定。

【条文解读】

农村集体经济组织的内涵与外延界定是制定《中华人民共和国农村集体经济组织法》的前置性问题，是准确界定农村集体经济组织和相关组织的基础，也是适用《中华人民共和国农村集体经济组织法》的基础。

一、农村集体经济组织的内涵

本条在综合学界观点和实践做法的基础上对农村集体经济组织的内涵进行了立法界定。

（一）以土地集体所有为基础

农村集体经济组织是以土地集体所有为基础的。以土地集体所有为基础的属性，使其显然不同于农民专业合作社等经济组织。农民专业合作社是农民自愿成立的，并非建立在农民集体所有土地的基础上，而且通常都突破了特定地域的限制，可以跨越不同乡（镇）村。① 农村供销合作社、农村信用合作社也不具有农村集体经济组织所具有的土地集体所有的基础。

（二）依法代表成员集体行使所有权

虽然《中华人民共和国民法典》确立了农村集体经济组织的特别法人地位，但是其内涵和外延尚需进一步探讨。斟酌《中华人民共和国民法典》有关规范之文义、体系、目的可以得出：特定社区范围内的成员集体（农民集体）是农民集体财产的所有权主体，农村集体经济组织依法代表成员集体行使集体所有权。农民集体和农村集体经济组织是两个独立的民事主体，从实证法解释分析，农民集体和农村集体经济组织是"法定代表

---

① 何宝玉：《我国农村集体经济组织的历史沿革、基本内涵与成员确认》，载《法律适用》2021 年第 10 期。

行使关系",而非"同一关系",亦非"同一主体"。本条延续了《中华人民共和国民法典》第二百六十一条的规定,采纳了"法定代表行使关系说"。本法除本条规定外,第五条还明确了"农村集体经济组织依法代表成员集体行使所有权"。总之,农村集体经济组织是集体所有权的法定代表行使主体,它依法代表成员集体行使所有权。

(三) 实行家庭承包经营为基础、统分结合双层经营体制

《中华人民共和国民法典》第三百三十条第二款规定,农民集体所有和国家所有由农民集体使用的耕地、林地、草地以及其他用于农业的土地,依法实行土地承包经营制度。在我国农村集体经济组织中,以家庭为单位的分户经营是农村集体土地经营的典型形态,即实行"家庭承包经营为基础"。在家庭承包经营的基础上,为了克服家庭经营的弊端,农村集体经济组织代表农民集体的"统"方进行集体经营,进而形成"统分结合双层经营体制"。在坚持农村基本经营制度的基础上,还需要着力在"统"和"分"两个层次推进农业经营体制的创新,进而构建集约化、专业化、组织化、社会化相结合的新型农业经营体系。

(四) 区域性经济组织

农村集体经济组织以特定社区范围内的土地集体所有为基础设立,具有典型的区域性(社区性)。每一个农村集体经济组织都是在特定地域范围内建立起来的,一般以农民居住的村为核心,该村的土地为边界。不同农村集体经济组织之间通常都有明确的地域边界,互不重叠,该地域范围内的土地资源是建立集体经济组织的重要基础,农村集体经济组织也以该地域为限。[1] 农村集体经济组织的设置以特定农村区域为单位,这是其区别于一般营利法人的重要特点,也是其"特别性"的表现之一。这一"特别性"对农村集体经济组织的成员身份、资产的流动性等方面的特别性也有较大影响。从地方立法和改革实践来看,农村集体经济组织均强调其区域性,这意味着农村集体经济组织并不能包括实践中那些非以社区为单位设置的集体经济组织,如农村供销合作社、农村信用合作社、农民专业合作社等合作经济组织。

二、农村集体经济组织的外延

本条通过列举式的模式,规定了乡镇级农村集体经济组织、村级农村集体经济组织、组级农村集体经济组织三种农村集体经济组织的类型。

---

[1] 何宝玉:《我国农村集体经济组织的历史沿革、基本内涵与成员确认》,载《法律适用》2021年第10期。

（一）基本类型：乡镇级集体经济组织、村级集体经济组织、组级集体经济组织

农村集体经济组织与三级农民集体相对应，这已经为《中华人民共和国民法典》第二百六十二条所确认："属于村农民集体所有的，由村集体经济组织或者村民委员会依法代表集体行使所有权"；"分别属于村内两个以上农民集体所有的，由村内各该集体经济组织或者村民小组依法代表集体行使所有权"；"属于乡镇农民集体所有的，由乡镇集体经济组织代表集体行使所有权"。即从级别的视角观察，农村集体经济组织分为乡镇级集体经济组织、村级集体经济组织、组级集体经济组织。三类集体经济组织的设置要求则不同。本法第十九条第二款规定："符合前款规定条件的村一般应当设立农村集体经济组织，村民小组可以根据情况设立农村集体经济组织；乡镇确有需要的，可以设立农村集体经济组织。"

（二）农村集体经济组织区别于农村供销合作社、农村信用合作社、农民专业合作社等合作经济组织

我国立法中一般将农村集体经济组织和其他相关组织予以区分。《中华人民共和国农业法》第二条第二款规定，农业生产经营组织是指农村集体经济组织、农民专业合作经济组织、农业企业和其他从事农业生产经营的组织。这显然把农村集体经济组织与农民专业合作经济组织视为不同的经济组织。《中华人民共和国民法典》第九十九条的农村集体经济组织和第一百条的城镇农村的合作经济组织，也是分别规定的。《关于加强和改进乡村治理的指导意见》[①]指出，建立以基层党组织为领导、村民自治组织和村务监督组织为基础、集体经济组织和农民合作组织为纽带、其他经济社会组织为补充的村级组织体系。本法第二条明确规定了农村集体经济组织的内涵和本质特征，在理解时应注意将其与农村供销合作社、农村信用合作社、农民专业合作社等合作经济组织相区分。

农村供销合作社是为农服务，以农民为主体的集体所有制合作经济组织。农村供销合作社具有特殊的法律地位，既不同于企业法人等营利法人，又不同于事业单位、社会团体等非营利法人，属于民法典规定的特殊

[①] 《中共中央办公厅 国务院办公厅印发〈关于加强和改进乡村治理的指导意见〉》，载中国政府网，https：//www.gov.cn/zhengce/2019-06/23/content_5402625.htm，最后访问时间：2024年6月29日。

法人类型。《中共中央 国务院关于深化供销合作社综合改革的决定》①在"（十八）确立供销合作社的特定法律地位"中指出，在长期的为农服务实践中，供销合作社形成了独具中国特色的组织和服务体系，组织成分多元，资产构成多样，地位性质特殊，既体现党和政府政策导向，又承担政府委托的公益性服务，既有事业单位和社团组织的特点，又履行管理社有企业的职责，既要办成以农民为基础的合作经济组织，又要开展市场化经营和农业社会化服务，是党和政府以合作经济组织形式推动"三农"工作的重要载体，是新形势下推动农村经济社会发展不可替代、不可或缺的重要力量。为更好发挥供销合作社独特优势和重要作用，必须确立其特定法律地位，抓紧制定供销合作社条例，适时启动供销合作社法立法工作。

农村信用合作社，一般指经中国人民银行批准设立、由社员入股组成、实行社员民主管理、主要为社员提供金融服务的农村合作金融机构。②农村信用合作社是独立的企业法人，以其全部资产对农村信用合作社的债务承担责任，依法享有民事权利，承担民事责任；其财产、合法权益和依法开展的业务活动受国家法律保护，任何单位和个人不得侵犯和干涉。农村信用合作社实行自主经营、自担风险、自负盈亏、自我约束。从其概念和性质来看，农村信用合作社显然区别于农村集体经济组织。

农民专业合作社，是指在农村家庭承包经营基础上，农产品的生产经营者或者农业生产经营服务的提供者、利用者，自愿联合、民主管理的互助性经济组织。③农村集体经济组织和农民专业合作社均是《中华人民共和国民法典》规定的特别法人。但是，农村集体经济组织法人和农民专业合作社法人在法律内涵、法律依据、设立登记、成员构成、社会功能、治理机制、分配机制等方面具有明显区别。农民专业合作社具有不同于农村集体经济组织法人的特征，其适用《中华人民共和国农民专业合作社法》。

【适用指南】

在农村集体产权制度改革中，根据《农业农村部 中国人民银行 国家

---

① 《中共中央 国务院关于深化供销合作社综合改革的决定》，载中国政府网，https：//www. gov. cn/gongbao/content/2015/content_2847757. htm？eqid=9334a71e0003327d000000036474b61a，最后访问时间：2024年6月29日。

② 参见《农村信用合作社管理规定》第二条，《农村信用合作社管理规定》虽然现已失效，但是笔者认为其第二条对于理解相关概念仍有一定帮助。

③ 参见《中华人民共和国农民专业合作社法》第二条。

市场监督管理总局关于开展农村集体经济组织登记赋码工作的通知》[①] 中"一、准确把握农村集体经济组织登记赋码的总体要求"的要求，农村集体经济组织登记赋码的对象主要是农村集体产权制度改革后，将农村集体资产以股份或份额的形式量化到本集体成员而成立的新型农村集体经济组织，包括组、村、乡（镇）三级。农村集体经济组织的名称应含有"经济合作（经济联合）"或"股份经济合作"字样，且只能使用一个名称。组、村、乡（镇）农村集体经济组织名称可以分别称为经济合作社、经济联合社、经济联合总社，或者股份经济合作社、股份经济合作联合社、股份经济合作联合总社。仅有村级农村集体经济组织的，名称可以称为经济合作社或股份经济合作社。这使得现实生活中出现了多种类型的合作社。因此，要清晰界定各种合作社的内涵和外延，以准确适用法律。本条中对农村集体经济组织的内涵和外延做了立法表达，为法律适用奠定了基础。需要注意的是，本法第二十一条规定农村集体经济组织的名称中应当标明"集体经济组织"字样，以及所在县、不设区的市、市辖区、乡、民族乡、镇、村或者组的名称，这就使得各级农村集体经济组织更加容易区分。随着本法的施行，农村集体经济组织和其他组织的边界在实践中将更加清晰。

【关联规范】

《中华人民共和国民法典》第九十九条、第一百条、第二百六十二条、第三百三十条；《中华人民共和国农村集体经济组织法》第五条；《中华人民共和国农村土地承包法》第三条；《中华人民共和国农民专业合作社法》第二条；《中华人民共和国农业法》第二条。

> **第三条　【农村集体经济组织的地位和作用】** 农村集体经济组织是发展壮大新型农村集体经济、巩固社会主义公有制、促进共同富裕的重要主体，是健全乡村治理体系、实现乡村善治的重要力量，是提升中国共产党农村基层组织凝聚力、巩固党在农村执政根基的重要保障。

[①] 《农业农村部 中国人民银行 国家市场监督管理总局关于开展农村集体经济组织登记赋码工作的通知》，载中国政府网，https://www.gov.cn/zhengce/zhengceku/2018-12/31/content_5445977.htm，最后访问时间：2024年6月29日。

【条文主旨】

本条是关于农村集体经济组织地位和作用的规定。

【条文解读】

农村集体经济组织的地位和作用是多元的，既是发展壮大新型农村集体经济、巩固社会主义公有制、促进共同富裕的重要主体；又是健全乡村治理体系、实现乡村善治的重要力量；还是提升中国共产党农村基层组织凝聚力、巩固党在农村执政根基的重要保障。本条对农村集体经济组织的地位和作用作了明确规定。

一、发展壮大新型农村集体经济、巩固社会主义公有制、促进共同富裕的重要主体

关于新型农村集体经济，《乡村振兴战略规划（2018—2022年）》[①]在第十三章第三节"发展新型农村集体经济"中指出，深入推进农村集体产权制度改革，推动资源变资产、资金变股金、农民变股东，发展多种形式的股份合作。完善农民对集体资产股份的占有、收益、有偿退出及抵押、担保、继承等权能和管理办法。《中共中央 国务院关于做好2023年全面推进乡村振兴重点工作的意见》[②]在"（二十三）赋予农民更加充分的财产权益"中指出，巩固提升农村集体产权制度改革成果，构建产权关系明晰、治理架构科学、经营方式稳健、收益分配合理的运行机制，探索资源发包、物业出租、居间服务、资产参股等多样化途径发展新型农村集体经济。本法第四十一条规定，农村集体经济组织可以探索通过资源发包、物业出租、居间服务、经营性财产参股等多样化途径发展新型农村集体经济。农村集体经济组织和发展壮大新型农村集体经济具有内在契合性，农村集体经济组织是发展新型农村集体经济的重要主体。通过农村集体经济组织的法治建设可以进一步廓清产权关系，构建治理机构，创新经营方式，优化收益分配，有助于实现产权关系明晰、法人治理结构清晰、确保法人稳健经营和保证收益分配合理的目标。

---

① 《中共中央 国务院印发〈乡村振兴战略规划（2018—2022年）〉》，载中国政府网，https：//www.gov.cn/zhengce/2018-09/26/content_5325534.htm，最后访问时间：2024年7月20日。

② 《中共中央 国务院关于做好2023年全面推进乡村振兴重点工作的意见》，载中国政府网，https：//www.gov.cn/zhengce/2023-02/13/content_5741370.htm，最后访问时间：2024年7月20日。

农村集体经济组织对外代表成员集体行使集体所有权，与交易相对人以及其他市场主体产生交易关系；对内与农村集体经济组织成员产生成员权法律关系。按照目前的法权结构，农村集体经济组织依法代表成员集体行使集体所有权，但不是直接代表农村集体经济组织成员行使成员的所有权，这种法权结构能够确保农村集体所有制的制度底线稳固。

农村集体经济组织是促进共同富裕的重要主体。农村集体经济组织作为农村基本经营体制中的"统"方，有助于统合各种要素资源，提升资源的规模效应，提高农户抵抗市场风险的能力和市场竞争力，发展新型农村集体经济，提高集体财产的积累，增加农民的收入。农村集体经济组织除可以自己发挥"统"方经营地位外，还可以对公司、农民专业合作社等市场主体投资，丰富发展农村集体经济的主体体系，增加农民的财产性收入。农村集体经济组织收益分配直接关系到农民财产利益，有助于促进农民共同富裕。

二、健全乡村治理体系、实现乡村善治的重要力量

乡村治理是国家治理的基石，是乡村振兴的重要内容。党的十九大报告提出，加强农村基层基础工作，健全自治、法治、德治相结合的乡村治理体系。农村集体经济组织在乡村治理体系中发挥着纽带作用，是健全乡村治理体系、实现乡村善治的重要力量。《关于加强和改进乡村治理的指导意见》在"二、主要任务"中指出，完善村党组织领导乡村治理的体制机制。建立以基层党组织为领导、村民自治组织和村务监督组织为基础、集体经济组织和农民合作组织为纽带、其他经济社会组织为补充的村级组织体系。提升农村基层社会治理，科学的组织设计是基础。健全乡村治理体系，要充分发挥乡村各个组织的不同作用。村党组织全面领导村民委员会及村务监督委员会、村集体经济组织、农民合作组织和其他经济社会组织。村民委员会要履行基层群众性自治组织功能，增强村民自我管理、自我教育、自我服务能力。村务监督委员会要发挥在村务决策和公开、财产管理、工程项目建设、惠农政策措施落实等事项上的监督作用。集体经济组织要发挥在管理集体资产、合理开发集体资源、服务集体成员等方面的作用。农民合作组织和其他经济社会组织要依照国家法律和各自章程充分行使职权。[①] 农村集体经济组织内部治理机制和外部治理体系的优化，进一步提升了农村集体经济组织的治理水平，厘清了农村集体经济组织和基层党组织、村民自治组织的关系，乡村治理体系逐步得以健全，乡村善治水平逐

---

① 参见《关于加强和改进乡村治理的指导意见》。

步得以提升，农村集体经济组织已经成为实现乡村善治的重要力量。

三、提升中国共产党农村基层组织凝聚力、巩固党在农村执政根基的重要保障

作为中国特色社会主义公有制经济组织，农村集体经济组织具有不同于其他经济组织的地位和作用。一方面，随着城镇化的推进和农村集体经济的发展壮大，农民对公共服务和公益事业的需求将会不断增加，农村集体经济是支持农村公共事务和公益事业发展的有益补充。农村集体经济组织在党组织领导下发展新型农村集体经济，提高农民的收入水平，积极参与乡村治理，能够提升中国共产党农村基层组织凝聚力。另一方面，在农村集体经济组织内部，充分保障集体经济组织成员的知情权、参与权、表达权、监督权等权利，有利于妥善处理各种利益关系。总之，农村集体经济组织是提升中国共产党农村基层组织凝聚力、巩固党在农村执政根基的重要保障。

【适用指南】

明晰农村集体经济组织的地位和作用是对《中华人民共和国农村集体经济组织法》进行制度设计和规范表达的基础，也是对具体制度和规范进行解释适用的基础。本条对农村集体经济组织的地位和作用作出了规定，在对《中华人民共和国农村集体经济组织法》的制度和规范进行解释适用过程中需要注意结合本条规定进行体系解释。

【关联规范】

《中华人民共和国乡村振兴促进法》第四十二条；《中国共产党农村工作条例》[①] 第四条；《中国共产党农村基层组织工作条例》[②] 第二条、第十九条。

[①] 《中共中央印发〈中国共产党农村工作条例〉》，载中国政府网，https：//www.gov.cn/zhengce/2019-09/01/content_5426319.htm，最后访问时间：2024年7月1日。

[②] 《中共中央印发〈中国共产党农村基层组织工作条例〉》，载中国政府网，https：//www.gov.cn/zhengce/2019-01/10/content_5356764.htm，最后访问时间：2024年7月1日。

> **第四条 【农村集体经济组织应当坚持的原则】** 农村集体经济组织应当坚持以下原则：
>
> （一）坚持中国共产党的领导，在乡镇党委、街道党工委和村党组织的领导下依法履职；
>
> （二）坚持社会主义集体所有制，维护集体及其成员的合法权益；
>
> （三）坚持民主管理，农村集体经济组织成员依照法律法规和农村集体经济组织章程平等享有权利、承担义务；
>
> （四）坚持按劳分配为主体、多种分配方式并存，促进农村共同富裕。

【条文主旨】

本条是关于农村集体经济组织应当坚持的原则的规定。

【条文解读】

《中华人民共和国农村集体经济组织法》的立法目的之一是规范农村集体经济组织及其运行管理，农村集体经济组织的行为和运行需要坚持一定的原则。本条对农村集体经济组织的运行管理应当坚持的原则进行了规定。

一、坚持中国共产党的领导，在乡镇党委、街道党工委和村党组织的领导下依法履职

农村集体经济组织应当坚持中国共产党的领导。《中国共产党农村工作条例》第四条强调"坚持党对农村工作的全面领导"，《中国共产党农村基层组织工作条例》第一条规定"坚持和加强党对农村工作的全面领导"，《关于加强和改进乡村治理的指导意见》在"二、主要任务"中要求完善村党组织领导乡村治理的体制机制。农村集体经济组织是村级组织体系中的重要成员，另外考虑到部分农村集体经济组织的土地已经被全部征收而改为城镇居委会等情形，因此本条规定农村集体经济组织在乡镇党委、街道党工委和村党组织的领导下依法履职。"在乡镇党委、街道党工委和村党组织的领导下依法履职"既是农村集体经济组织应当坚持的原则，也是它的权利。

二、坚持社会主义集体所有制，维护集体及其成员的合法权益

农村集体经济组织应当坚持社会主义集体所有制，维护集体及其成员的合法权益。一方面，农村集体经济组织应当坚持社会主义集体所有制。集体所有制经济的基础是集体财产，坚持社会主义集体所有制必须确保集体财产不流失。这就要求明晰各类集体财产的权属，真正落实和保障集体财产的所有权，促进集体财产的保值增值，实现激活主体、激活要素的目标；加强集体财产的财务管理，实现集体财产管理的信息公开，防止集体财产的流失。本法中第十六条规定农村集体经济组织成员自愿退出时"不得要求分割集体财产"，第三十六条规定集体财产"不得分割到成员个人"，都反映了坚持社会主义集体所有制。另一方面，农村集体经济组织应当坚持维护集体及其成员的合法权益。维护农村集体经济组织及其成员的合法权益是本法的立法目的之一，在本法第一条中已有规定。本法第八条第一款进一步规定，国家保护农村集体经济组织及其成员的合法权益，任何组织和个人不得侵犯。集体权益和成员权益唇齿相依，没有农村集体经济组织的权益，农村集体经济组织成员的权益将失去组织依靠。为了更好地实现集体和成员权益，本法第十三条规定了农村集体经济组织成员权的内容，其中既包括选举权与被选举权、参与表决权、知情权、监督权等共益性权利，也包括承包农村土地、申请取得宅基地使用权、参与分配集体收益、参与分配土地补偿费、享受农村集体经济组织提供的服务和福利等自益性权利。

三、坚持民主管理，农村集体经济组织成员依据法律法规和农村集体经济组织章程平等享有权利、承担义务

一方面，农村集体经济组织作为乡村治理的纽带，在基层党组织的领导下，依法参与乡村治理，实现乡村善治。另一方面，在农村集体经济组织内部坚持民主管理，通过农村集体经济组织的法人治理机制保障农村集体经济组织成员的成员权益，确保农村集体经济组织成员依据法律法规和农村集体经济组织章程平等享有权利、承担义务。本法第十三条规定了农村集体经济组织成员享有的成员权利，第十四条规定了农村集体经济组织成员应当履行的义务。实现农村集体经济组织的民主管理需要通过农村集体经济组织成员依据法律法规和农村集体经济组织章程平等享有权利、承担义务加以实现。构建农村集体经济组织法人的治理结构、制定农村集体经济组织章程、完善农村集体经济组织成员决策机制，将有利于农村集体经济组织成员享有的知情权、参与权、表达权、监督权等民主管理权益的实现，最终实现《中共中央 国务院关于稳步推进农村集体产权制度改革的

意见》在"(五)改革目标"中明确的"形成有效维护农村集体经济组织成员权利的治理体系"的改革目标。因此,农村集体经济组织应当坚持民主管理,农村集体经济组织成员依据法律法规和农村集体经济组织章程平等享有权利、承担义务。

四、坚持按劳分配为主体、多种分配方式并存,促进农村共同富裕

按劳分配是以劳动为依据的分配,既体现公平,也体现效率。在农村集体经济组织内部,农村集体经济组织成员获得的收益以其付出的劳动为基础。在此基础上坚持多种分配方式并存,如按经营成果分配,按资本、技术等其他生产要素分配。以按劳分配为主体、多种分配方式并存的分配制度实质上反映出农村集体经济组织成员的劳动、管理、资本、技术、土地等各种生产要素,都按贡献参与了收益分配。其中,按劳分配为主体反映了劳动要素是各种生产要素中最为重要的部分。农村集体经济组织坚持按劳分配为主体、多种分配方式并存,通过多元化的分配提升农民的收入水平,改善农民的生活水平,促进农村共同富裕。在深化农村集体产权制度改革、规范农村集体经济组织运行过程中,通过明晰农村集体经济组织成员的权利义务,规范农村集体财产的经营管理和收益分配,保护农民的土地承包经营权、宅基地使用权、集体收益分配权等财产权益,有利于构建归属清晰、权能完整、流转顺畅、保护严格的农村集体产权制度,形成既能发挥农村集体经济组织的优越性,又能调动农民个体积极性的农村集体经济组织运行机制。总之,农村集体经济组织应当坚持按劳分配为主体、多种分配方式并存,让广大农民分享改革发展成果,促进农村农民共同富裕。

【适用指南】

本条中规定的农村集体经济组织应当坚持的四项原则,既是农村集体经济组织发挥其功能,依法履行职能、职责时的行为准则,也是指引有关规范解释的强制性规则。农村集体经济组织有关行为的解释均不得背离上述原则。例如,本法第十六条第二款规定,农村集体经济组织成员自愿退出的,可以与农村集体经济组织协商获得适当补偿或者在一定期限内保留已经享有的财产权益,但是不得要求分割集体财产。

【关联规范】

《中华人民共和国乡村振兴促进法》第四十二条、第四十六条;《中华人民共和国农村集体经济组织法》第一条、第八条、第十三条、第十六条、第三十六条。

第一章 总 则 / 17

> **第五条 【农村集体经济组织的职能】** 农村集体经济组织依法代表成员集体行使所有权,履行下列职能:
> (一) 发包农村土地;
> (二) 办理农村宅基地申请、使用事项;
> (三) 合理开发利用和保护耕地、林地、草地等土地资源并进行监督;
> (四) 使用集体经营性建设用地或者通过出让、出租等方式交由单位、个人使用;
> (五) 组织开展集体财产经营、管理;
> (六) 决定集体出资的企业所有权变动;
> (七) 分配、使用集体收益;
> (八) 分配、使用集体土地被征收征用的土地补偿费等;
> (九) 为成员的生产经营提供技术、信息等服务;
> (十) 支持和配合村民委员会在村党组织领导下开展村民自治;
> (十一) 支持农村其他经济组织、社会组织依法发挥作用;
> (十二) 法律法规和农村集体经济组织章程规定的其他职能。

【条文主旨】

本条是关于农村集体经济组织承担的具体职能的规定。

【条文解读】

农村集体经济组织作为集体所有权的代表行使主体,其应当履行的职能是农村集体经济组织地位和功能的延伸和具体化。本条对农村集体经济组织的职能进行了"列举+概括"式的规定。

一、发包农村土地

农村集体经济组织作为双层经营体制中的"统"方,依法代表农民集体行使发包权。按照《中华人民共和国农村集体经济组织法》《中华人民共和国农村土地承包法》以及有关规定,可以发包的土地包括农民集体所有和国家所有依法由农民集体使用的耕地、林地、草地,以及其他依法用于农业的土地。承包的方式包括"家庭承包"(《中华人民共和国农村土地承包法》第二章)和"其他方式的承包"(《中华人民共和国农村土地承包法》第三章)。家庭承包的方式是将农村土地发包给本农村集体经济组织的农户，其他方式的承包是将不宜采取家庭承包方式的荒山、荒沟、荒丘、荒滩等农村土地发包给其他土地经营主体。在家庭承包中，《中华人民共和国农村土地承包法》第十三条规定，农民集体所有的土地依法属于村农民集体所有的，由村集体经济组织或者村民委员会发包；已经分别属于村内两个以上农村集体经济组织的农民集体所有的，由村内各该农村集体经济组织或者村民小组发包。村集体经济组织或者村民委员会发包的，不得改变村内各集体经济组织农民集体所有的土地的所有权。国家所有依法由农民集体使用的农村土地，由使用该土地的农村集体经济组织、村民委员会或者村民小组发包。在其他方式的承包中，《中华人民共和国农村土地承包法》第四十八条规定，不宜采取家庭承包方式的荒山、荒沟、荒丘、荒滩等农村土地，由农村集体经济组织通过招标、拍卖、公开协商等方式发包。第五十一条规定，以其他方式承包农村土地，在同等条件下，本集体经济组织成员有权优先承包。本法第三十七条第一款、第三十八条也对农村集体经济组织发包农村土地有关事宜进行了规定。因此，本条将发包农村土地作为农村集体经济组织的职能之一。

二、办理农村宅基地申请、使用事项

《中华人民共和国土地管理法》《中华人民共和国土地管理法实施条例》为农村集体经济组织办理农村宅基地申请、使用事项提供了法律依据。其中，《中华人民共和国土地管理法实施条例》第三十四条第一款规定，农村村民申请宅基地的，应当以户为单位向农村集体经济组织提出申请；没有设立农村集体经济组织的，应当向所在的村民小组或者村民委员会提出申请。宅基地申请依法经农村村民集体讨论通过并在本集体范围内公示后，报乡（镇）人民政府审核批准。据此，宅基地使用权的初始取得流程具体为：农户申请—村级组织决议并公示—乡（镇）人民政府审核批准。特别需要注意的是，农村集体经济组织虽然办理农村宅基地申请事项，但并无决定权，宅基地使用申请需报乡（镇）人民政府审核批准。此外，《中央农村工作领导小组办公室 农业农村部关于进一步加强农村宅基地管理的通知》[①]，《农业农村部 自然资源部关于规范农村宅基地审批管理

[①] 《中央农村工作领导小组办公室 农业农村部关于进一步加强农村宅基地管理的通知》，载农业农村部网站，http：//www.moa.gov.cn/gk/tzgg_1/tz/201909/t20190920_6328397.htm？eqid=92d4531f0001278a0000000564335cb8，最后访问时间：2024年7月12日。

的通知》①，《农业农村部关于积极稳妥开展农村闲置宅基地和闲置住宅盘活利用工作的通知》②，《自然资源部 农业农村部关于保障农村村民住宅建设合理用地的通知》③ 等文件对于农村集体经济组织办理宅基地的申请、使用事项作了规定。因此，本条将办理农村宅基地申请、使用事项作为农村集体经济组织的职能之一。

三、合理开发利用和保护耕地、林地、草地等土地资源并进行监督

一方面，农村集体经济组织依法代表农民集体合理开发利用和保护耕地、林地、草地等土地资源。对于不宜采取家庭承包方式的荒山、荒沟、荒丘、荒滩等可以直接通过招标、拍卖、公开协商等方式实行承包经营，也可以将土地经营权折股分给本集体经济组织成员后，再实行承包经营或者股份合作经营（《中华人民共和国农村土地承包法》第五十条第一款）。农村集体经济组织及其成员可以采取自营、出租、入股、合作等多种方式盘活利用农村闲置宅基地和闲置住宅。

另一方面，农村集体经济组织对于耕地、林地、草地等土地资源的开发利用和保护负有监督的职责。《中华人民共和国农村土地承包法》第六十三条第二款规定，承包方给承包地造成永久性损害的，发包方有权制止，并有权要求赔偿由此造成的损失。第六十四条规定，土地经营权人擅自改变土地的农业用途、弃耕抛荒连续两年以上、给土地造成严重损害或者严重破坏土地生态环境，承包方在合理期限内不解除土地经营权流转合同的，发包方有权要求终止土地经营权流转合同。土地经营权人对土地和土地生态环境造成的损害应当予以赔偿。《中华人民共和国粮食安全保障法》第十三条第二款规定，村民委员会、农村集体经济组织发现违反耕地种植用途管控要求行为的，应当及时向乡镇人民政府或者县级人民政府农业农村主管部门报告。这些法律规定都是对农村集体经济组织对于耕地、林地、草地等土地资源的开发利用和保护负有监督的职责的具体规定。因此，本条将合理开发利用和保护耕地、林地、草地等土地资源并进行监督

---

① 《农业农村部 自然资源部关于规范农村宅基地审批管理的通知》，载农业农村部网站，http：//www.moa.gov.cn/nybgb/2020/202001/202004/t20200412_6341323.htm，最后访问时间：2024 年 7 月 12 日。

② 《农业农村部关于积极稳妥开展农村闲置宅基地和闲置住宅盘活利用工作的通知》，载农业农村部网站，http：//www.moa.gov.cn/nybgb/2019/201910/202001/t20200109_6334695.htm，最后访问时间：2024 年 7 月 12 日。

③ 《自然资源部 农业农村部关于保障农村村民住宅建设合理用地的通知》，载中国政府网，https：//www.gov.cn/zhengce/zhengceku/202008/01/content_5531857.htm？eqid=d1fd73b300044665000000066490fd50，最后访问时间：2024 年 7 月 12 日。

作为农村集体经济组织的职能之一。

四、使用集体经营性建设用地或者通过出让、出租等方式交由单位、个人使用

一方面，农村集体经济组织可以使用集体经营性建设用地。在我国实行建设用地总量控制的背景下，《中华人民共和国土地管理法》第二十三条规定，各级人民政府编制土地利用年度计划时应当对集体经营性建设用地作出合理安排，故在使用集体经营性建设用地时，应符合地方人民政府编制的土地利用年度计划。同时本法对集体经营性建设用地的用途进行了规定。本法第三十九条规定，对符合国家规定的集体经营性建设用地，农村集体经济组织应当优先用于保障乡村产业发展和乡村建设，也可以依法通过出让、出租等方式交由单位或者个人有偿使用。

另一方面，农村集体经济组织可以将集体经营性建设用地通过出让、出租等方式交由单位、个人使用，此为集体经营性建设用地的入市。《中华人民共和国土地管理法》第六十三条第一款规定，土地利用总体规划、城乡规划确定为工业、商业等经营性用途，并经依法登记的集体经营性建设用地，土地所有权人可以通过出让、出租等方式交由单位或者个人使用，并应当签订书面合同，载明土地界址、面积、动工期限、使用期限、土地用途、规划条件和双方其他权利义务。《中华人民共和国民法典》第三百六十一条规定，集体所有的土地作为建设用地的，应当依照土地管理的法律规定办理。在实践中，作为土地所有权人的农民集体的法律地位具有抽象性，故由农村集体经济组织代表土地所有权人使用集体经营性建设用地或者通过出让、出租等方式交由单位、个人使用。因此，本条将使用集体经营性建设用地或者通过出让、出租等方式交由单位、个人使用作为农村集体经济组织的职能之一。

五、组织开展集体财产经营、管理

根据本法第十九条规定，具备集体财产是设立农村集体经济组织的条件之一。关于集体财产的范围，在《中共中央 国务院关于稳步推进农村集体产权制度改革的意见》和本法第三十六条中均有规定。其中，《中共中央 国务院关于稳步推进农村集体产权制度改革的意见》使用的是"农村集体资产"的表述，规定农村集体资产包括农民集体所有的土地、森林、山岭、草原、荒地、滩涂等资源性资产，用于经营的房屋、建筑物、机器设备、工具器具、农业基础设施、集体投资兴办的企业及其所持有的其他经济组织的资产份额、无形资产等经营性资产，用于公共服务的教育、科技、文化、卫生、体育等方面的非经营性资产。这三类资产是农村集体经济组织成员的主要财产，是农业农村发展的重要物质基础。本法第三十六条规定，集体财产主要包括："（一）集体所有的土地和森林、山岭、草原、荒地、滩涂；（二）集体所有的建筑物、生产设施、农田水利设施；（三）集体所有的教育、科技、文化、卫生、体育、交通等设施和农村人居环境基础设施；（四）集体所有的资金；（五）集体投资兴办的企业和集体持有的其他经济组织的股权及其他投资性权利；（六）集体所有的无形资产；（七）集体所有的接受国家扶持、社会捐赠、减免税费等形成的财产；（八）集体所有的其他财产。集体财产依法由农村集体经济组织成员集体所有，由农村集体经济组织依法代表成员集体行使所有权，不得分割到成员个人。"相较《中共中央 国务院关于稳步推进农村集体产权制度改革的意见》的规定，本法对集体经营性财产的范围进行了扩充，根据本法第四十条第二款的规定，集体所有的经营性财产包括本法第三十六条第一款第一项中可以依法入市、流转的财产用益物权和第二项、第四项至第七项的财产，即经营性财产的范围还应包括资源性财产中可以依法入市、流转的财产用益物权，对集体财产的分类更加准确，也为将集体所有的经营性财产的收益权以份额形式量化到本农村集体经济组织成员奠定了基础。

农村集体经济组织有权代表成员集体对集体财产进行经营和管理。具体经营、管理方式在本法相关条文中也有规定，如根据本法第三十八条规定，依法应当实行家庭承包的耕地、林地、草地以外的其他农村土地，农村集体经济组织可以直接组织经营或者依法实行承包经营，也可以依法采取土地经营权出租、入股等方式经营；第三十九条规定，对符合国家规定的集体经营性建设用地，农村集体经济组织应当优先用于保障乡村产业发展和乡村建设，也可以依法通过出让、出租等方式交由单位或者个人有偿使用；第四十一条规定，农村集体经济组织可以探索通过资源发包、物业出租、居间服务、经营性财产参股等多样化途径发展新型农村集体经济。此外，本法第四十三条、第四十五条中还有关于加强集体财产管理、集体财产管理使用情况向农村集体经济组织成员公布等方面的规定。因此，本条将组织开展集体财产经营、管理作为农村集体经济组织的职能之一。

六、决定集体出资的企业所有权变动

根据本法第六条第三款的规定，农村集体经济组织可以依法出资设立或者参与设立公司、农民专业合作社等市场主体，以其出资为限对其设立或者参与设立的市场主体的债务承担责任。根据本法第三十六条和第四十条的有关规定，集体投资兴办的企业属于集体经营性财产。根据《中华人民共和国民法典》第二百六十一条有关规定，农民集体所有的不动产和动产的所有权变动等事项应当依照法定程序经本集体成员决定。这表明，在涉及集体出资的企业所有权变动的决策中，农村集体经济组织的成员（代表）大会扮演着核心角色，负责根据法律规定和农村集体经济组织成员的意愿来决定这些重要变动。总之，对于农村集体经济组织出资设立的企业的所有权，农村集体经济组织有权依照决议程序决定所有权的变动。因此，本条将决定集体出资的企业所有权变动作为农村集体经济组织的职能之一。

七、分配、使用集体收益

一方面，农村集体经济组织可以分配集体收益。收益分配权是农村集体经济组织成员权的重要内容，它和土地承包经营权、宅基地使用权一起构成了集体经济组织成员的财产权利体系。党的二十大报告指出，分配制度是促进共同富裕的基础性制度。在《中华人民共和国农村集体经济组织法》中进一步明确集体收益分配制度。本条规定了谁来分配的问题，即由农村集体经济组织履行分配集体收益的职能。本法第四十二条则进一步规定了分配什么、分配给谁、怎么分配的问题，即农村集体经济组织当年收益应当按照农村集体经济组织章程规定提取公积公益金，用于弥补亏损、扩大生产经营等，剩余的可分配收益按照量化给农村集体经济组织成员的集体经营性财产收益权份额进行分配。

另一方面，农村集体经济组织可以使用集体收益。农村集体经济组织收益是农村集体经济组织运转的物质基础，承载着多种社会职能。首先，集体收益并非全部都能进行分配，不进行分配的集体收益主要用于维持农村集体经济组织自身的生产经营和发展壮大。从理论上而言，农村集体经济组织的经营性财产、非经营性财产和资源性财产都能够产生收益，而这些财产所产生的收益，是否都可以用于农村集体经济组织内部的收益分配，则涉及可分配集体收益范围的界定问题。经营性财产的收益可以分配给农村集体经济组织成员当无争议，而资源性财产和非经营性财产的收益能否用于分配则存在争议。其次，根据本法第四十二条的规定，即便是能够用于分配的集体收益，也应当先按照农村集体经济组织章程规定提取公积公益金，用于弥补亏损、扩大生产经营等，剩余部分方可进行分配。其中，弥补亏损、扩大生产经营均属于农村集体经济组织使用集体收益的具体方式。因此，本条将分配、使用集体收益作为农村集体经济组织的职能之一。

八、分配、使用集体土地被征收征用的土地补偿费等

《中华人民共和国民法典》第二百四十三条第二款规定，征收集体所有的土地，应当依法及时足额支付土地补偿费、安置补助费以及农村村民住宅、其他地上附着物和青苗等的补偿费用，并安排被征地农民的社会保障费用，保障被征地农民的生活，维护被征地农民的合法权益。第二百四十五条规定，因抢险救灾、疫情防控等紧急需要，依照法律规定的权限和程序可以征用组织、个人的不动产或者动产。组织、个人的不动产或者动产被征用或者征用后毁损、灭失的，应当给予补偿。据此，集体土地可能因公共利益的需要被征收或征用，并获得相应的土地补偿费等。根据本法第二十六条、第二十八条有关规定，只能由成员大会决定土地补偿费的分配、使用办法。集体土地被征收征用所产生的土地补偿费等属于集体财产的替代物，和集体财产一样归属于成员集体所有，由农村集体经济组织按照决议程序，具体由农村集体经济组织的成员大会来决定土地补偿费等的分配、使用办法。因此，本条将分配、使用集体土地被征收征用的土地补偿费等作为农村集体经济组织的职能之一。

九、为成员的生产经营提供技术、信息等服务

作为双层经营体制中的"统"方，农村集体经济组织承担着为成员的生产经营提供服务的职能。《中共中央 国务院关于稳步推进农村集体产权制度改革的意见》在"（十二）发挥农村集体经济组织功能作用"中要求，发挥好农村集体经济组织在管理集体资产、开发集体资源、发展集体经济、服务集体成员等方面的功能作用。其中，为成员的生产经营提供技术、信息等服务是服务集体成员功能的具体表现。因此，本条将为成员的生产经营提供技术、信息等服务作为农村集体经济组织的职能之一。

十、支持和配合村民委员会在村党组织领导下开展村民自治

在乡村治理体系中，村党组织、村民委员会和农村集体经济组织各司其职，发挥着不同作用。村党组织全面领导村民委员会及村务监督委员会、村集体经济组织、农民合作组织和其他经济社会组织。村民委员会要履行基层群众性自治组织功能，增强村民自我管理、自我教育、自我服务能力。① 农村集体经济组织要发挥在管理集体资产、开发集体资源、发展集体经济、服务集体成员等方面的作用。作为经济性组织，农村集体经济组织要支持和配合村民委员会在村党组织领导下开展村民自治。因此，本

---

① 参见《关于加强和改进乡村治理的指导意见》。

条将支持和配合村民委员会在村党组织领导下开展村民自治作为农村集体经济组织的职能之一。

十一、支持农村其他经济组织、社会组织依法发挥作用

在乡村治理体系中，农民合作组织和其他经济组织、社会组织要依照国家法律和各自章程充分行使职权。农村集体经济组织作为乡村治理的纽带，要支持农村其他经济组织、社会组织依法发挥作用。因此，本条将支持农村其他经济组织、社会组织依法发挥作用作为农村集体经济组织的职能之一。

十二、法律法规和农村集体经济组织章程规定的其他职能

本条第十二项是关于农村集体经济组织职能的概括性规定。除了上述职能，其他的法律法规，如《中华人民共和国土地管理法》《中华人民共和国粮食安全保障法》等也对农村集体经济组织赋予了相应的职能。此外，农村集体经济组织可以根据本组织的具体情况在章程中规定本组织的其他职能。

【适用指南】

本条规定的农村集体经济组织的职能，是本法第三条规定的农村集体经济组织地位和功能的展开和延伸。本条不可能穷尽列举农村集体经济组织的所有职能，因此只要依法能够反映农村集体经济组织的地位和功能的职能也是得到法律法规认可的，农村集体经济组织的章程也可以依法对职能进行延伸。因此，在推进社会主义市场经济，发展新型农村集体经济，实现农业农村现代化的过程中，对于农村集体经济组织的职能范围应当持开放的态度，以实现激活主体、激活要素、激活市场的目标。

【关联规范】

《中华人民共和国民法典》第二百四十三条；《中华人民共和国农村土地承包法》第十三条、第十四条、第四十八条、第五十条、第五十一条、第六十四条；《中华人民共和国土地管理法》第六十二条；《中华人民共和国土地管理法实施条例》第三十四条；《中华人民共和国粮食安全保障法》第十三条；《中华人民共和国农村集体经济组织法》第三条、第二十六条、第二十八条、第三十六条至第四十条、第四十二条。

> **第六条** 【农村集体经济组织的特别法人资格、破产适用及其出资】农村集体经济组织依照本法登记,取得特别法人资格,依法从事与其履行职能相适应的民事活动。
>
> 农村集体经济组织不适用有关破产法律的规定。
>
> 农村集体经济组织可以依法出资设立或者参与设立公司、农民专业合作社等市场主体,以其出资为限对其设立或者参与设立的市场主体的债务承担责任。

【条文主旨】

本条是关于农村集体经济组织的特别法人资格取得、破产能力、出资人资格和出资人责任等的规定。

【条文解读】

一、农村集体经济组织特别法人资格与权利能力

《中华人民共和国民法典》第九十六条将农村集体经济组织规定为特别法人,这是本法规定农村集体经济组织特别法人资格的法律依据。《中华人民共和国民法典》第九十九条第一款规定,农村集体经济组织依法取得法人资格。该规定中的依法取得法人资格所依之"法"目前主要指《中华人民共和国农村集体经济组织法》。本法于第三章"组织登记"(第十九条至第二十五条),就农村集体经济组织法人的设立条件、设立主体、组织章程、名称和住所、登记程序、合并与分立等作出了规定。在农村集体产权制度改革中,《农业农村部 中国人民银行 国家市场监督管理总局关于开展农村集体经济组织登记赋码工作的通知》对农村集体经济组织的登记制度作了规定。农村集体经济组织依法取得法人资格后,依法从事与其履行职能相适应的民事活动。

二、农村集体经济组织不适用有关破产法律的规定

本条明确了农村集体经济组织不适用有关破产法律的规定。农村集体经济组织以农民集体土地所有权为基础设立,集体土地所有权依法不得转让,如果允许农村集体经济组织破产,那么集体土地所有权将被纳入破产财产用于偿还债务,这不仅有违集体土地所有权不得转让的禁止性规定,而且可能打破土地集体所有的底线。根据现行《中华人民共和国企业破产

法》的规定，破产仅适用于企业法人，农村集体经济组织不是企业法人，因而本条第二款规定其不适用有关破产法律的规定。

三、农村集体经济组织的出资人资格

根据《中华人民共和国民法典》第二百六十八条的规定，农民集体依法可以出资设立有限责任公司、股份有限公司或者其他企业。承袭该规定，本条第三款规定了农村集体经济组织的出资人资格。本条规定了农村集体经济组织可以依法出资设立或者参与设立公司、农民专业合作社等市场主体，这实际上蕴含了农村集体经济组织本身同样为市场主体的规范意义。农村集体经济组织具有市场主体地位，与其承担的服务集体成员的职能并不冲突。作为新型农村集体经济实现的主体形式，若农村集体经济组织不具有出资人资格和市场主体地位，那么其实现和发展新型农村集体经济的职能即无以完成。农村集体经济组织作为出资人设立的市场主体，依法与其他市场主体具有平等的法律地位和发展权利。

四、农村集体经济组织的出资人责任

根据本条第三款规定，农村集体经济组织以其出资为限对其设立或者参与设立的市场主体的债务承担责任。对该规定的理解应注意以下两点：其一，农村集体经济组织用于承担责任的财产仅限于经营性财产及其收益，资源性财产和非经营性财产不得用于出资，也不得用于承担责任。申言之，农村集体经济组织的"出资"范围，包括资源性财产的使用权，集体所有的经营性不动产和动产的所有权、使用权，集体所有的资金、股份和无形资产等。集体所有的土地与集体所有的森林、山岭、草原、荒地、滩涂等自然资源的所有权不能作为其他市场主体的出资和责任财产。其二，农村集体经济组织承担的是有限责任，即"以其出资为限"对其设立或者参与设立的市场主体的债务承担责任。这就意味着，农村集体经济组织不得出资设立或者参与设立承担无限责任的市场主体。《中华人民共和国合伙企业法》第三条规定，国有独资公司、国有企业、上市公司以及公益性的事业单位、社会团体不得成为普通合伙人。普通合伙人对合伙企业债务承担无限连带责任。参照《中华人民共和国合伙企业法》的该条规定并结合本法第六条第三款的规定，农村集体经济组织同样不能成为普通合伙人，其可以出资参与设立有限合伙企业，并成为承担有限责任的有限合伙人。

【适用指南】

从立法角度看，本条是总则性规定，是派生出后续章节相应具体规定的基础。从法律适用角度看，在解释适用后续章节的具体规定时，本条规

定构成解释的基本规范。对农村集体经济组织法人资格的理解，应注意结合《中华人民共和国民法典》关于特别法人的规定，并在整个民事主体制度的体系中正确把握其特殊性。关于破产问题，所谓"农村集体经济组织不适用有关破产法律的规定"，不仅指不适用有关破产清算的规定，而且包括不适用破产重整和破产和解的规定，即对农村集体经济组织不能启动破产偿债程序。对于农村集体经济组织仅承担有限责任的问题，本法仅作了间接性规定，但在理解与适用上，应在有限责任的基础上确定其能够设方或者参与设立的市场主体的类型及债务的承担范围。

【关联规范】

《中华人民共和国农村集体经济组织法》第十九条至第二十五条、第三十六条至第四十八条；《中华人民共和国民法典》第九十六条、第九十九条、第二百六十八条；《中华人民共和国土地管理法》第十三条、第六十条、第六十三条；《中华人民共和国乡村振兴促进法》第四十六条；《中华人民共和国乡镇企业法》第二条、第十条、第十六条；《中华人民共和国合伙企业法》第二条、第三条。

第七条　【农村集体经济组织的义务】 农村集体经济组织从事经营管理和服务活动，应当遵守法律法规，遵守社会公德、商业道德，诚实守信，承担社会责任。

【条文主旨】

本条是关于农村集体经济组织应当履行的义务的规定。

【条文解读】

《中华人民共和国民法典》第八十六条规定，营利法人从事经营活动，应当遵守商业道德，维护交易安全，接受政府和社会的监督，承担社会责任；《中华人民共和国公司法》第十九条规定，公司从事经营活动，应当遵守法律法规，遵守社会公德、商业道德，诚实守信，接受政府和社会公众的监督。本条衔接《中华人民共和国民法典》和《中华人民共和国公司法》的上述规定，对农村集体经济组织从事经营管理和服务活动提出了基本要求。

一、依法从事经营管理和服务活动

依法从事经营管理和服务活动是《中华人民共和国民法典》规定的不得违法从事民事活动（第八条）、依法行使民事权利（第一百三十条）、不得滥用民事权利（第一百三十二条）等的具体体现和要求。农村集体经济组织从事的经营管理和服务活动属于民事活动，任何民事主体都应当遵守法律法规，依法从事民事活动。

二、遵守社会公德和商业道德

社会公德是一个外延广泛的法律概念，诚实守信、公序良俗等所表达的都是一些基本的社会公德。商业道德是商业领域的社会公德，是从事商事交易的民事主体的行为准则。在规范属性上，社会公德和商业道德原则上均为强制性规范，民事主体在从事民商事活动时应予遵守，违反之将导致民事法律行为的效力瑕疵和承担相应的法律责任。

三、诚实守信

"诚实守信"是民法典上"诚信原则"的另一种表述方式。《中华人民共和国民法典》第七条规定，民事主体从事民事活动，应当遵循诚信原则，秉持诚实，恪守承诺。诚信原则被视为从事民事活动所应遵循的最基本原则，其在意思表示的解释、合同解释、缔约过失的认定、合同附随义务的履行、后合同义务的履行等领域，都具有重要意义。农村集体经济组织从事经营管理和服务活动违反诚信原则的，会导致行为效力瑕疵、承担违约责任等法律后果。

四、承担社会责任

管理集体财产、开发集体资源、发展集体经济、服务集体成员等是农村集体经济组织的职能，履行该等职能是其作为特别法人应承担的自身责任，该责任的履行目的在于实现和维护本集体、本集体成员自身的利益。除此之外，农村集体经济组织作为一个社会主体，还应当承担相应的社会责任，如对消费者权益负责、注重生态环境保护、热心公益宣传和慈善捐助、帮助社会中需要帮助的弱势群体等。特别是在国家发生自然灾害、传染病疫情等突发事件时，能积极响应政府号召捐款捐物、积极参加救灾活动等。①

【适用指南】

本条规定为义务性规范和原则性规范，农村集体经济组织在从事经营

---

① 黄薇主编：《中华人民共和国民法典总则编释义》，法律出版社 2020 年版，第 218 页。

管理和服务活动时必须遵守本条规定的义务。由于社会公德、商业道德、诚实守信、社会责任等概念都是一些不确定性法律概念，因此本条规定原则上不会单独直接适用，需与其他相关规定结合在一起适用。

【关联规范】

《中华人民共和国反垄断法》第八条；《中华人民共和国种子法》第四十条；《中华人民共和国乡村振兴促进法》第三十条；《中华人民共和国公司法》第四条；《中华人民共和国农民专业合作社法》第八条；《中华人民共和国农产品质量安全法》第七条；《中华人民共和国食品安全法》第九条；《中华人民共和国民法典》第七条、第八十六条、第五百零九条；《中华人民共和国土壤污染防治法》第八十条；《中华人民共和国中小企业促进法》第四条；《中华人民共和国旅游法》第六条。

> 第八条　【农村集体经济组织及其成员权益、集体财产和妇女权益的保护】国家保护农村集体经济组织及其成员的合法权益，任何组织和个人不得侵犯。
> 　　农村集体经济组织成员集体所有的财产受法律保护，任何组织和个人不得侵占、挪用、截留、哄抢、私分、破坏。
> 　　妇女享有与男子平等的权利，不得以妇女未婚、结婚、离婚、丧偶、户无男性等为由，侵害妇女在农村集体经济组织中的各项权益。

【条文主旨】

本条是关于不得侵犯农村集体经济组织及其成员的合法权益、集体所有的财产受法律保护、不得侵害妇女在农村集体经济组织中的权益的规定。

【条文解读】

一、农村集体经济组织合法权益的保护

农村集体经济组织是一类独立的民事主体，其合法权益受法律保护。任何组织或者个人不得违法干预农村集体经济组织对集体所有财产的代表

行使权利，不得违法干预其独立的生产经营管理权利，不得擅自撤换其法定代表人和主要管理人员。村民委员会应当尊重农村集体经济组织法人地位的独立性，不得随意平调、侵占农村集体经济组织经营管理的财产和生产经营所得。

二、农村集体经济组织成员合法权益的保护

农村集体经济组织成员享有的合法权益是其成员权的重要内容。《中共中央 国务院关于稳步推进农村集体产权制度改革的意见》在"（五）改革目标"中将"保护和发展农民作为农村集体经济组织成员的合法权益""落实农民的土地承包权、宅基地使用权、集体收益分配权和对集体经济活动的民主管理权利，形成有效维护农村集体经济组织成员权利的治理体系"作为改革目标。本法第十三条规定了农村集体经济组织成员享有的各项成员权利，这些成员权利受法律保护，任何组织和个人不得侵犯。在集体经营性资产量化改革后，集体成员有权按照自己的份额参与分配集体收益，任何组织或者个人不得剥夺其收益分配权。

三、集体所有财产的保护

本条承袭《中华人民共和国民法典》第二百六十五条第一款的规定，集体所有的财产受法律保护，禁止任何组织或者个人侵占、哄抢、私分、破坏。本条保护的是农村集体经济组织成员集体所有的财产。相较于《中华人民共和国民法典》的规定，本条增加了挪用、截留两种侵害方式。可能实施挪用、截留的主体主要有三类：一是村民委员会；二是乡镇人民政府；三是农村集体经济组织理事会成员、监事会成员（监事）和主要经营管理人员。挪用、截留的集体财产往往是集体所有的资金，如现金，银行存款，征地补偿款以及农村集体经济组织接受国家扶持、社会捐赠、减免税款形成的现金资产等。对集体出资企业财产的保护也属于集体所有财产保护的范畴。《中华人民共和国乡镇企业法》第十二条规定，国家保护乡镇企业的合法权益；乡镇企业的合法财产不受侵犯。任何组织或者个人不得违反法律、行政法规干预乡镇企业的生产经营，撤换企业负责人；不得非法占有或者无偿使用乡镇企业的财产。第三十九条规定，乡镇企业有权向审计、监察、财政、物价和乡镇企业行政管理部门控告、检举向企业非法收费、摊派或者罚款的单位和个人。有关部门和上级机关应当责令责任人停止其行为，并限期归还有关财物。对直接责任人员，有关部门可以根据情节轻重，给予相应的处罚。

四、妇女在农村集体经济组织中的权益保护

《中华人民共和国宪法》第四十八条规定，中华人民共和国妇女在政

治的、经济的、文化的、社会的和家庭的生活等各方面享有同男子平等的权利。国家保护妇女的权利和利益，实行男女同工同酬，培养和选拔妇女干部。《中华人民共和国妇女权益保障法》第五十五条规定，妇女在农村集体经济组织成员身份确认、土地承包经营、集体经济组织收益分配、土地征收补偿安置或者征用补偿以及宅基地使用等方面，享有与男子平等的权利。申请农村土地承包经营权、宅基地使用权等不动产登记，应当在不动产登记簿和权属证书上将享有权利的妇女等家庭成员全部列明。征收补偿安置或者征用补偿协议应当将享有相关权益的妇女列入，并记载权益内容。第五十六条规定，村民自治章程、村规民约、村民会议、村民代表会议的决定以及其他涉及村民利益事项的决定，不得以妇女未婚、结婚、离婚、丧偶、户无男性等为由，侵害妇女在农村集体经济组织中的各项权益。因结婚男方到女方住所落户的，男方和子女享有与所在地农村集体经济组织成员平等的权益。妇女在农村集体经济组织中的合法权益包括土地承包经营权、宅基地使用权、集体收益分配权等。根据男女平等原则，凡是男性成员享有的合法权益，女性成员都同等享有。不论女性成员是已婚、未婚还是丧偶，都不影响其成员资格的取得和成员权益的依法享有。所谓"户无男性"，是指已婚男女未生育男性后代。对于"户无男性"家庭，不能因此而剥夺女性后代的合法权益（如宅基地的分配），或者限制父母、家庭应享有的合法权益（如征地补偿款的分配）。

【适用指南】

农村集体经济组织成员权益的保障、集体所有财产的保护和农村妇女权益保护等问题，是"三农"领域的重要问题，也是实践中的纠纷多发领域。本条是原则性规定，基于本条规定的原则，本法后续相关规定又作了具体的制度设计。除本法规定外，其他相关法律对本条所涉内容也有诸多规定，在本条的适用中应一并结合其他法律的规定。

【关联规范】

《中华人民共和国农村集体经济组织法》第三十六条、第五十六条至第六十三条；《中华人民共和国民法典》第三条、第一百二十八条、第二百零七条、第一千零四十一条；《中华人民共和国森林法》第三条、第七条、第十五条；《中华人民共和国土地管理法》第十二条；《中华人民共和国农村土地承包法》第八条、第十条；《中华人民共和国农业法》第十一条、第七十二条；《中华人民共和国海域使用管理法》第二十三条；《中华人民共和国妇女权益保障法》第五十五条、第七十五条、第七十七条；《中华人民共和国农村土地承包法》第六条、第三十一条、第五十七条；《中华人民共和国乡村振兴促进法》第五十四条；《中华人民共和国乡镇企业法》第十二条、第三十九条。

> **第九条　【对农村集体经济组织的扶持措施】** 国家通过财政、税收、金融、土地、人才以及产业政策等扶持措施，促进农村集体经济组织发展，壮大新型农村集体经济。
>
> 国家鼓励和支持机关、企事业单位、社会团体等组织和个人为农村集体经济组织提供帮助和服务。
>
> 对发展农村集体经济组织事业做出突出贡献的组织和个人，按照国家规定给予表彰和奖励。

【条文主旨】

本条是关于对农村集体经济组织和农村集体经济发展给予相关扶持的规定。

【条文解读】

本条第一款、第二款规定了扶持措施，第三款规定了表彰和奖励。

关于扶持措施，本法第六章作了专门规定。除本法第六章规定外，《中华人民共和国农业法》《中华人民共和国乡村振兴促进法》等相关法律对于扶持措施也有诸多规定。例如，《中华人民共和国乡村振兴促进法》第二十一条第二款规定，国家采取措施支持农村集体经济组织发展，为本集体成员提供生产生活服务，保障成员从集体经营收入中获得收益分配的权利；第四十六条第一款规定，各级人民政府应当引导和支持农村集体经济组织发挥依法管理集体资产、合理开发集体资源、服务集体成员等方面的作用，保障农村集体经济组织的独立运营。农业生产周期长、风险高、投资大、营收能力差，缺少国家和社会的扶持可能难以发展，因此本条专门将国家扶持和社会扶持作为一项原则加以规定。

对发展农村集体经济组织事业做出突出贡献的组织和个人，既包括对农村集体经济组织提供帮助和服务的各类社会主体，如工商企业和企业主，也包括农村集体经济组织的理事长、副理事长、监事等高管人员等。具体的表彰和奖励措施，由相关立法规定；地方人民政府和农村集体经济组织应当在相关立法的基础上，进一步明确和细化表彰奖励措施。

【适用指南】

本条是《中华人民共和国农村集体经济组织法》总则中对农村集体经济组织的扶持措施的概括性规定，在本法的第六章"扶持措施"中对具体的扶持措施进行了更加详细的规定。本条对地方立法机关给予了立法指引，对地方人民政府提出了施政要求。地方立法应以本条和本法相关规定为依据，作出更具体的进一步规定，为地方人民政府施政提供法律依据。地方人民政府应以本条、本法以及相关地方立法为依据，制定政策和采取措施，对农村集体经济组织和农村集体经济发展给予扶持，对做出贡献的组织和个人给予奖励。

【关联规范】

《中华人民共和国农村集体经济组织法》第四十九条至第五十五条；《中华人民共和国乡村振兴促进法》第二十一条、第四十六条、第五十八条至第六十七条；《中华人民共和国农业技术推广法》第三条、第二十二条；《中华人民共和国水土保持法》第二十条；《中华人民共和国森林法》第十三条、第六十二条；《中华人民共和国土壤污染防治法》第二十七条；《中华人民共和国畜牧法》第三条、第十八条、第五十一条；《中华人民共和国渔业法》第二十一条；《中华人民共和国农业法》第十八条、第十九条、第二十条、第二十三条、第二十七条、第二十九条、第三十二条、第三十七条、第三十八条、第四十三条、第四十六条、第四十七条、第五十条、第七十九条、第八十五条、第八十六条；《中华人民共和国乡镇企业法》第五条、第六条、第十九条、第二十条、第二十二条。

第十条　【农村集体经济组织的主管部门】国务院农业农村主管部门负责指导全国农村集体经济组织的建设和发展。国务院其他有关部门在各自职责范围内负责有关的工作。

> 县级以上地方人民政府农业农村主管部门负责本行政区域内农村集体经济组织的登记管理、运行监督指导以及承包地、宅基地等集体财产管理和产权流转交易等的监督指导。县级以上地方人民政府其他有关部门在各自职责范围内负责有关的工作。
>
> 乡镇人民政府、街道办事处负责本行政区域内农村集体经济组织的监督管理等。
>
> 县级以上人民政府农业农村主管部门应当会同有关部门加强对农村集体经济组织工作的综合协调，指导、协调、扶持、推动农村集体经济组织的建设和发展。
>
> 地方各级人民政府和县级以上人民政府农业农村主管部门应当采取措施，建立健全集体财产监督管理服务体系，加强基层队伍建设，配备与集体财产监督管理工作相适应的专业人员。

【条文主旨】

本条是关于农村集体经济组织的建设、发展指导、登记管理、运行监督指导、监督管理等工作的主管部门的规定。

【条文解读】

本条规定主要包括以下两个方面的内容：

一、各级政府在农村集体经济组织方面的管理职责

本条第一款至第三款分别规定了国务院农业农村主管部门、县级以上地方人民政府农业农村主管部门和乡镇人民政府、街道办事处的管理职责。第一，国务院农业农村主管部门负责指导全国农村集体经济组织的建设和发展。国务院其他有关部门在各自职责范围内负责有关的工作。第二，县级以上地方人民政府农业农村主管部门负责本行政区域内农村集体经济组织的登记管理、运行监督指导以及承包地、宅基地等集体财产管理和产权流转交易等的监督指导。县级以上地方人民政府其他有关部门在各自职责范围内负责有关的工作。第三，乡镇人民政府、街道办事处负责本行政区域内农村集体经济组织的监督管理等。

根据本条第二款规定，农村集体经济组织的登记由县级以上地方人民政府的农业农村主管部门负责，但须注意的是，这仅指"组织的登记"由农业农村主管部门负责，对于相关的财产登记，则要依照相关法律、行政法规的规定办理。

二、县级以上人民政府农业农村主管部门对农村集体经济组织的建设和发展的权限和措施

县级以上人民政府农业农村主管部门的管理权限主要是会同有关部门加强对农村集体经济组织工作的综合协调，指导、协调、扶持、推动农村集体经济组织的建设和发展。

地方各级人民政府和县级以上人民政府农业农村主管部门应当采取的措施主要有：建立健全集体财产监督管理服务体系，加强基层队伍建设，配备与集体财产监督管理工作相适应的专业人员。

【适用指南】

本条涉及的主要是与农村集体经济组织管理相关的行政主管部门的规定，对于行政管理主体、行政执法主体的确定具有重要意义，一旦涉及行政纠纷，应当参考本条规定确定行政诉讼的被告主体。在理解本条第二款规定时应注意，不能认为承包地、宅基地的登记管理工作又回归到农业农村主管部门，农业农村主管部门只是负责监督指导承包地、宅基地的管理和流转，不包括登记工作。

【关联规范】

《中华人民共和国农村集体经济组织法》第六十三条、第六十五条；《不动产登记暂行条例》；《不动产登记暂行条例实施细则》。

第二章 成　　员

> **第十一条　【农村集体经济组织成员的定义】**户籍在或者曾经在农村集体经济组织并与农村集体经济组织形成稳定的权利义务关系，以农村集体经济组织成员集体所有的土地等财产为基本生活保障的居民，为农村集体经济组织成员。

【条文主旨】

本条是关于农村集体经济组织成员的定义的规定。

【条文解读】

农村集体经济组织成员的定义是与成员身份有关的制度与规范展开的基础。只有明确了何谓农村集体经济组织成员，立法才能进一步完成身份确认、成员权利义务、自愿退出、身份丧失等规范表达。特别是，成员身份作为判断成员享有相关权益的基础，在成员样态复杂化导致对成员身份本质认识困难的情况下，对于解决成员身份确认原则、确认标准、确认程序、确认自治制度等具体问题具有重要作用。《中共中央 国务院关于稳步推进农村集体产权制度改革的意见》中也对确认农村集体经济组织成员身份进行了专门规定。本条通过对农村集体经济组织成员的内涵进行界定，为后续条款设计建立了概念基础。整体上，农村集体经济组织成员身份并非通过投资而取得，需要结合历史和现实因素予以确认。

一、户籍在或者曾经在农村集体经济组织

多数情况下，户籍和成员身份具有一致性。随着户籍制度改革的推进，出现了成员资格与户籍部分分离的状态。但是，"户籍在或者曾经在农村集体经济组织"仍然能够概括绝大多数农村集体经济组织成员的基本属性。因此，本要件可以作为认定农村集体经济组织成员身份的形式要件之一。

二、与农村集体经济组织形成稳定的权利义务关系

"与农村集体经济组织形成稳定的权利义务关系"是农村集体经济组织成员内涵的核心要素。实践中，该要素主要包括宅基地使用权关系、基于土地承包合同形成的农村土地承包关系等。这些法律关系是否都属于"与农村集体经济组织形成稳定的权利义务关系"，需要对其予以辨别。首先，就法律关系主体而言，这里所涉及的权利义务关系表达的是农村集体经济组织成员与农村集体经济组织之间的关系，非本农村集体经济组织成员作为一方当事人与本农村集体经济组织建立的权利义务关系应被排除在外。其次，此种权利义务关系具有"稳定性"。这里的"稳定性"就其实质而言，应体现为法律关系的无期限性或者长期性，具有期限的债权债务关系原则上应当被排除在外。实际上，所谓成员身份表达的是农村集体经济组织成员在农村集体经济组织中的特定地位，因此该权利义务关系的法律本质为成员权关系。可见，"与农村集体经济组织形成稳定的权利义务关系"是认定成员身份的实质内涵之一。

三、以农村集体经济组织成员集体所有的土地等财产为基本生活保障

长期以来，农村集体经济组织所提供的土地（承包地、宅基地等）仍然构成农民赖以生存的生产和生活资料。实行以家庭承包经营为基础、统分结合的双层经营体制的目的就在于通过赋予农民土地承包经营权，为其提供基本经济来源。土地承包经营权在本农村集体经济组织内仅有互换和转让两种流转方式，农民仅能通过设定土地经营权的方式向集体外流转土地承包经营权益。因此，实践中本农村集体经济组织成员享有的土地承包经营权很少被本农村集体经济组织外的人取得，享有土地承包经营权的农民往往与本农村集体经济组织成员具有高度一致性。同理，宅基地使用权也被严格限制在本农村集体经济组织之内转让，向集体之外流转需要采取出租等其他方式，从而使宅基地使用权也呈现出一定的身份属性。因此，"以农村集体经济组织成员集体所有的土地等财产为基本生活保障"是农村集体经济组织成员的显著特征之一。此外，应当正确理解"基本生活保障"中"基本"的含义。现实生活中，农村有大量人口进入城市务工、经商或创业等，虽然有一部分人取得的劳动收入可以满足生活需要，不需要再进行农业劳动，但考虑到这部分人仍然存在失业等可能性，其在原农村集体经济组织享有的土地承包经营权和宅基地使用权仍应当继续发挥相应的保障作用。因此，应当把握这里的"基本"所含有的"兜底"意义。

四、符合以上条件的"居民"

依据本条规定，符合以上条件的"居民"，方为农村集体经济组织成员。这意味着农村集体经济组织成员只能是自然人，而不能是法人或者非法人组织。居民的确定往往与居住地存在联系。实践中，大部分农村集体经济组织成员生活在本村，另外也有一些农村社区实现了"村改居"，农民转变为市民。虽然已经实现了城市化，但有些地方仍旧保留原农村集体经济组织，因此不能否认原享有所在农村集体经济组织成员身份的居民仍旧享有该成员身份。此外，有些农民已经进城落户，但仍旧保留土地承包经营权和宅基地使用权，这部分人员属于户籍曾经在农村集体经济组织的居民，一般可认可其仍享有农村集体经济组织成员身份。

【适用指南】

对农村集体经济组织成员进行定义应围绕农村集体经济组织成员权关系这一法律实质展开，该条当中"稳定的权利义务关系"充分把握了其定义中应具备的核心要素。而"以农村集体经济组织成员集体所有的土地等财产为基本生活保障"不仅展现了农民对土地的依赖关系，而且凸显了集体所有制下通过设定土地承包经营权、宅基地使用权为本农村集体经济组织成员提供基本生活保障的制度路径。

【关联规范】

《中华人民共和国农村土地承包法》第二十七条、第六十九条；《中华人民共和国户口登记条例》第四条。

第十二条　【农村集体经济组织成员的确认规则】 农村集体经济组织通过成员大会，依据前条规定确认农村集体经济组织成员。

对因成员生育而增加的人员，农村集体经济组织应当确认为农村集体经济组织成员。对因成员结婚、收养或者因政策性移民而增加的人员，农村集体经济组织一般应当确认为农村集体经济组织成员。

确认农村集体经济组织成员，不得违反本法和其他法律法规的规定。

> 农村集体经济组织应当制作或者变更成员名册。成员名册应当报乡镇人民政府、街道办事处和县级人民政府农业农村主管部门备案。
>
> 省、自治区、直辖市人民代表大会及其常务委员会可以根据本法，结合本行政区域实际情况，对农村集体经济组织的成员确认作出具体规定。

【条文主旨】

本条是关于农村集体经济组织成员确认的规定。

【条文解读】

农村集体经济组织成员确认[①]本质上是解决哪些人是特定农村集体经济组织的成员问题。农村集体经济组织成员身份认定是司法实践中的经典疑难问题。近年来，一些政策文件中对农村集体经济组织成员身份确认规则进行了政策表达，《中共中央 国务院关于稳步推进农村集体产权制度改革的意见》[②]《国务院关于进一步推进户籍制度改革的意见》[③]中均有规

[①] 需要说明的是，在本法颁布之前，地方性法规和司法实务界、理论界对于农村集体经济组织成员有身份"确认"和"认定"的不同表述，故条文阐释中有确认/认定的不同表述。编者倾向于认为，在新型农村集体经济组织成立之前，集体成员实际上就已客观存在，集体成员身份确认实则为采取倒追的方式，对其在集体中所享有的成员权进行确权的过程，故依据集体自治进行的为农村集体经济组织成员身份确认；而在司法程序中，因对涉案当事人是否具有特定农村集体经济组织成员身份存有争议，需要司法者结合法律规定和农村集体经济组织自治章程或村规民约进行综合裁判，故依司法程序进行的为农村集体经济组织成员身份认定。

[②] 《中共中央 国务院关于稳步推进农村集体产权制度改革的意见》"（十）确认农村集体经济组织成员身份"规定，依据有关法律法规，按照尊重历史、兼顾现实、程序规范、群众认可的原则，统筹考虑户籍关系、农村土地承包关系、对集体积累的贡献等因素，协调平衡各方利益，做好农村集体经济组织成员身份确认工作，解决成员边界不清的问题。改革试点中，要探索在群众民主协商基础上确认农村集体经济组织成员的具体程序、标准和管理办法，建立健全农村集体经济组织成员登记备案机制。成员身份的确认既要得到多数人认可，又要防止多数人侵犯少数人权益，切实保护妇女合法权益。提倡农村集体经济组织成员家庭今后的新增人口，通过分享家庭内拥有的集体资产权益的办法，按章程获得集体资产份额和集体成员身份。

[③] 《国务院关于进一步推进户籍制度改革的意见》，载中国政府网，https：//www.gov.cn/zhengce/zhengceku/2014-07/30/content_8944.htm，最后访问时间：2024年7月12日。

定。不少省、自治区、直辖市地方立法和集体产权制度改革文件中也有相关规定。在本法第十一条规定了农村集体经济组织成员身份确认标准的基础上，本条接续上条的规定，从确认主体，新增加人员应当确认为成员的情形，确认成员不得违反本法和其他法律法规的规定，制作、变更成员名册和备案以及授权省、自治区、直辖市人民代表大会及其常务委员会作出具体规定等五个方面规定了农村集体经济组织成员确认问题。

一、确认主体

本条第一款规定，农村集体经济组织通过成员大会，依据前条规定确认农村集体经济组织成员。一方面，本条款规定了成员大会是农村集体经济组织成员身份的确认主体。农村集体经济组织成员确认事关成员权益，应该由且仅由农村集体经济组织的最高权力机构——成员大会作为确认主体，而不能由成员代表大会或其他组织机构作为确认主体。本法第二十六条将"确认农村集体经济组织成员"作为农村集体经济组织成员大会的职权之一。另一方面，本条款规定了成员大会依据前条规定确认农村集体经济组织成员。这就明确了成员大会确认成员身份时的确认依据。"前条规定"即本法第十一条的规定，该条在界定农村集体经济组织成员的内涵时，采用了复合型标准。不同于公司中的股东身份，农村集体经济组织成员身份非通过投资而取得，需要结合历史和现实因素予以确认，即同时具备以下三个条件：一是户籍在或者曾经在农村集体经济组织；二是与农村集体经济组织形成稳定的权利义务关系；三是以农村集体经济组织成员集体所有的土地等财产为基本生活保障。本条第三款规定，确认农村集体经济组织成员，不得违反本法和其他法律法规的规定。农村集体经济组织成员确认要由农村集体经济组织成员大会按照本法第二十七条规定的条件和决议程序依法进行。

二、新增加人员应当确认为成员的情形

本条第二款规定，对因成员生育而增加的人员，农村集体经济组织应当确认为农村集体经济组织成员。对因成员结婚、收养或者因政策性移民而增加的人员，农村集体经济组织一般应当确认为农村集体经济组织成员。本条规定了在成员身份完成初始确认之后，对于新增加人员应当确认为成员的情形。

（一）应当确认为农村集体经济组织成员的情形——生育

本条第二款第一句规定，对因成员生育而增加的人员，农村集体经济组织应当确认为农村集体经济组织成员。生育是取得农村集体经济组织成员身份的重要法律事实，如果父母双方或者父母一方具有本集体经济组织

成员资格，则该父母之子女自出生时起即取得本集体经济组织成员资格。

（二）一般应当确认为农村集体经济组织成员的情形——结婚、收养、政策性移民

本条第二款第二句规定，对因成员结婚、收养或者因政策性移民而增加的人员，农村集体经济组织一般应当确认为农村集体经济组织成员。

1. 结婚

结婚行为将引起夫妻身份关系的产生，结婚是引起身份关系变动的重要法律事实。因与特定集体经济组织的成员成立合法的婚姻关系，且在本集体所在地生产、生活，并将户口迁入本集体所在地的人员，一般应当确认为本农村集体经济组织成员。

2. 收养

《中华人民共和国民法典》婚姻家庭编第五章对"收养"进行了法律规定。收养是养父母与养子女之间形成父母子女关系的法定途径。养子女与婚生子女、继子女具有平等的法律地位。因与特定集体经济组织的成员成立合法的收养关系，一般应当确认被收养人为本农村集体经济组织成员。

3. 政策性移民

政策性移民是指政府为了达到一定的目的，通过相关政策引导和支持，将一地居民有组织、有计划地迁往异地并使其定居发展所形成的移民形态。[①] 其区别于自发性的迁移居住。由此而在特定农村集体经济组织增加的人员，根据本款规定一般应当确认为农村集体经济组织成员。例如，因政府行政命令或政策，进行村组搬迁、撤并，通过移民进入本村集体经济组织生产、生活的人员，一般应当依法确认其为本农村集体经济组织成员。

三、确认成员不得违反本法和其他法律法规的规定

本条第三款规定，确认农村集体经济组织成员，不得违反本法和其他法律法规的规定。本款是关于农村集体经济组织成员身份确认的强制性规定，要求确认成员身份必须依法进行，不得违反本法和其他法律法规的规定。农村集体经济组织成员身份确认在成员权制度与规范体系中处于基础地位，其直接关系到特定自然人能否在农村集体经济组织内部享有土地承包经营权、宅基地使用权、集体收益分配权等以成员身份为基础的财产性

[①] 范建荣、郑艳、姜羽：《政策移民与自发移民之比较研究》，载《宁夏社会科学》2011年第5期。

权利。虽然成员身份确认原则上属于成员自治的范畴，但是成员自治具有一定的局限性，而成员身份确认的结果事关个体的生存权利和基本保障。因此，不宜将农村集体经济组织成员身份确认完全交由集体自治，应强调不得违反法律法规的相关规定。其中，本法第十一条规定了成员的内涵和成员的确认标准，第十二条、第二十六条、第二十七条规定了成员身份确认的主体和确认程序。除本法规定外，其他法律如《中华人民共和国妇女权益保障法》以及地方性法规等规范中均有关于农村集体经济组织成员身份确认的规定，在确认成员身份时应当予以遵守。当然，地方性法规的规定不得与法律、行政法规相冲突。此外，本款的规定为本法颁布后其他法律法规的制定和完善预留了空间，强调不得违反"其他法律法规的规定"。"其他法律法规"既包括本法颁布前已有的法律法规，也包括本法颁布后新制定和修改的法律法规。确认农村集体经济组织成员，不得违反本法和其他法律法规的规定。

四、制作、变更成员名册和备案

本条第四款规定，农村集体经济组织应当制作或者变更成员名册。成员名册应当报乡镇人民政府、街道办事处和县级人民政府农业农村主管部门备案。农村集体经济组织成员名册，是指记载本农村集体经济组织成员的姓名、份额等基本信息的簿册。从地方立法和农村集体产权制度改革实践来看，农村集体经济组织成员享有的股权/收益权份额，应当以户为单位记载。农村集体经济组织在完成成员身份的初始确认后，应当及时制作成员名册。成员名册，经公示无异议或者异议不成立的，报乡镇人民政府、街道办事处和县级人民政府农业农村主管部门备案。农村集体经济组织应当根据农户家庭以及成员变动情况，定期对成员名册进行变更并上报备案。

五、允许省、自治区、直辖市人大及其常委会特别规定的授权规定

本条第五款规定，省、自治区、直辖市人民代表大会及其常务委员会可以根据本法，结合本行政区域实际情况，对农村集体经济组织的成员确认作出具体规定。立法授权省、自治区、直辖市人民代表大会及其常务委员会可以作出具体规定的原因主要有二：一是农村集体经济组织成员确认问题比较复杂，立法列举的成员身份确认标准容易挂一漏万；二是在本法制定之前，不少地方立法已经对农村集体经济组织成员身份确认进行了探索。省、自治区、直辖市人民代表大会及其常务委员会作出具体规定时，一方面要严格依照本法确定的规则进行；另一方面要结合本行政区域的实际情况进行。

【适用指南】

农村集体经济组织成员身份认定是司法实务界的难题。在过往认定成员身份的裁判中，最为突出的问题在于认定标准多样，涉及户籍、基本生活保障、土地承包关系、实际生产生活关系等多个标准。在本法施行后，该问题可以在一定程度上得以缓解。《最高人民法院关于当前民事审判工作中的若干具体问题》对因土地补偿费分配、"外嫁女"等产生的集体成员身份认定问题的司法处理进行了明确指引。在推进乡村振兴战略过程中，最高人民法院在总结司法实践经验的基础上对该类纠纷的解决提出了司法意见。① 本条是关于农村集体经济组织成员身份确认主体、新增加人员应当确认为成员的情形等方面的抽象规定，除此之外，本法还有更加具体的成员身份确认的规范。在司法实践中，应该优先适用具体规范，在具体规范缺失或者需要进一步解释时，人民法院裁判案件可适用本条规定。司法机关应该结合本法第十一条有关农村集体经济组织成员身份确认标准的规定，总结农村集体经济组织成员资格认定的司法经验，为妥善解决该类司法纠纷提供更加明晰的司法指引。

【关联规范】

《中华人民共和国农村土地承包法》第六十九条；《农村集体经济组织示范章程（试行）》②。

---

① 最高人民法院印发的《关于为实施乡村振兴战略提供司法服务和保障的意见》第三十七条规定：依法妥善处理农村集体经济组织成员资格问题，保护农民基本财产权利。充分认识集体经济组织成员资格对农民享有土地承包经营权、宅基地使用权和集体收益分配权等基本财产权利的重要意义，审慎处理尊重村民自治和保护农民基本财产权利的关系，防止简单以村民自治为由剥夺村民的基本财产权利。不断加强与农村农业管理部门、土地管理部门等单位的沟通协作，依法依规保护农村外嫁女、入赘婿的合法权益。参见《最高人民法院印发〈关于为实施乡村振兴战略提供司法服务和保障的意见〉的通知》，载《中华人民共和国最高人民法院公报》2019年第2期。

② 《农业农村部关于印发〈农村集体经济组织示范章程（试行）〉的通知》，载农业农村部网站，http：//www.moa.gov.cn/govpublic/zcggs/202011/t20201117_6356433.htm？jump=false，最后访问时间：2024年7月1日。

> **案例评析**

村民小组仅因当事人为出嫁女即剥夺其集体经济组织的成员身份，并以此为由不分配给其土地补偿费的，不应支持①

[案情简介]

陈某（女）系 HS 村民组村民。1997 年 12 月 20 日，陈某与吴某甲（男）在原甲县乙乡民政所办理结婚登记，吴某甲的户籍所在地位于湖南省丙市，婚后陈某的户口未迁出 HS 村。2003 年 7 月 20 日，陈某与吴某甲生育一子即吴某乙，吴某乙出生后即落户 HS 村民组。2005 年 5 月 8 日，陈某作为户主立户，性质为农村家庭户口，其子吴某乙登记在该户名下。2005 年 6 月 15 日，吴某甲将其户口从丁乡 MF 村一组迁出，落户在 HS 村民组，登记在陈某户下，其不再享有原 MF 村集体经济组织成员的权益。2018 年 10 月 18 日，戊市己区人民政府向陈某一家发放《中华人民共和国农村土地承包经营权证》，就陈某一家承包的土地进行了确认，承包期限为 1997 年 1 月 1 日至 2026 年 12 月 31 日止，家庭成员为陈某、吴某甲、吴某乙。2020 年 HS 村民组有部分土地被征收，为分配土地征收款，HS 村民组于 2020 年 1 月 20 日召开了由本组全体户主参加的代表大会，HS 村民组处户主共计 22 位到会。会议制定了土地征收款分配方案：“一、外嫁女不参与 HS 组土地款征收分配；二、独生子女凭证享受 HS 组组民个人（30%）分配，如果再生二胎，必须退回原分配款并罚款贰万元整；三、HS 组土地征收分配款截止日期为 2020 年元月；四、HS 村 HS 组户主签字；五、分配金额见后面明细表。”该分配方案经当天参加会议的三分之二以上户主同意表决通过，并在之后获得了 HS 村村委会及上级主管部门的同意。根据该分配方案，HS 村民组认为陈某、吴某甲、吴某乙一家三口不具备该村民组集体经济组织成员的身份，因而不能参加此次土地征收款分配。陈某、吴某甲、吴某乙认为自己应当享受此次土地征收款分配的权利，故提起诉讼。

---

① 湖南省湘潭市雨湖区人民法院（2021）湘 0302 民再 26 号民事判决书，载中国裁判文书网，https://wenshu.court.gov.cn/website/wenshu/181107ANFZ0BXSK4/index.html?docId = bJZNHdNjlweGssI2mFvKlJLyKcKA7gwW0AhvayuTrbrpf/Cnps3SPJO3qNaLMqsJ5GI1Qpg3m3yfIYSFwZkJY1UOsAPAZ9YCM0smPnGSjWQhxMt1rkNLjhzyjAiuvUoP，最后访问时间：2024 年 6 月 30 日。

[**核心问题**]

农村集体经济组织成员身份的认定应综合考量多种因素,既应考虑户籍的因素,也应考虑土地承包关系、是否参加新型合作医疗、是否享有种粮补贴等紧密联系因素,以充分保障农村出嫁女和其他人群的合法权益。

[**裁判要旨**]①

本案系侵害集体经济组织成员权益纠纷。《中华人民共和国土地管理法》明确规定农村集体土地所有权属农村集体所有,即属于具有该农村集体经济组织成员资格的全体成员共同所有,凡是被征用土地的农村集体经济组织的成员,均有平等获得被分配的土地补偿费的相应份额的权利。本案中,原审原告陈某、吴某乙系被告 HS 村民组村民,户口从出生起即在该村民组,而原审原告吴某甲于 2005 年 6 月 15 日将户口迁入被告村民组,三原审原告并未在其他地方享受集体经济组织成员待遇,且均取得原审被告集体土地承包经营权,三原审原告作为原审被告的组民参加新型合作医疗、享有种粮补贴等,应属被告所属集体经济组织成员。原审被告作出的征收分配方案剥夺了三原审原告享有的与本组村民享有同等获得土地补偿款的资格,损害了原审原告作为本组集体经济组织成员的合法权益。因该土地征收款系对被征用土地的所有者给予的补偿,所有权属于全体集体经济组织成员,应当由集体经济组织根据本集体成员的人数酌情进行分配。

[**专家评析**]

虽然本案发生在《中华人民共和国农村集体经济组织法》实施之前,但是法院在裁判中已经体现了本法第十二条中蕴含的确认集体经济组织成员身份的基本原则和考量因素的精神。本案裁判中不仅考虑到了出生因素、户籍因素、土地承包关系因素等,甚至还将参加新型合作医疗、享有种粮补贴等因素考虑在内,与本法中确认集体经济组织成员的基本原则、考量因素等具有异曲同工之妙。本案中,法院充分考量各种因素对出嫁女及其亲属的成员身份进行了确认,与《中华人民共和国妇女权益保障法》第三十三条以及《中华人民共和国农村集体经济组织法》第八条所规定的权益保护原则的精神也是一致的。

---

① 本书各案例评析中"裁判要旨"部分提及的相关规范均为法院裁判时有效的规范,下文不再赘述。

第十三条 【农村集体经济组织成员的权利】农村集体经济组织成员享有下列权利：

（一）依照法律法规和农村集体经济组织章程选举和被选举为成员代表、理事会成员、监事会成员或者监事；

（二）依照法律法规和农村集体经济组织章程参加成员大会、成员代表大会，参与表决决定农村集体经济组织重大事项和重要事务；

（三）查阅、复制农村集体经济组织财务会计报告、会议记录等资料，了解有关情况；

（四）监督农村集体经济组织的生产经营管理活动和集体收益的分配、使用，并提出意见和建议；

（五）依法承包农村集体经济组织发包的农村土地；

（六）依法申请取得宅基地使用权；

（七）参与分配集体收益；

（八）集体土地被征收征用时参与分配土地补偿费等；

（九）享受农村集体经济组织提供的服务和福利；

（十）法律法规和农村集体经济组织章程规定的其他权利。

【条文主旨】

本条是关于农村集体经济组织成员享有权利的规定，即关于农村集体经济组织成员权的规定。

【条文解读】

《中华人民共和国农村集体经济组织法》的制度和规范设计应当以成员权为价值主线展开，确认成员权体系并充实其内容是其中的核心环节。其一，确认农村集体经济组织成员权体系。农村集体经济组织成员权的内容，一方面，包括农村集体经济组织成员参与集体事务决策和管理的共益权（包括选举权、被选举权、表决权和知情权等），该类权利的目的是通过农村集体经济组织成员参与集体事务决策和管理实现农村集体经济组织内部的治理民主。农村集体经济组织成员的参与是农村集体经济组织意思形成的关键环节，参与管理权能是农村集体经济组织成员权的基本权能，共益权即体现了成员权的参与管理权能。另一方面，还包括农村集体经济组织成员分享农村集体经济组织财产权益的自益权（如承包集体土地的权利、申请分配宅基地的权利、集体收益分配权和集体福利分配权等），其本质是通过明确农村集体经济组织和农村集体经济组织成员的财产关系，建立起以产权联结为纽带、成员共享发展成果、激励成员齐心协力共同发展集体经济的长效机制。① 共益权和自益权的行使与实现是紧密相关的。虽然共益权的实现是农村集体经济组织成员参与民主管理的过程，但事实上它直接影响到农村集体经济组织成员财产权利的实现。本法第十三条对成员权的内容体系进行了明确规定，其中共益权方面分别列举规定了选举权和被选举权、表决权、知情权、监督权等内容，自益权方面分别列举规定了承包农村土地的权利、申请宅基地的权利、参与分配集体收益的权利、参与分配土地补偿费等的权利、享受农村集体经济组织提供的服务和福利的权利。此外，该条还以兜底条款的形式将"法律法规和农村集体经济组织章程规定的其他权利"作为成员权的重要内容。

本条采用"列举+概括"的方式对农村集体经济组织成员权利的内容进行了规定，具体列举了九个方面权利，同时采用兜底条款以弥补列举式的不足，保持了成员权的开放性。这既使农村集体经济组织成员所享有的具体权利得以明确，也为应对社会发展和司法实践的需要预留了必要空间。

一、依照法律法规和农村集体经济组织章程选举和被选举为成员代表、理事会成员、监事会成员或者监事

本项规定了成员的选举权与被选举权，即依照法律法规和农村集体经济组织章程选举和被选举为成员代表、理事会成员、监事会成员或者监事的权利。选举权与被选举权主要在以下三个方面具有意义。

（一）选举和被选举为成员代表

我国农村集体经济组织之间人数差异较大的特点比较突出。对于人数较多的农村集体经济组织，在对集体重要事项进行决策时，如果要求全体成员参加决议，将因组织难度较大而影响决策效率。同时，人口外出务工等情况导致农村常住人口与成员人数存在较大差异，进一步加剧了成员大会的组织负担。基于以上考虑以及我国农村以家庭为生产生活单位的特点，本法第二十八条规定了设立成员代表大会方面的内容。

---

① 方志权：《农村集体产权制度改革：实践探索与法律研究》，上海人民出版社2016年版，第83页。

（二）选举和被选举为理事会成员

理事会是农村集体经济组织的日常决策、管理和执行机构，由理事、副理事长和理事长组成，理事会成员由成员（代表）大会以差额方式选举产生，每位农村集体经济组织成员对此有选举权和被选举权。理事会成员应当具有较为突出的专业水平、工作能力和道德水准等，对于农村集体经济组织的日常经营管理发挥着重要作用。

（三）选举和被选举为监事会成员或者监事

监事会是农村集体经济组织的内部监督机构，由数名监事和一名监事长组成，监事会成员由成员（代表）大会以差额方式选举产生，每位农村集体经济组织成员对此有选举权和被选举权。监事会成员或者监事一般须为年满十八周岁、具有一定的财务会计知识和较高的政治素质的本农村集体经济组织成员。理事会成员、财务会计人员及其近亲属不得担任监事会成员。[①] 本法第三十二条规定"农村集体经济组织设监事会，成员较少的可以设一至二名监事"，因此在不设监事会的农村集体经济组织应当选举监事。

二、依照法律法规和农村集体经济组织章程参加成员大会、成员代表大会，参与表决决定农村集体经济组织重大事项和重要事务

本项规定了成员的表决权，或者说参与决议权，即成员依照法律法规和农村集体经济组织章程参加成员大会、成员代表大会，参与表决决定农村集体经济组织重大事项和重要事务的权利。成员的表决权在农村集体经济组织成员所享有的共益权中居于核心地位，体现了成员权的参与权的性质。表决权往往在涉及农村集体经济组织重大事项和重要事务的决策时由农村集体经济组织成员在成员（代表）大会参与表决时行使。针对不同事项，表决权行使的法律后果存在差异。关于对外投资、提供担保等事项的表决，实际上是对农村集体经济组织法定代表人代表权范围的确定，仍在集体内部发挥作用；而对集体盈余、土地补偿费分配方案等事项的表决，则使集体内部关系转化为成员与农村集体经济组织的平等民事主体之间的法律关系，使其具有了外部性特征。表决权为农村集体经济组织成员所享有的实体性权利，但其行使具有程序性特征，该特征表现在表决权的行使往往基于一定的召集程序和表决方式。因此，如果侵害了农村集体经济组织成员的表决权，成员可以提起撤销权之诉。

[①] 参见《农村集体经济组织示范章程（试行）》第二十五条。

三、查阅、复制农村集体经济组织财务会计报告、会议记录等资料，了解有关情况

本项规定了成员的知情权，即农村集体经济组织成员查阅、复制农村集体经济组织财务会计报告、会议记录等资料，了解有关情况的权利。本条关于农村集体经济组织成员知情权的规定以《中华人民共和国民法典》第二百六十四条为基础。知情权的行使对于农村集体经济组织及其成员具有重要意义，农村集体经济组织成员通过行使知情权知悉集体财务状况等信息，一方面可以促使其正确行使表决权，另一方面也可以对农村集体经济组织的负责人和管理人员能否正确履职发挥监督作用。农村集体经济组织及其工作人员违反法律法规和章程规定侵害成员知情权的，应当承担损害赔偿责任，但成员在行使知情权时不得存在侵害农村集体经济组织利益等不正当目的。

四、监督农村集体经济组织的生产经营管理活动和集体收益的分配、使用，并提出意见和建议

本项规定了成员的监督权和质询建议权，即农村集体经济组织成员监督农村集体经济组织的生产经营管理活动和集体收益的分配、使用，并提出意见和建议的权利。监督权在弥补监事会监督功能的不足、防止监事会设置上的形式化等方面发挥重要作用。农村集体经济组织成员通过行使监督权可以促使集体决策机关规范和完善生产经营管理行为，约束农村集体经济组织负责人和内部管理人员正确行使章程和成员（代表）大会赋予的权利，有效保护农村集体经济组织及其成员的财产权益不受侵害。与监督权存在紧密联系的是农村集体经济组织成员享有的建议权，是指农村集体经济组织成员在行使监督权的基础上对农村集体经济组织的生产经营管理提出意见和建议的权利。赋予农村集体经济组织成员建议权，能够充分集合全体成员的智慧，促进农村集体经济组织各项事业的发展。

五、依法承包农村集体经济组织发包的农村土地

本项规定了成员的农地承包请求权，是农村集体经济组织成员依法请求承包集体土地，设立土地承包经营权的权利。《中华人民共和国农村土地承包法》第五条规定，农村集体经济组织成员有权依法承包由本集体经济组织发包的农村土地。任何组织和个人不得剥夺和非法限制农村集体经济组织成员承包土地的权利。本条通过主体的限定性表述对农村集体经济组织成员享有的农地承包请求权进行了明确。农地承包请求权的实体内容由农村集体经济组织就土地发包事项作出决议后确定。农地承包请求权与土地承包经营权存在联系和差异，前者是后者设立的前提。农地承包请求

权为农村集体经济组织成员权的内容，土地承包经营权则为一项典型的用益物权。我国农村土地第二轮承包至2027年前后将完成30年承包期，基于此，《中共中央 国务院关于保持土地承包关系稳定并长久不变的意见》①第四条规定，"第二轮土地承包到期后应坚持延包原则，不得将承包地打乱重分，确保绝大多数农户原有承包地继续保持稳定""第二轮土地承包到期后再延长三十年"。

六、依法申请取得宅基地使用权

本项规定了成员的宅基地申请权，是指农村集体经济组织成员依法向本农村集体经济组织申请分配宅基地建设住宅的权利。宅基地申请权为设立宅基地使用权的基础，前者属农村集体经济组织成员权的范畴，而后者则具有用益物权属性。《中华人民共和国土地管理法》第六十二条第一款规定，农村村民一户只能拥有一处宅基地，确立了宅基地使用"一户一宅"的原则。宅基地虽然以户为单位使用，但其申请以具有本农村集体经济组织成员身份为条件。《中华人民共和国土地管理法》第六十二条第五款指出，农村村民出卖、出租、赠与住宅后，再申请宅基地的，不予批准。这对农民宅基地申请权在住宅已流转情况下再申请宅基地进行了限制。宅基地申请权因其行使主体限定于本农村集体经济组织成员，体现了资格权特征。这种特征蕴含于宅基地使用权设立的整个过程。根据2021年修订的《中华人民共和国土地管理法实施条例》第三十四条第一款规定，农民申请宅基地应当以户为单位向本集体经济组织提出申请；没有设立农村集体经济组织的，应当向所在的村民小组或者村民委员会提出申请。宅基地申请依法经农村村民集体讨论通过并在本集体范围内公示后，报乡（镇）人民政府审核批准。此时宅基地使用权方得设立。

七、参与分配集体收益

本项规定了成员的集体收益分配权，是指农村集体经济组织成员参与分配集体经济收益的权利。集体收益分配权是与土地承包经营权、宅基地使用权并列的农民三项核心财产权之一，是农民增加财产性收入的主要依据。《国务院关于进一步推进户籍制度改革的意见》以及《中共中央 国务

---

① 《中共中央 国务院关于保持土地承包关系稳定并长久不变的意见》，载中国政府网，https：//www.gov.cn/zhengce/2019-11/26/content_5455882.htm，最后访问时间：2024年6月29日。

院关于落实发展新理念加快农业现代化 实现全面小康目标的若干意见》①《中共中央 国务院关于稳步推进农村集体产权制度改革的意见》《中共中央 国务院关于实施乡村振兴战略的意见》② 等文件均涉及对农村集体经济组织成员收益分配权的保护。农村集体经济组织成员权利的行使机制决定了集体收益分配权并非一般意义上的债权，表决权内嵌于集体收益分配权的实现过程中，体现了集体收益分配权的程序性特征。其关键之处在于，在集体成员（代表）大会就集体收益分配方案做出决议后，农村集体经济组织成员与集体之间就集体收益分配的具体内容方可形成实体性债权债务关系，并具有了可诉性。

八、集体土地被征收征用时参与分配土地补偿费等

本项规定了成员的土地补偿费分配权，是指集体土地被征收征用时农村集体经济组织成员参与分配土地补偿费的权利。基于我国农村基本经营制度，集体土地一般由家庭承包进行分散经营，在集体产权制度改革中不作为折股量化的对象。可见，土地补偿费非为集体经营所得，本质为集体土地所有权的置换价值，因此其与集体收益分配权在内涵上存在区分。对于土地补偿费分配权，《中华人民共和国民法典》《中华人民共和国土地管理法》《中华人民共和国土地管理法实施条例》等法律、行政法规以及地方性法规形成了较为完整的制度体系。《中华人民共和国民法典》第二百四十三条强调应当依法及时足额支付土地补偿费等费用，《中华人民共和国土地管理法》第四十八条第一款则进一步明确了"征收土地应当给予公平、合理的补偿，保障被征地农民原有生活水平不降低、长远生计有保障"的基本原则，同时对土地补偿费的计算方法调整为依据综合地价确定。土地补偿费在性质上归属被征地的农村集体经济组织所有，但集体土地之上因设立土地承包经营权，使其需要分成两部分，一部分用于补偿承包户土地承包经营权之价值，另一部分由农村集体经济组织留存。各省、自治区、直辖市的地方性法规一般对留存比例进行了规定，如山东省为20%③、江苏省

---

① 《中共中央 国务院关于落实发展新理念加快农业现代化实现全面小康目标的若干意见》，载中国政府网，https：//www. gov. cn/zhengce/2016-01/27/content_5036698. htm，最后访问时间：2024 年 7 月 1 日。

② 《中共中央 国务院关于实施乡村振兴战略的意见》，载中国政府网，https://www. gov. cn/zhengce/2018-02/04/content_5263807. htm? eqid = e476063c0002c52600000004645c9322，最后访问时间：2024 年 7 月 1 日。

③ 参见《山东省土地征收管理办法》第二十八条，载山东省人民政府网站，http：//www. shandong. gov. cn/art/2024/1/4/art_266672_63164. html，最后访问时间：2024 年 7 月 1 日。

则为不多于30%[①]。集体留存部分主要用于兴办公益事业或者进行公共设施、基础设施建设，是否可以拿出一部分向其他农村集体经济组织成员分配，依据《中华人民共和国民法典》第二百六十一条规定可由集体成员决议确定。征用集体土地也会产生土地补偿费的问题，但征用土地不变更土地权属，只影响农户承包地的正常经营收益，因此产生的补偿费主要应当向所牵涉的农户进行支付。另外，如果存在土地之上属于集体财产的其他附着物的补偿费，农村集体经济组织成员也有参与分配的权利。

九、享受农村集体经济组织提供的服务和福利

本项规定了成员享受集体服务和福利的权利，是指农村集体经济组织成员享受农村集体经济组织提供的服务和福利的权利。农村集体经济组织承担着管理集体资产、开发集体资源、发展集体经济和服务集体成员等职能，兼有发展经济与集体公共利益的社会功能，本法第五条对此有规定，《农村集体经济组织示范章程（试行）》第六条也有相关表述。享受服务和福利权是农村集体经济组织公共属性的重要体现。在以家庭承包经营为基础、统分结合的双层经营体制下，农村集体经济组织承担着发展集体经济并为集体成员提供服务的"统"的职能。实践中，其形式主要表现在为成员的生产经营提供技术、信息等服务，为成员提供教育、文化、卫生、体育、养老等服务，在股份合作制改革中针对老年人等特殊群体以及为集体或社会做出特殊贡献的成员专门设置福利股或给予其享受专门福利的待遇等。享受农村集体经济组织提供的服务和福利权一般要求以享有农村集体经济组织成员资格为前提，具有人身专属性和一定的财产属性，也发挥着弘扬尊老爱幼、扶助弱者等良好风尚的作用。另外，本法第十五条还规定了符合条件的非成员也可以享有农村集体经济组织提供的服务和福利。享受服务和福利权的内容主要属于集体自治的范畴，往往由农村集体经济组织章程确定，必要时农村集体经济组织也可就相关事项作出决议。

十、法律法规和农村集体经济组织章程规定的其他权利

农村集体经济组织成员权利具有广泛性，通过列举方式难以穷尽其全部内容。而且，单纯列举式也会固化农村集体经济组织成员所享有的权利范围，不利于顺应社会发展对其进行增补和完善。本条运用"列举+概括"的方式，在具体列举之后规定农村集体经济组织成员还享有"法律法规和农村集体经济组织章程规定的其他权利"，从而弥补单独列举式的局限性，

[①] 参见《江苏省土地管理条例》第四十五条，载江苏省自然资源厅网站，http://zrzy.jiangsu.gov.cn/xwzx/ztjc/xwzx/ztjc/dsggjxfr/xwzx/ztjc/dsggjxfr/flfg/2022/12/10733330103143991342.html，最后访问时间：2024年7月1日。

使该条款保持必要的开放性。在本条具体列举的权利之外，农村集体经济组织成员一般还享有对农村集体经济组织负责人和管理人员的质询权、提议召开临时成员（代表）大会等权利。这些权利可由法律、行政法规规定，也可由农村集体经济组织章程予以载明。

【适用指南】

权利的实现主要包括权利的行使和救济两个层面。本条有关农村集体经济组织成员权利的内容属于成员权利实现的基础性规定，与本法后续关于权利救济条款具有呼应关系。关于本条的适用，应当注意三个问题。

其一，应当厘清农村集体经济组织权利的构成体系。在农村集体经济组织成员权利实现的过程中，以是否对集体意志的形成发生直接作用为标准，可将其分类为通过法律行为行使的成员权利和非通过法律行为行使的成员权利。其中，前者主要表现为表决权，而后者则包括知情权、监督权等。该分类体系实际上也对应着不同的权利救济方式，对于表决权，其救济方式主要为请求人民法院确认决议是否成立、有效以及撤销决议等；而其他权利的救济方式则一般表现为请求农村集体经济组织履行相应义务，并以要求损害赔偿为兜底保障方式。

其二，应当明确上述权利具有成员权属性。农村集体经济组织成员权利具有程序性和集体内部性的特点，与成员所享有的其他涉农财产权具有属性上的差异。例如，农地承包请求权、宅基地申请权与土地承包经营权、宅基地使用权并非同种类权利，成员权属性决定了前者为后者的设立基础，而且程序性和集体内部性的特点也决定了前者相对于后者在行使和救济方式上存在较大差异。

其三，应当注意相关权利内涵表达的特点。本条对于农地承包请求权、宅基地申请权、集体收益分配权、土地补偿费分配权、享受服务和福利权等过程性成员权利的表达方式具有高度概括性的特点，其表达主要依循权利主体所享有的具体权益内容展开。成员权的程序性特点使其往往需要行使表决权形成集体决议之后，才能在成员和集体之间形成实体性债权债务关系，并使之具有可诉性。因此，应当在充分理解相关权利表达方式的基础上，正确把握其行使和救济方式。

【关联规范】

《中华人民共和国民法典》第二百四十三条；《中华人民共和国土地管理法》第四十八条；《中华人民共和国土地管理法实施条例》第三十二条；

《农村集体经济组织示范章程（试行）》。

> **第十四条　【农村集体经济组织成员的义务】** 农村集体经济组织成员履行下列义务：
> （一）遵守法律法规和农村集体经济组织章程；
> （二）执行农村集体经济组织依照法律法规和农村集体经济组织章程作出的决定；
> （三）维护农村集体经济组织合法权益；
> （四）合理利用和保护集体土地等资源；
> （五）参与、支持农村集体经济组织的生产经营管理活动和公益活动；
> （六）法律法规和农村集体经济组织章程规定的其他义务。

【条文主旨】

本条是对农村集体经济组织成员所承担的义务的规定。

【条文解读】

农村集体经济组织成员与农村集体经济组织之间的法律关系，从成员的角度观察，主要体现为成员享有的权利和成员负担的义务。本条运用"列举+概括"的立法技术，规定了农村集体经济组织成员应履行的五项具体义务，并设置兜底条款保持义务范围的适当开放性。

一、遵守法律法规和农村集体经济组织章程

本项规定了成员遵守法律法规和农村集体经济组织章程的义务。法律法规和农村集体经济组织章程是农村集体经济组织成员应承担义务的主要渊源。我国法律法规体系中存在大量有关农村集体经济组织成员义务的条款，相关规定主要存在于《中华人民共和国土地管理法》《中华人民共和国农村土地承包法》等涉农法律法规中。如《中华人民共和国土地管理法》第四十四条规定了办理农用地转用审批手续的义务，《中华人民共和国农村土地承包法》第十八条规定了承包方承担的义务等，均为其具体体现。我国法律法规涉及农村集体经济组织成员义务的条款主要表现为强制性规定，在合理利用土地、维护集体资产管理秩序方面发挥着重要作用。除此之外，农村集体经济组织章程作为农村集体经济组织成员共同意志的体现，具有自治法属性，对全体成员具有普遍约束力。农村集体经济组织章程可以发挥弥补法律法规不足的作用，对于法律法规中未涉及的事项，章程可以根据实际需要予以规定，也可以对法律法规中的相关义务性规定进行分解细化。

二、执行农村集体经济组织依照法律法规和农村集体经济组织章程作出的决定

本项规定了成员执行农村集体经济组织依照法律法规和农村集体经济组织章程作出的决定的义务。农村集体经济组织依照法律法规和组织章程作出决定是集体内部管理和对外从事民事活动的重要依据。依据《中华人民共和国民法典》第二百六十五条规定，集体决定可由农村集体经济组织作出，也可由其负责人作出，可见决定的内涵比决议的内涵宽泛，可以认为其涵盖集体依法作出的决议，或者说农村集体经济组织决议行为的结果即为农村集体经济组织的决定。农村集体经济组织负责人作出的决定，其效力基础为法律法规或者农村集体经济组织章程的授权。因此，农村集体经济组织负责人在授权范围内作出的决定，也可以约束农村集体经济组织及其成员。决议是团体意思形成与表达的工具，其本质为团体的组织特性之人格化象征，决议行为的效力基础为团体自治。农村集体经济组织作出决议一般适用人数多数决规则，体现了农村集体经济组织成员在分配与行使表决权上的平等性，其可以在一定程度上避免凭借集体资产股份或权利份额优势而侵害其他成员权益的问题。根据集体决议的效力机制，在集体决议生效之后，即使在表决过程中投了否决票的成员也应遵守该决议。

三、维护农村集体经济组织合法权益

本项规定了成员维护农村集体经济组织合法权益的义务。按照民法理论，农村集体经济组织因具有特别法人地位，其作为独立的民事主体应当自行维护自身合法权益。但因农村集体经济组织由成员所组成，集体合法权益受到侵害实质上将最终损害成员的利益，因此上述思路在团体法领域应当按照团体法的制度逻辑予以拓展。为此，公司法首先创制了股东派生诉讼（代表诉讼）制度，公司股东可以为了公司利益而以自己名义提起诉讼，该种制度模式同样适用于农村集体经济组织。本法第六十条规定的农村集体经济组织成员派生诉讼条款，体现了对该诉讼模式的借鉴和发展。维护农村集体经济组织合法权益既是农村集体经济组织成员的义务，也往往表现为可以行使特定权利，具有权利义务交融的特点。

四、合理利用和保护集体土地等资源

本项规定了成员合理利用和保护集体土地等资源的义务。集体土地等资源是农村集体经济组织的主要物质基础，对于发展集体经济和保障成员生产生活基本需要具有至关重要的作用。合理利用和保护集体土地等资源既要求充分发挥土地等资源的效用，也要求在法律法规框架下对其予以充分保护。对于土地等资源的利用和保护，我国形成了以《中华人民共和国宪法》为统领，《中华人民共和国民法典》《中华人民共和国土地管理法》《中华人民共和国农村土地承包法》等法律法规为主体的完整制度体系。其中，《中华人民共和国宪法》第十条规定，一切使用土地的组织和个人必须合理地利用土地。该规定为土地利用的总遵循，与《中华人民共和国土地管理法》第四条关于土地用途管制制度、第七条关于任何单位和个人应当遵守土地管理法律法规的义务，《中华人民共和国农村土地承包法》第十一条关于保护土地资源的合理开发和可持续利用、第十八条关于承包人的义务等条款共同构成了合理利用和保护集体土地等资源的规范体系。除此之外，农村集体经济组织章程也可以对该事项作出具体规定。

五、参与、支持农村集体经济组织的生产经营管理活动和公益活动

本项规定了成员参与、支持农村集体经济组织的生产经营管理活动的义务。农村集体经济组织属于经济性组织，同时具有合作性的特点。与此相应，基于团体法的制度逻辑，农村集体经济组织的资产权益实质上最终归属于全体成员，而全体成员在集体生产经营管理过程中也应当充分履行相应义务，积极参与、支持集体各项工作。农村集体经济组织成员在农村集体经济组织中的部分权利，如表决权、监督权等，实际上具有权利义务复合性的特点。积极履行这些权利可以使农村集体经济组织的生产经营管理活动有序开展，同时能够体现集体经济组织成员的团体意志，因此也属于成员应履行的义务范畴。

本项还规定了成员参与、支持集体经济组织举办的公益活动的义务。农村集体经济组织举办的公益活动包括兴办学校、兴修水利、生活垃圾治理、村庄道路养护、物业管理等内容，这些活动往往属于服务全体成员的民生项目。基于我国农村经济发展存在地域不均衡的特点，各地农村基于自身经济状况，除有的项目可通过招投标方式购买第三方服务实施之外，也有一些项目需要本农村集体经济组织成员直接参与和支持。成员积极履行参与、支持农村集体经济组织举办的公益活动的义务，可以在我国实现

城乡基本公共服务均等化之前，借助农村集体经济组织成员自身力量在美化居住环境、改善生产生活条件等方面发挥重要作用。

六、法律法规和农村集体经济组织章程规定的其他义务

本项属于成员义务的兜底性条款。法律法规和农村集体经济组织章程规定的其他义务内容十分广泛，本条不可能穷尽也无必要一一列举。特别考虑到农村集体经济组织章程因具自治性，其内容在不违反法律法规的情况下可以非常宽泛，本条采用兜底条款则与此种义务性规定的生成机制相适应。本条在表达上保持了内容的开放性，同时通过其具有的引致作用将农村集体经济组织成员应履行的义务范围引向相关法律法规和农村集体经济组织章程，弥补了列举式存在的不足，对于沟通、融合相关条款并表达完整的农村集体经济组织成员义务体系具有积极意义。

【适用指南】

农村集体经济组织成员应当履行的义务与相关法律法规规定和农村集体经济组织章程的内容具有紧密联系。法律法规中包含义务内容的条款往往具有强制性特点，因此在适用时争议不大，并往往通过行政手段和损害赔偿方式对违反相关条款的行为进行规制。需要注意的是，章程中的义务性条款，对其适用则应遵循恰当的逻辑理路。农村集体经济组织的章程具有自治性特征，是全体农村集体经济组织成员共同意志的产物，但其在形成过程中则可能因内容或程序不当而存在效力瑕疵。实践中，农村集体经济组织章程并非如公司章程由全体发起人共同制定，而是制定好后经成员大会采取决议的方式予以通过。因此，确定农村集体经济组织的章程所规定的成员义务是否对其成员发生效力，不仅要看章程内容是否违反法律、行政法规的强制性规定，以及是否违背公序良俗，还要看其决议程序是否存在瑕疵，从而判断该决议的效力情况。只有在农村集体经济组织章程的相关条款及决议程序未有瑕疵的情况下，才能确认该章程条款有效。在此基础上，方可判断成员是否应当履行章程规定的义务性条款。

【关联规范】

《中华人民共和国民法典》第二百六十五条；《中华人民共和国土地管理法》第四条、第七条、第四十四条；《中华人民共和国农村土地承包法》第十一条、第十八条；《农村集体经济组织示范章程（试行）》。

> **第十五条** 【非成员享受成员的部分权利】非农村集体经济组织成员长期在农村集体经济组织工作,对集体做出贡献的,经农村集体经济组织成员大会全体成员四分之三以上同意,可以享有本法第十三条第七项、第九项、第十项规定的权利。

【条文主旨】

本条是关于非农村集体经济组织成员享有部分成员权利的条件及权利范围限制的规定。

【条文解读】

在农村集体经济组织存续过程中,基于奖励先进、实际运营等方面的需要,可能会将本该由本农村集体经济组织成员享有的权益和福利赋予非农村集体经济组织成员。农村集体经济组织在运营过程中,需要不断引进有利于农村集体经济组织发展和壮大的管理、技术人才。分享权益和福利,无疑属于对相关人才投身农村集体经济发展的一种激励机制。在农村集体产权制度改革推进过程中,部分农村集体经济组织吸收非成员股东、社会股东,允许非成员股东、社会股东按持有的股份分享集体收益即为典型。虽然农村集体经济组织赋予非成员权益原则上属于其意思自治的行为,但如果不加以任何规制,可能会变相地导致外部资本对农村集体经济组织的侵占和控制,甚至造成土地集中于少数人手中等影响农村基层稳定的现象。在本法颁布前,《中共中央 国务院关于稳步推进农村集体产权制度改革的意见》对防范此类风险作出了明确的指示。[①] 其后,相关部门也一再对上述文件中的相关精神进行了强调。[②] 因此,本条从以下几个方面对非农村集体经济组织成员享有成员的权利进行了规定。

[①] 《中共中央 国务院关于稳步推进农村集体产权制度改革的意见》"(四)基本原则"规定:"……坚守法律政策底线。坚持农民集体所有不动摇,不能把集体经济改弱了、改小了、改垮了,防止集体资产流失;坚持农民权利不受损,不能把农民的财产权利改虚了、改少了、改没了,防止内部少数人控制和外部资本侵占。严格依法办事,妥善处理各种利益关系……"

[②] 《农村集体经济要防外部资本侵占》,载人民网,http://finance.people.com.cn/n1/2017/0104/c1004-28996817.html,最后访问时间:2024年7月4日。

一、非农村集体经济组织成员享有成员权利的条件

本条规定，非农村集体经济组织成员长期在农村集体经济组织工作，对集体做出贡献的，经农村集体经济组织成员大会全体成员四分之三以上同意，可以享有本法第十三条第七项、第九项、第十项规定的权利。根据上述表述，非农村集体经济组织成员必须同时满足以下实体条件和程序条件才能享有本该由成员享有的部分权利。

（一）实体条件

根据本条规定，非农村集体经济组织成员享有部分成员权利的实体性条件包括：第一，长期在本农村集体经济组织工作；第二，对集体做出贡献。上述两个实体条件之间，属于并列关系，仅符合其中一个条件，即使能满足本条中的程序条件，亦不得使非农村集体经济组织成员享有成员方可享有的权利。本条的上述规定，实际上也与农村集体产权制度改革中各地农村集体经济组织的实践相一致。各地农村集体经济组织在农村集体产权制度改革中进行成员身份确认时，通常同时考量工作、生活因素和贡献因素来吸收非农村集体经济组织成员为正式成员。虽然本条并非针对正式成员的接纳事项而规定，但在条文设计上，亦采取了类似思路。

1. 长期在本农村集体经济组织工作

所谓长期在本农村集体经济组织工作，宜理解为长期在农村集体经济组织所在地工作，并非要求非农村集体经济组织成员必须承担农村集体经济组织的具体工作。至于何谓"长期"则无具体规定，需结合实际情况审慎判断。由于非农村集体经济组织成员长期在农村集体经济组织所在地工作，导致其与正式成员之间建立了一种日常的稳定社会联系状态。维持上述状态，不仅不会给农村集体经济组织的存续和发展带来负面影响，亦不可能导致外来资本对农村集体经济组织的侵占与控制，从而可以更好地维持农村基层社会的稳定。

2. 已经对集体做出贡献

本条中"对集体做出贡献的"，指的是已经对集体做出贡献。换言之，只有长期在本集体经济组织工作且已经对集体做出过贡献，才能根据本条的规定对其享受部分权益进行表决。已经对集体做出贡献是非农村集体经济组织成员可以享有成员权利的实体性正当性前提，亦是非农村集体经济组织成员能获得农村集体经济组织成员大会表决通过，从而享有成员权利的根本原因。

（二）程序条件

根据本条规定，向非农村集体经济组织成员赋予成员的权利，虽然是部分权利,也必须经本农村集体经济组织成员大会全体成员四分之三以上同意。虽然农村集体产权制度的股份化改革使集体经济组织成员拥有集体资产份额,但农村集体经济组织每一个具有完全民事行为能力的成员都享有平等的管理权和参与权,以"人头多数决"的方式决议集体经济事务。农村集体经济组织的表决机制具有特别性,最为突出的特别性是法人治理中的表决机制实行"一人一票"的均等主义表决机制。因此,农村集体经济组织重大事项的表决机制,属于"人头多数决"而非"资本多数决",并不依托成员拥有的集体资产份额而构建。根据本条的规定,向非农村集体经济组织成员赋予部分农村集体经济组织成员权利的决议,只能由成员大会而不能由成员代表大会通过。在决议通过的表决权数额上,本条规定了成员大会全体成员四分之三以上同意,不同于成员大会一般表决事项要求的三分之二以上成员同意,而属于本法第二十七条第三款规定的"本法或者其他法律法规、农村集体经济组织章程有更严格规定的,从其规定"的情况。

二、非农村集体经济组织成员享有成员权利的限制

根据本条的末句,非农村集体经济组织成员只可以享有本法第十三条第七项(参与分配集体收益)、第九项(享受农村集体经济组织提供的服务和福利)、第十项(法律法规和农村集体经济组织章程规定的其他权利)规定的权利。如果结合本法第十三条的文义进行反面解释,则非农村集体经济组织成员不得承包农村集体经济组织发包的农村土地,不得申请宅基地使用权,在集体土地被征收征用时不得参与分配土地补偿费,亦不享有选举权和被选举权、表决权、监督权等共益权。上述限制的制度逻辑,在于非农村集体经济组织成员不具有成员资格,不宜使其享有成员享有的全部权利。但是,在"三权分置"的背景下,对于非农村集体经济组织成员不能取得本法第十三条中"承包农村集体经济组织发包的农村土地""申请取得宅基地使用权",宜解释为非农村集体经济组织成员不能直接申请取得土地承包权和宅基地使用权,并非禁止非农村集体经济组织成员取得土地经营权和宅基地上房屋的租赁权等不受农村集体经济组织成员身份限制的权利。

【适用指南】

就本条规定,值得注意的是如何认定"长期在农村集体经济组织工作"与"对集体做出贡献"。事实上,由于是否赋予非农村集体经济组织成员以成员权利本属于成员自治的范畴,在本条明确规定必须经成员大会

全体成员四分之三以上决议通过的情况下，如果相关决议程序上无瑕疵，则在认定非农村集体经济组织成员是否属于长期在本农村集体经济组织工作，是否做出了贡献时，应尊重成员的共同意志。申言之，如果赋予非农村集体经济组织成员部分成员权利的决议通过，则原则上应认定非农村集体经济组织成员满足"长期在农村集体经济组织工作"和"对集体做出贡献"这两个实体要件。但是，如果决议因存在程序瑕疵而导致无效，则非农村集体经济组织成员不能依决议享有专属于农村集体经济组织成员的权利。

【关联规范】

《中华人民共和国民法典》第一百三十四条、第一百五十三条；《中华人民共和国农村土地承包法》第九条、第十条；《农村集体经济组织示范章程（试行）》。

案例评析

对于农村集体经济组织为自然人配置股权[①]，即使不能确认该自然人是否具有成员身份，股权配置符合农村集体经济组织章程规定的，对该股权配置结果原则上应予以认可

[案情简介]

姚某的父亲原是甲市乙区丙街道 XY 村村民。因读书需要，姚父于 1999 年 9 月 20 日将户籍迁出至广东某大学。2002 年 9 月 5 日，姚父再将户籍由广东某大学迁回丙街道 XY 村，户籍性质属农业。2004 年 1 月 1 日，甲市乙区 XY 集团有限公司向姚父核发了《股权证》，姚父成为该经济组织股东。2004 年 3 月 17 日，姚父在公安部门办理户籍性质变更手续，户籍性质由农业变更为非农业。姚父与刘某（非农业户口）结婚后于 2009 年 10 月 4 日生育姚某，姚某随父入户。2012 年 3 月 15 日，姚某向丙街道办

---

① 参见广东省佛山市中级人民法院（2014）佛中法行终字第 19 号行政判决书，载中国裁判文书网，https://wenshu.court.gov.cn/website/wenshu/181107ANFZ0BXSK4/index.html？docId=2qPlRbnPx//bKmzyeaK7VZwxVviAUQ4eM8tgCLW/5E2X84MkBE/VaZO3qNaLMqsJ+gMBMs0DcLjGnxpWgRdZYoHYlefsRLE9P7O5lV6ctiRNm5Tb7/RmfpqtxSyt4tGR，最后访问时间：2024 年 7 月 2 日。

提交《行政处理申请书》，请求确认姚某具有XY经联社购股资格，可按照《甲市乙区XY集团有限公司章程》的规定出资购股，颁发股权证书，享受2012年福利分红，责令XY经联社发放2010年、2011年的股份分红并赔付分红利息。2012年3月26日，甲市乙区丙街道城乡统筹局作出《关于对XY社区姚某要求出具行政处理决定书的回复》（以下简称《回复》）。姚某不服上述《回复》，向甲市乙区人民政府申请行政复议。甲市乙区人民政府于同年9月4日作出《行政复议决定书》，以甲市乙区丙街道城乡统筹局不具备独立行政执法主体资格，其以自己名义作出的具体行政行为违反法定程序为由，撤销上述《回复》，并责令丙街道办收到行政复议决定之日起60日内就姚某申请事项重新作出具体行政行为，驳回姚某的其他行政复议请求。同年10月30日，丙街道办作出行政处理决定，认为姚某的户籍性质为非农业，根据目前现有的相关法律、法规，没有明确该类人群应取得成员资格，也没有对该类人群取得成员资格作出限制，姚某是否经购股取得成员资格属农村集体经济组织的自治范围，由XY经联社章程予以界定，故决定：一、驳回姚某的申请；二、姚某应根据《甲市乙区XY集团有限公司章程》直接向XY经联社提出申请。姚某不服上述行政处理决定，提起行政诉讼。

[核心问题]

除专属于成员所有的权利之外①，农村集体经济组织是否将属于成员的权益和福利赋予非农村集体经济组织成员，原则上应尊重农村集体经济组织的意思自治。

[裁判要旨]

本案系农村集体经济组织成员权益纠纷。按照《甲市乙区XY集团有限公司章程》第八条第三点的规定，其中几类与姚某情况类似的可出资购股的人员，户籍必须是本村农业户口。姚某随父入户原审第三人处，户籍属非农业户口，亦不符合章程规定的出资购股资格。同时，《甲市乙区XY集团有限公司章程》细则第三点规定："持本村股权资格证的父或母，其子女已领取独生证的，按政策规定子女可跟父或母入户，可出资购股。"根据原审第三人的解释，"持本村股权资格证的父或母"是指父或母必须是本村经济组织成员及股东身份，姚某的父亲姚父属非成员股东，即只持有本村股权，不具有成员资格。法院依法调取的甲市乙区丙街道集体经济

---

① 如果农村集体经济组织的决议赋予非成员"承包农村集体经济组织发包的农村土地""申请取得宅基地使用权"之权利，此时可解释为农村集体经济组织已经吸收该自然人为集体成员。

组织成员股权（股份）管理交易中心系统中录入的原审第三人的部分信息显示，该集体经济组织确实存在持股成员与持股非成员的身份区别，且姚父本人记载的信息为持股非成员。综合上述情况，在对章程细则第三条规定的解释不违反法律、法规等强制性规定的情况下，根据上述章程的规定，因姚某的父亲不属于原审第三人的持股成员，故姚某亦不具有购股资格。

[专家评析]

本案发生在《中华人民共和国农村集体经济组织法》实施之前，且争议通过行政诉讼解决，但法院在裁判过程中已经体现了本法第十五条中原则上由农村集体经济组织成员通过集体意志来处分成员权益和福利的精神。农村集体经济组织的章程是其成员共同意志的体现，如果章程中明确规定了成员和非成员在享有农村集体经济组织权益和福利方面的差异，除非该规定违反法律、法规的效力性强制性规定，否则章程的相关规定具有法律效力。当然，实践中如果农村集体经济组织并未在章程中明确规定相关事项，成员大会决议同意赋予非成员以成员的权益和福利的，该决议除非程序上存在重大瑕疵，或内容违反法律、法规的强制性规定，否则决议的效力应得到尊重。

第十六条　【农村集体经济组织成员的自愿退出】农村集体经济组织成员提出书面申请并经农村集体经济组织同意的，可以自愿退出农村集体经济组织。

农村集体经济组织成员自愿退出的，可以与农村集体经济组织协商获得适当补偿或者在一定期限内保留其已经享有的财产权益，但是不得要求分割集体财产。

【条文主旨】

本条是关于农村集体经济组织成员自愿退出农村集体经济组织的程序、补偿、保障及限制的规定。

【条文解读】

本条中规定的成员自愿退出制度是一个新制度，它不同于之前探索的"三权"退出，也不同于地方立法以及农村集体产权制度改革实践中的成员身份丧失制度。农村集体经济组织成员自愿退出和进城落户农民"三权"退出不同,进城落户农民"三权"退出是指农民享有的土地承包经营权、宅基地使用权和集体收益分配权的退出。成员自愿退出也不同于成员身份丧失。成员身份丧失是指成员基于特定的法律事实丧失成员身份的情形。成员身份丧失的原因具有多元性。成员自愿退出是成员身份丧失的具体情形之一,但是两者并不等同。成员自愿退出是指农村集体经济组织成员自愿退出所在的农村集体经济组织,从而导致其农村集体经济组织成员身份丧失以及相关成员权益消灭的行为。基于农村集体经济组织成员身份和成员权的密切关系,成员自愿退出后,依附于农村集体经济组织成员身份的各种自益权和共益权将随之消灭。在实践中,农村集体经济组织的成员可能因进城落户等原因而退出农村集体经济组织。成员自愿退出特定的组织,本质上属于对成员资格(成员权)的抛弃,属于单方法律行为。从权利行使的基本法理来看,放弃权利如有碍公共利益或公权行使,则必须遵循一定的程序,而不能完全依凭当事人的自我意志。

一、成员自愿退出的程序

(一)成员自愿退出程序的类型

根据本条第一款规定,农村集体经济组织的成员退出,必须向农村集体经济组织提交退出的书面申请,并经农村集体经济组织同意。但是,上述规定并不能适用所有的退出情形。

虽然本条第一款规定了成员退出必须经农村集体经济组织同意,但退出本身属于成员对自身私权的放弃,并不损害农村集体经济组织的权益,即使农村集体经济组织不同意成员退出,亦难以因成员的退出行为对成员课以相关法律责任。因此,成员自愿退出可以分为需经农村集体经济组织同意和无须经农村集体经济组织同意两种类型。对于本条第一款"经农村集体经济组织同意"的适用范围,宜解释为本条第二款中"与农村集体经济组织协商获得适当补偿"这一情形下的退出。成员要求补偿情形下的退出,补偿价款的数额、支付时间、支付方式等不能取决于退出者单方意志,需由农村集体经济组织与退出者协商确定。

(二)退出申请的形式与内容

1. 退出申请的形式

根据本条第一款规定,农村集体经济组织成员退出农村集体经济组织必须向农村集体经济组织提出书面申请。上述规定,实际上属于立法对退出申请这一法律行为设置了特别的成立要件。对退出申请进行形式强制的主要意义在于：第一，向相关成员提示退出的风险，促使相关成员谨慎行事。第二，书面形式可以在一定程度上防范或减少退出纠纷的产生。第三，在农村集体产权制度改革推进过程中，地方实践一般要求成员退出农村集体经济组织必须提交书面文书。

2. 退出申请的内容

由于退出申请本质上是单方意思表示，退出申请的内容应能够表明相关成员有抛弃成员身份的意思。在农村实践中，基于"三权分置"的背景，往往将"资格权"与其他土地权利分开退出，允许退出其他土地权利而保留"资格权"，说明了成员抛弃具体的土地权利不能等同于抛弃成员身份。如成员的退出申请仅能解释为退出者放弃某项具体权利（如土地承包经营权、宅基地使用权）而非成员身份的，则不能认为相关成员的退出申请的内容为抛弃成员身份，以避免对成员其他权益的不当损害。

二、成员自愿退出的补偿、保障与限制

（一）成员自愿退出的补偿

本条第二款规定了成员退出时可以与农村集体经济组织协商获得适当补偿。在实践中，农村集体经济组织成员退出农村集体经济组织，往往以农村集体经济组织给予一定的补偿为前提条件。此种以补偿为前提的退出，又被称为买断退出。[1] 由于买断退出在法理上构成附条件单方法律行为，条件的设置应以成员和农村集体经济组织的协商为准。补偿的条件如不能成就，则退出不能实现，不发生成员丧失成员资格的法律效果。

根据本条第二款规定，退出农村集体经济组织，可协商后获得"适当"补偿。实践中，由于各地的农村实际状况不同，退出补偿的标准并不完全相同。在计算上，往往考虑了承包期剩余年限[2]、年平均流转收益、承包土地面积、惠农补贴等因素。

（二）成员自愿退出的保障

依据本条第二款规定，成员退出情形下可与农村集体经济组织协商后在一定期限内保留其已经享有的财产权益。上述规定中的"财产权益"主要指土地承包经营权、宅基地使用权、集体收益分配权这三项权利及相关利益。这一规定的合理之处在于，成员因退出而失去农村集体经济组织成员身份后，仍面临生产与生活的需求。如果成员因失去成员

---

[1] 高海：《论农民进城落户后集体土地"三权"退出》，载《中国法学》2020年第2期。
[2] 金励：《城乡一体化背景下进城落户农民土地权益保障研究》，载《农业经济问题》2017年第11期。

身份而立刻失去所有的土地等财产权益，则很可能一时缺少生活保障。因此，即使成员退出，仍需在一段时间内保留其已经享有的财产权益。当然，相关财产权益如何保留、保留的期限，由农村集体经济组织与退出成员协商确定。

（三）成员自愿退出的限制

根据本条第二款规定，无论成员自愿退出时选择补偿还是选择一段时间内保留财产权益，皆不得要求分割集体财产。基于集体所有制的公有制特征，集体所有权的主体是农民集体，作为集体所有权客体的资产不可分别属于农民集体成员。[①] 虽然农村集体产权制度改革的推进使目前大部分农村集体经济组织成员获得了股份，但持有股份仅表明成员可依持有股份的数额参与集体收益的分配，并不因此导致成员直接享有对集体财产的控制权，也不代表成员享有如按份共有人或共同共有人一般请求分割共有财产的权利。即使成员自愿退出农村集体经济组织，其亦不能因此主张分割集体财产。成员退出时与农村集体经济组织协商可以分割集体财产的，该约定不发生法律效力。理由在于农村集体经济组织以集体土地为中心，农民集体的财产归属于本集体成员集体所有，具有不可分割性，不能根据本农村集体经济组织成员的请求进行分割。

【适用指南】

就本条规定，值得注意的是第二款中获得补偿与一定期限内保留财产权益的关系问题。第二款虽然在两者之间使用了"或者"这一表述，但并不意味着两者之间不能并存。原因在于，究竟是采取补偿方式退出抑或采取一定期限内保留财产权益方式退出，皆属于成员与农村集体经济组织自愿协商的结果。强制性地限定成员与农村集体经济组织只能对此择一处理，无疑既有违自治的精神，亦不利于成员退出的顺利进行。此外，每个农村集体经济组织因历史、经济状况等具体情况不同，适合某一农村集体经济组织的退出方案，并不一定适用于其他农村集体经济组织。只要有利于退出的顺利进行并保障成员合法利益，采取补偿和一定期限内保留财产权益相衔接的方式亦未尝不可。

【关联规范】

《中华人民共和国民法典》第一百四十二条、第一百四十三条；《中华

[①] 曹雷：《公有制高绩效论》，上海人民出版社2013年版，第103页。

人民共和国农村集体经济组织法》第十七条；《中华人民共和国农村土地承包法》第二十七条；《中华人民共和国土地管理法》第六十二条。

案例评析

放弃承包土地的权利，
不等于同时放弃了农村集体经济组织成员身份[①]

[案情简介]

原告刘某出生于被告某村民小组，其虽于1995年结婚，并在市区生活，但户口并未迁出。同时其婚后在其配偶所在的农村集体经济组织并未重新分得土地，亦未享受该农村集体经济组织成员权益，而且未被纳入其他基本生活保障体系。此外，原告刘某自2009年离婚后便返回某村民小组。2015年，某村民小组因建设高速公路部分土地被租用获得收益，刘某作为集体组织成员在2016年、2017年均正常参与分配，但2018年、2019年、2020年该组负责人以"外嫁女"为由拒绝给刘某分配款项，刘某多次和某村民小组负责人沟通，负责人拒绝给付。刘某于是向法院提起诉讼，要求某村民小组向其给付分配土地租用收益。在庭审中，某村民小组认为，该村民小组于1998年年底开始土地二轮承包，原告刘某为不上缴种田税费，不出劳力，自愿放弃该组土地二轮承包的权利。刘某未曾对生产组尽到应尽的义务，未在该组承包土地，不应享受生产组任何待遇。

[核心问题]

原告是否因在村民小组不拥有承包地，导致其农村集体经济组织成员身份的丧失？

[裁判要旨]

法院认为，虽然原告刘某目前在某村民小组没有承包土地，但是否选择继续承包土地系当事人自己的权利，不选择继续承包土地不代表放弃农村集体经济组织成员身份，被告某村民小组的土地仍为其最终的生活保障，原告刘某有权主张涉案分配款。

---

① 参见江苏省扬州市邗江区人民法院（2021）苏1003民初472号民事判决书，载中国裁判文书网，https://wenshu.court.gov.cn/website/wenshu/181107ANFZ0BXSK4/index.html?docId = 939AmlYaUQ + 21D3XQ6yFCBdbDvmNz1x0XYQ9lk/5W8N80tCbUA + VGpO3qNaLMqsJ + gMBMs0DcLjGnxpWgRdZYoHYlefsRLE9P7O5lV6ctiTvT5BGF0v5RBnEKBSSnu8H，最后访问时间：2024年6月26日。

[专家评析]

本案发生在《中华人民共和国农村集体经济组织法》实施之前，但法院的裁判与本法第十六条中体现的保护农民财产权益，减少农民因退出农村集体经济组织导致生活保障缺失的精神是相一致的。在司法裁判中，应当对农民退出农村集体经济组织的意思表示进行严格解释，区分其真实意思是放弃农村集体经济组织成员身份，还是放弃某一项具体的土地权利。在不能直接得出农民有放弃农村集体经济组织成员身份的解释结论时，应解释成农民的真实意思仅为放弃某项具体的土地权利。

第十七条 【丧失农村集体经济组织成员身份的情形】
有下列情形之一的，丧失农村集体经济组织成员身份：
（一）死亡；
（二）丧失中华人民共和国国籍；
（三）已经取得其他农村集体经济组织成员身份；
（四）已经成为公务员，但是聘任制公务员除外；
（五）法律法规和农村集体经济组织章程规定的其他情形。

因前款第三项、第四项情形而丧失农村集体经济组织成员身份的，依照法律法规、国家有关规定和农村集体经济组织章程，经与农村集体经济组织协商，可以在一定期限内保留其已经享有的相关权益。

【条文主旨】

本条是关于农村集体经济组织成员身份丧失的规定。

【条文解读】

成员身份基于特定的法律事实消灭，即为丧失。成员身份丧失后，不仅成员依其身份所能享有的权利必然受到影响，也可能间接导致其他成员所能实际享有的成员权益发生变化。本条的规定，在体现各地农村集体产权制度改革实践中的共性的同时，亦关注了成员身份消灭后的相关成员的生活保障问题。本条共分为两款。第一款共分为五项，前四项是成员身份丧失的具体情形，第五项作为兜底条款，其性质为引致规范，指引法官可以适用其他法律法规或农村集体经济组织章程作为成员资格丧失的依据。本条第二款是成员身份丧失法律后果的特别规定，依第二款，满足第一款第三项、第四项的情形时，如果法律法规和农村集体经济组织章程另有规定，或与农村集体经济组织协商一致，已经丧失成员身份的成员在一定期限内仍能保留其已经取得的土地承包经营权、宅基地使用权、集体收益分配权等财产权。

一、成员身份丧失的原因

本条第一款主要规定了成员身份丧失的原因，申言之，发生本条所规定的特定事实时，产生成员身份丧失的法律后果。就该款规定来看，各种原因只要满足其一即可导致成员身份丧失。本条第一款对成员身份丧失的原因进行了"具体列举+概括条款"的立法模式，包含四种具体情形和一个兜底条款。

（一）死亡

农村集体经济组织的成员身份应仅限于自然人取得。本条第一款第一项规定的死亡宜解释为包括自然死亡和宣告死亡。所谓宣告死亡，是指经利害关系人申请，由人民法院宣告下落不明满一定期限的自然人死亡的制度。根据《中华人民共和国民法典》第四十八条规定，被宣告死亡的人，人民法院宣告死亡的判决作出之日为其死亡的日期。农村集体经济组织成员死亡的，则其当然丧失农村集体经济组织成员身份。但应当指出，如果死亡宣告被撤销的，则被宣告死亡人的成员身份恢复。

（二）丧失中华人民共和国国籍

本条第一款第二项规定，丧失中华人民共和国国籍，则丧失农村集体经济组织成员身份。一方面，农民集体所有权旨在为特定农村社区范围内的成员提供基本生活保障，丧失中华人民共和国国籍，显然不在集体所有权的保障范围之内。另一方面，农村集体经济组织的主要功能之一是为我国特定社区范围内农民提供基本的生产资料和生活保障，如果其成员已经加入外国国籍，则不应当再享受来自农村集体经济组织提供的生产资料和福利。

（三）已经取得其他农村集体经济组织成员身份

本条第一款第三项规定，已经取得其他农村集体经济组织成员身份，则丧失农村集体经济组织成员身份。农村集体经济组织的成员身份本身指向一定的成员权利和福利，如果允许成员同时拥有多个不同农村集体经济组织成员身份，可能导致在成员权利和福利享有上出现"两头占"

现象。

（四）已经成为公务员，但是聘任制公务员除外

本条第一款第四项规定，已经成为公务员，则丧失农村集体经济组织成员身份，但是聘任制公务员除外。其一，已经成为公务员的原集体经济组织成员，已经不符合本法第十一条规定的成员的条件，最为明显的是其不再以农村集体经济组织成员集体所有的土地等财产为基本生活保障。其二，农村集体经济组织成员已经被纳入公务员序列后，其本身享受城市居民社会保障体系和国家工资待遇，此时再保留成员身份，分享成员权益和福利，将使其获得薪酬之外的收入。其三，可能因其成员身份导致其使用公权力对所在农村集体经济组织特殊照顾，增加"权力寻租"的机会。此外，担任公务员再保留成员身份，可能因参与农村集体经济组织的事务影响公务员的本职工作。因此，农村集体经济组织成员已经成为公务员的，其成员身份丧失。同时，本项规定，聘任制公务员除外。这是因为，根据《中华人民共和国公务员法》的规定，聘任制公务员的聘任合同期限为一年至五年，与一般公务员存在较大差别，不宜从法律上规定聘任制公务员一概丧失农村集体经济组织成员身份。因此，本法对聘任制公务员作了与一般公务员不同的制度安排。此外，需要注意的是，只有已经成为公务员的，才当然丧失农村集体经济组织成员身份，而不包括事业单位工作人员、国有企业员工等情况。我国事业单位情况复杂，国有企业用工形式也较为多样。本法的规定体现了立法的适当包容性，不对事业单位工作人员、国有企业员工当然丧失成员身份问题在法律上作统一规定，而是可以根据本条第一款第五项的授权，由地方立法或者农村集体经济组织章程根据实际情况确定。

（五）法律法规和农村集体经济组织章程规定的其他情形

本款第五项作为兜底条款，表明前四项成员身份丧失的原因并不能涵盖导致成员身份丧失的所有情形，如果其他法律、行政法规或农村集体经济组织章程对成员身份丧失另有规定时，则遵循相关法律法规和章程的规定。例如，在实践中有些农村集体经济组织章程规定取得国有企业、事业单位职工身份的，也丧失成员资格。对此，如章程效力无瑕疵，则章程的相关规定亦具备法律效力。

二、特定情形下成员身份丧失时财产权益的保留

本条第二款是针对第一款中两种特殊情形下成员身份丧失时保留成员财产权益的规定。根据本款规定，因已经取得其他农村集体经济组织成员身份的（第三项）、已经成为国家公务员的（第四项，但是聘任制公务员

除外），可以在一定期限内保留其已经享有的财产权益。在这两种特殊情形下，在一定期限内保留其已经享有的财产权益主要基于两种法律事实：一是依照法律法规、国家有关规定和农村集体经济组织章程规定；二是经与农村集体经济组织协商。

本法第十六条已经规定成员自愿退出时可以与农村集体经济组织协商退出后一定期限内保留已经享有的财产权益，本条在第十六条的基础上增加了可以保留财产权益的成员身份丧失情形，并且对第十六条中保留财产权益的前置条件从协商后保留扩张到可以在法律法规、国家有关规定和农村集体经济组织章程规定的情形下保留。

【适用指南】

根据本条第二款，即使属于第一款第三项、第四项的情形，也必须满足"依据法律法规、国家有关规定和农村集体经济组织章程"，或者"经与农村集体经济组织协商"这两个条件之一时才能在一定期限内保留其已经取得的财产权益。需要注意的是，是否保留成员的财产权益，属于农村集体经济组织意思自治的事项，即使法律法规、国家有关规定、章程并未明确规定，仅需农村集体经济组织与相关成员协商一致亦可保留财产权益。当然，农村集体经济组织同意保留相关成员的财产权益，亦会影响到其他成员的权益，故应按照章程的规定履行相关的决议程序。

【关联规范】

《中华人民共和国农村集体经济组织法》第十六条；《中华人民共和国民法典》第一百四十三条；《中华人民共和国农村土地承包法》第二十七条；《中华人民共和国土地管理法》第六十二条。

> **案例评析**

农村集体经济组织成员已经取得了其他农村集体经济组织成员身份的，其丧失原农村集体经济组织成员身份[①]

［案情简介］

原告虞甲、乐某某均出生于东某某经济合作社，户籍性质均为农业家庭户，结婚后生活居住在东某某经济合作社。原告虞丙、虞乙系原告乐某某、虞甲婚生子女，户籍性质均为农业家庭户。四原告在第一轮土地承包期间与其他村民一样享有东某某经济合作社集体土地承包资格。1994年，原告家庭为方便孩子上学而购买了同镇DA村房屋生活居住，同时将全家户籍迁往DA村，户籍性质仍为农业家庭户。

2010年11月1日，东某某经济合作社与甲市乙区丙镇人民政府签订《协议书》一份，协议约定，东某某经济合作社所有全部集体固定资产和集体所有土地被征收。2012年5月24日，东某某经济合作社对于被征收的集体资产及土地所取补偿款根据相关法律法规并经村民代表大会讨论表决，出台了《东某某经济合作社集体资产及土地征收款第一次分配方案》；2012年9月20日，东某某经济合作社又出台了《东某某经济合作社集体资产及土地征收款分配补充方案》。上述方案明确虞甲、乐某某、虞乙因户籍已迁出仅享受40%的征地补偿款即68000元，虞丙因已婚嫁不能参与分配。为此，双方发生纠纷，四原告遂诉至法院，请求依法判决东某某经济合作社支付土地征用款。

［核心问题］

已经加入其他农村集体经济组织的，是否应丧失原农村集体经济组织成员身份？

［裁判要旨］

已加入其他集体经济组织，自然丧失了原集体经济组织成员的身份。

[①] 参见浙江省舟山市中级人民法院（2013）浙舟民终字第204号民事判决书，载中国裁判文书网，https://wenshu.court.gov.cn/website/wenshu/181107ANFZ0BXSK4/index.html?docId=DFOOpKEEtuIQdHokem/mt/iA3sKYhqOK5KKUh7IFAU6zlcFGzj/e2JO3qNaLMqsJ+gMBMs0DcLjGnxpWgRdZYoHYlefsRLE9P7O5lV6ctiSsac98D0OwT04ypj0jju4V，最后访问时间：2024年7月3日。

如能证明已取得其他集体经济组织成员身份,即使未承包过土地,未享受过集体资产收益的分配,也不影响相关成员失去原集体经济组织成员身份的事实状态。

[专家评析]

本案发生在《中华人民共和国农村集体经济组织法》施行之前,但本案中法院的裁判路径与本条第一款第三项规定的精神相一致。在本法施行之前,实定法层面并未明确规定农村集体经济组织成员加入其他农村集体经济组织后,即失去原农村集体经济组织成员身份。当然,在个案中,农村集体经济组织成员是否已经加入了其他农村集体经济组织,往往需要根据一定证据来证明。例如,成员是否在其他农村集体经济组织取得了承包地,是否已经在其他农村集体经济组织分享收益、享有福利等。如果可以证明上述情形的,即可以认定成员已经加入了其他农村集体经济组织。

> **第十八条 【农村集体经济组织成员身份丧失的限制】**
> 农村集体经济组织成员不因就学、服役、务工、经商、离婚、丧偶、服刑等原因而丧失农村集体经济组织成员身份。
> 农村集体经济组织成员结婚,未取得其他农村集体经济组织成员身份的,原农村集体经济组织不得取消其成员身份。

【条文主旨】

本条是关于农村集体经济组织成员身份丧失的限制的规定。

【条文解读】

本法第十七条对成员身份丧失的情形进行了规定,其中第一款第五项明确了可以基于"法律法规和农村集体经济组织章程规定的其他情形"导致成员身份的丧失。本条规定本质上是对本法第十七条规定的成员身份丧失情形的限制。如果农村集体经济组织的章程违反本条规定的内容,则不能发生成员身份丧失的法律效果。本条对多种情形下农村集体经济组织成员身份丧失的限制作了规定。

一、因就学、服役、务工、经商、离婚、丧偶、服刑等原因成员身份丧失的限制

本条第一款规定,农村集体经济组织成员不因就学、服役、务工、经商、离婚、丧偶、服刑等原因而丧失农村集体经济组织成员身份。本款规定的合理性主要在于,第一,就学、服役、务工、经商、离婚、丧偶、服刑等情形的出现并不代表成员有放弃农村集体经济组织成员身份的意愿,不属于本法第十六条中的"自愿退出"。第二,其他法律法规对此存在特别规定。《退役军人安置条例》第七十条第一款规定,自主就业的退役军士和义务兵入伍前通过家庭承包方式承包的农村土地,承包期内不得违法收回或者强迫、阻碍土地经营权流转;通过招标、拍卖、公开协商等非家庭承包方式承包的农村土地,承包期内其家庭成员可以继续承包;承包的农村土地被依法征收、征用或者占用的,与其他农村集体经济组织成员享有同等权利。第三,与此前司法实践的经验相吻合。在本法施行前,虽然实定法上并未明确存在如本款的直接规定,但相关地区的法院进行的司法裁判一般与本款精神一致。

在农村集体经济组织成员因就学、服役、务工、经商、离婚、丧偶、服刑等原因暂时离开农村集体经济组织所在地时,很有可能一并将其户籍从农村集体经济组织所在地转移到其他地区。即使其户籍所在地发生了变更,也不能据此认定相关成员已经放弃了其农村集体经济组织成员的身份。事实上,在农村集体产权制度改革实践中,部分地区的成员身份确认指导意见明确,上述情形下虽然户籍发生了变动,只要原户籍在农村集体经济组织所在地的,就不能因此认定成员身份丧失。

二、成员因结婚未取得其他农村集体经济组织成员身份时成员身份取消的限制

本条第二款规定,农村集体经济组织成员结婚,未取得其他农村集体经济组织成员身份的,原农村集体经济组织不得取消其成员身份。该款规定旨在防止"两头空"。从实践来看,本条主要保护的是妇女成员的合法权益。但是,本条中对成员身份取消的限制不应该仅限于妇女成员,而应当解释为男女成员均适用。其一,本条中并未明确局限于妇女成员,因此难以作出仅限适用于妇女成员的解释结论。其二,男性成员同样可能出现因结婚未取得其他农村集体经济组织成员身份的情形。《中华人民共和国民法典》第一千零五十条规定,登记结婚后,按照男女双方约定,女方可以成为男方家庭的成员,男方可以成为女方家庭的成员。因此,在男方成为女方家庭的成员时,也可能出现未取得其他农村集体经济组织成员身份的情形。

【适用指南】

本条主要规定了农村集体经济组织成员身份丧失的限制，强化对特殊群体的成员身份保障。本款规定应解释为强制性规定，如果农村集体经济组织章程、决议作出了与本款相反的规定，则该规定因违反法律的强制性规定而无效。

【关联规范】

《中华人民共和国民法典》第一百四十三条；《中华人民共和国农村集体经济组织法》第十七条；《中华人民共和国农村土地承包法》第十六条；《中华人民共和国妇女权益保障法》第三十三条；《中华人民共和国现役军官法》第三十七条。

第三章　组织登记

> 第十九条　【农村集体经济组织的设立】农村集体经济组织应当具备下列条件：
> （一）有符合本法规定的成员；
> （二）有符合本法规定的集体财产；
> （三）有符合本法规定的农村集体经济组织章程；
> （四）有符合本法规定的名称和住所；
> （五）有符合本法规定的组织机构。
> 符合前款规定条件的村一般应当设立农村集体经济组织，村民小组可以根据情况设立农村集体经济组织；乡镇确有需要的，可以设立农村集体经济组织。
> 设立农村集体经济组织不得改变集体土地所有权。

【条文主旨】

本条是关于农村集体经济组织的设立条件、设立层级以及设立农村集体经济组织不得改变集体土地所有权的规定。

【条文解读】

农村集体经济组织设立制度关系到市场主体准入的法律甄别，是农村集体经济组织立法的核心内容。本条从三个方面规定了农村集体经济组织的设立制度。

一、农村集体经济组织的设立条件

本条第一款是关于农村集体经济组织基本条件的规定。虽然农村集体经济组织与公司都是私法上的法人，但二者仍有较大不同：为了实现其特别职能，农村集体经济组织的设立具有较强的强制性，符合法定条件的村一般应当设立农村集体经济组织；而作为营利法人的公司则遵循私法自治原则，可以自愿设立或不设立，国家则负有在发起人申请设立公司时按照法律规定的条件进行登记的义务。按照本条第一款的规定，农村集体经济组织应当具备五个具体条件。在认定这五个具体条件时，应注意其与相应的公司设立条件的区别。

（一）有符合本法规定的成员

农村集体经济组织成员具有自然形成性、社区共同体性、成员同质性、生存依赖性、身份性和自然人性等特征。本法专设第二章"成员"，对农村集体经济组织成员的概念和外延、农村集体经济组织成员确认的规则、从其他农村集体经济组织加入成员的规则、成员身份丧失的规则和限制规则等作了体系化的规定。

（二）有符合本法规定的集体财产

本法第三十六条第一款规定，集体财产主要包括：集体所有的土地和森林、山岭、草原、荒地、滩涂；集体所有的建筑物、生产设施、农田水利设施；集体所有的教育、科技、文化、卫生、体育、交通等设施和农村人居环境基础设施；集体所有的资金；集体投资兴办的企业和集体持有的其他经济组织的股权及其他投资性权利；集体所有的无形资产；集体所有的接受国家扶持、社会捐赠、减免税费等形成的财产；集体所有的其他财产。上述财产可以分为资源性财产、经营性财产和非经营性财产。本法第五章对各类集体财产的经营管理和收益分配规则做了体系化的制度设计和规范表达。

（三）有符合本法规定的农村集体经济组织章程

同其他法人一样，农村集体经济组织也是团体法上的主体，团体法上主体的一个重要特征就是行为的共同性，章程则为团体成员权利义务、议事规则的总遵循，本质上也是自愿的产物。因此，章程在农村集体经济组织中也是必不可少的。本法第二十条规定了农村集体经济组织的章程。

（四）有符合本法规定的名称和住所

名称和住所为民事主体参与民事法律关系所必需。本法第二十一条规定，农村集体经济组织的名称中应当标明"集体经济组织"字样，以及所在县、不设区的市、市辖区、乡、民族乡、镇、村或者组的名称。农村集体经济组织以其主要办事机构所在地为住所。

（五）有符合本法规定的组织机构

法人组织不同于自然人，自然人出生后即自动取得民事权利能力，只是在民事行为能力上有所区别，而法人无血无肉，不能自己作出意思表示，也无法自己执行工作任务。此时，分工明确、运行有效的法人组织机构便不可或缺。本法第四章规定了农村集体经济组织的组织机构。依其规定，农村集体经济组织的组织机构由农村集体经济组织成员（代表）大会、理事会和监事会（监事）等组成。

二、农村集体经济组织设置的级别要求

作为《中华人民共和国民法典》规定的特别法人，农村集体经济组织无疑具有营利性质，但之所以不像营利法人一样遵循自愿设立的原则，是因为它也承载了特定的社会职能。关于农村集体经济组织，《中华人民共和国民法典》一方面根据《中华人民共和国宪法》规定于第三百三十条明确其实行双层经营体制，另一方面又于第九十六条赋予其特别法人的民事主体地位。可见，《中华人民共和国宪法》和《中华人民共和国民法典》关于所有制与所有权的规定构成本条规定村负有设立农村集体经济组织的一般性义务的规范基础。

目前，农村集体经济组织由乡（镇）、村、村民小组三级设置，分别被称为乡镇级、村级、组级农村集体经济组织（我国现行立法中，多采用这种方式，如《中华人民共和国民法典》第二百六十二条）。地方立法实践中对农村集体经济组织也采纳分级别设置的模式（如《北京市农村集体资产管理条例》① 等）。当然，不同地区农村集体经济组织名称的表达方式可能呈现出差异性。但是，无论称谓如何，农村集体经济组织以特定农村社区为单位、分级设立的既有模式不应该改变。本条第二款规定，符合前款规定条件的村一般应当设立农村集体经济组织，村民小组可以根据情况设立农村集体经济组织；乡镇确有需要的，可以设立农村集体经济组织。可见，农村集体经济组织的设置的级别要求不同：其一，村一般应当设立农村集体经济组织；其二，村民小组可以根据情况设立农村集体经济组织；其三，乡镇确有需要的，可以设立农村集体经济组织。

三、设立农村集体经济组织不得改变集体土地所有权

农村集体经济组织具有以土地集体所有为基础设置的特点。农村集体经济组织依法代表特定社区范围内的农民集体行使集体土地所有权。特定

---

① 《北京市农村集体资产管理条例》，载北京市人民政府网，https：//www.beijing.gov.cn/zhengce/dfxfg/201905/t20190522_57005.html，最后访问时间：2024年7月2日。

社区范围的集体土地归属于特定的农民集体所有，这既是集体土地公有制的要求，也是维护集体土地所有权的必然要求。正是考虑到集体所有权的特殊性，本条第三款规定"设立农村集体经济组织不得改变集体土地所有权"。

【适用指南】

本条第一款作为准则性规定，与公司法关于公司设立的条件的规定类似，主要对农村集体经济组织登记机关有指导意义。本条第二款为制度性规定，是对《中华人民共和国民法典》相关条款的细化规定，规范性较弱。从体系解释的角度看，若村未设立农村集体经济组织时，按照《中华人民共和国民法典》第一百零一条第二款规定，村民委员会可以依法代行村集体经济组织的职能。本法第六十四条亦作出类似规定——未设立农村集体经济组织的，村民委员会、村民小组可以依法代行农村集体经济组织的职能。村民委员会、村民小组依法代行农村集体经济组织职能的，讨论决定有关集体财产和成员权益的事项参照适用本法的相关规定。作为集体所有制和集体所有权的内容体现，本条第三款亦为制度性规定。在法律效果上，若农村集体经济组织行使权利改变了集体所有权或有悖于集体所有权，则其行为是无效的，农村集体经济组织成员可以依据本法第五十七条规定进行救济。本法第五十七条第一款规定，农村集体经济组织成员大会、成员代表大会、理事会或者农村集体经济组织负责人作出的决定侵害农村集体经济组织成员合法权益的，受侵害的农村集体经济组织成员可以请求人民法院予以撤销。但是，农村集体经济组织按照该决定与善意相对人形成的民事法律关系不受影响。第五十七条第二款规定，受侵害的农村集体经济组织成员自知道或者应当知道撤销事由之日起一年内或者自该决定作出之日起五年内未行使撤销权的，撤销权消灭。

【关联规范】

《中华人民共和国民法典》第五条、第九十六条、第二百六十二条、第三百三十条；《中华人民共和国农村集体经济组织法》第十一条、第二十条、第二十一条、第三十六条、第五十七条；《中华人民共和国村民委员会组织法》第三条。

> **第二十条　【农村集体经济组织章程】** 农村集体经济组织章程应当载明下列事项：
> （一）农村集体经济组织的名称、法定代表人、住所和财产范围；
> （二）农村集体经济组织成员确认规则和程序；
> （三）农村集体经济组织的机构；
> （四）集体财产经营和财务管理；
> （五）集体经营性财产收益权的量化与分配；
> （六）农村集体经济组织的变更和注销；
> （七）需要载明的其他事项。
> 农村集体经济组织章程应当报乡镇人民政府、街道办事处和县级人民政府农业农村主管部门备案。
> 国务院农业农村主管部门根据本法和其他有关法律法规制定农村集体经济组织示范章程。

【条文主旨】

本条是关于农村集体经济组织章程的记载事项、备案制度和农村集体经济组织示范章程的规定。

【条文解读】

本法第十九条将"有符合本法规定的农村集体经济组织章程"作为农村集体经济组织法人的设立条件之一。本条即关于农村集体经济组织章程的记载事项、备案制度等方面的具体规定。此外，本法第二十六条规定了农村集体经济组织成员大会行使制定、修改集体经济组织章程的职权。在团体法上，章程不独为农村集体经济组织所有，其他的法人也都存在章程，其中又以公司章程最为常见。在现代法上，章程是公司设立的必要条件。之所以如此，原因还在于公司章程的性质。不同于法律、法规，章程是意思自治的产物，但也可以在当事人之间产生拘束力，团体甚至可以据此为某种处罚（社团罚），但不得违反法律、法规的规定。由于章程具有此种性质，因此又称为软法。农村集体经济组织章程本质上属于自治规范范畴，决议行为是制定、修改章程的程序，但并不意味着章程本质上是决议行为。

农村集体经济组织章程的功能主要体现在：第一，法人设立之必备条件。农村集体经济组织章程是法人运转的自治规范，对内具有规范效力，对外具有公示对抗效力。没有章程，农村集体经济组织就无法设立。第二，法人治理之内部依据。章程对于农村集体经济组织成员身份确认、集体收益分配等重要事项具有重要作用，章程是农村集体经济组织治理的行为准则。第三，法人规制与管理之依据。农村集体经济组织章程具有自治属性，但也受到国家制定法和政策的规制。法律对农村集体经济组织章程之法定性、真实性和公开性均设有要求。章程内容不得违反法律的强制性规定，不得违背公序良俗。农村集体经济组织章程本质上也是国家对其进行规制和管理的间接手段。第四，体现个性治理的工具。农村集体经济组织可以通过章程将反映其法人个性的规则体现出来。如农村集体经济组织的组织机构设计、表决规则等均可以通过章程反映出其个性。本条中设置三款，分别规定农村集体经济组织章程的记载事项、章程的备案和农村集体经济组织示范章程。

一、农村集体经济组织章程的记载事项

按照本条第一款规定，农村集体经济组织章程的记载事项主要包括：（1）农村集体经济组织的名称、法定代表人、住所和财产范围，这也是设立其他法人的基本条件，为任何法人所必需。（2）农村集体经济组织的成员确认规则和程序，这涉及农村集体经济组织的特别性问题，因为农村集体经济组织的成员具有身份特征。（3）农村集体经济组织的机构，这涉及农村集体经济组织的治理，因而也不可或缺。（4）集体财产经营和财务管理，考虑到农村集体经济组织有别于一般营利法人的特性，其如何经营集体财产，殊为重要，且不可突破集体所有制。（5）集体经营性财产收益权的量化与分配，这点与农村集体经济组织成员的切身权益紧密关联，是集体所有制的主要体现，因而必须明确。（6）农村集体经济组织变更和注销。（7）需要载明的其他事项。

二、农村集体经济组织章程的备案

为了提升农村集体经济组织章程质量，更好地实现章程在法人治理中的功能，农业农村行政主管部门应当加强对章程拟定工作的指导，并建立健全农村集体经济组织章程的备案制度。本条第二款规定，农村集体经济组织章程应当报乡镇人民政府、街道办事处和县级人民政府农业农村主管部门备案。

三、农村集体经济组织示范章程的制定

从实践来看，各地普遍重视农村集体经济组织章程的制定和设计。本条第三款规定，国务院农业农村主管部门根据本法和其他有关法律法规制

定农村集体经济组织示范章程。农业农村部已于 2020 年印发了《农村集体经济组织示范章程（试行）》，在实践中发挥了重要的指导作用。

【适用指南】

本条主要包括三个方面内容：一是规定了农村集体经济组织章程应当记载的内容；二是规定了章程的备案程序和备案部门；三是规定了特定主体制定示范章程的义务。本条主要是示范性内容和辅助性规定，对农村集体经济组织起草、制定和修改章程具有指导意义，一般不直接作为司法裁判的规范适用。

【关联规范】

《中华人民共和国农村集体经济组织法》第十九条、第二十二条、第二十六条、第三十五条。

第二十一条　【农村集体经济组织的名称和住所】 农村集体经济组织的名称中应当标明"集体经济组织"字样，以及所在县、不设区的市、市辖区、乡、民族乡、镇、村或者组的名称。

农村集体经济组织以其主要办事机构所在地为住所。

【条文主旨】

本条是关于农村集体经济组织名称和住所的规定。

【条文解读】

本条设置两款，分别规定了农村集体经济组织的名称和住所。

一、农村集体经济组织的名称

作为特别法人，农村集体经济组织的名称也具有其不同于营利法人的特别规则。本法颁布之前，地方立法和农村集体产权制度改革实践中对农村集体经济组织名称的具体要求进行了广泛探索。而且，农村集体产权制度改革实践中农村集体经济组织也呈现出多种形态，这导致农村集体经济组织的名称表达呈现出差异，如有些地方称为合作社、股份合作社，有些地方称为股份合作公司，有些地方甚至登记为农民专业合作社。《农业农村部 中国人民银行 国家市场监督管理总局关于开展农村集体经济组织登记赋码工作的通知》在"一、准确把握农村集体经济组织登记赋码的总体要求"中对农村集体经济组织名称作了明确规定：农村集体经济组织的名称应含有"经济合作（经济联合）"或"股份经济合作"字样，且只能使用一个名称。该文件对于指导各地农村集体经济组织登记时名称的确定和相对统一发挥了重要作用。但根据本法规定，农村集体经济组织的名称中应当标明"集体经济组织"字样，这就与前述通知的规定存在差异。从法的效力位阶上来讲，本法的效力显然高于上述通知，应当优先适用。同时，对于本法的规定与前述文件的衔接问题，本法第六十五条规定，本法施行前已经按照国家规定登记的农村集体经济组织及其名称，本法施行后在法人登记证书有效期限内继续有效。

二、农村集体经济组织的住所

本条第二款明确了农村集体经济组织的住所，其本质上是对《中华人民共和国民法典》第六十三条的具体适用，后者规定，法人以其主要办事机构所在地为住所。依法需要办理法人登记的，应当将主要办事机构所在地登记为住所。因此本条第二款规定，农村集体经济组织以其主要办事机构所在地为住所。

【适用指南】

本条规定与本法第二十二条规定的农村集体经济组织的登记存在紧密联系，登记的内容应当遵循本条关于农村集体经济组织名称和住所的规定。

【关联规范】

《中华人民共和国民法典》第六十三条、第九十六条、第一百条。

第二十二条 【农村集体经济组织的登记】 农村集体经济组织成员大会表决通过本农村集体经济组织章程、确认本农村集体经济组织成员、选举本农村集体经济组织理事会成员、监事会成员或者监事后，应当及时向县级以上地方人民政府农业农村主管部门申请登记，取得农村集体经济组织登记证书。

农村集体经济组织登记办法由国务院农业农村主管部门制定。

【条文主旨】

本条是关于农村集体经济组织登记的规定。

【条文解读】

本条共设置两款,主要规定了农村集体经济组织登记前的表决程序、登记部门和登记办法的制定。

一、农村集体经济组织登记前的表决程序

本条第一款规定,在农村集体经济组织登记之前,需要农村集体经济组织成员大会表决通过本农村集体经济组织章程、确认本农村集体经济组织成员、选举本农村集体经济组织理事会成员、监事会成员或者监事。需要注意的是,通过本农村集体经济组织章程、确认本农村集体经济组织成员,仅成员大会有权作出决定;选举本农村集体经济组织理事会成员、监事会成员或者监事,成员大会或者成员代表大会均可以作出决定。具体而言,前述农村集体经济组织登记前的表决事宜要按照本法第二十六条、第二十七条、第二十八条规定的规则进行表决。其中,第二十六条规定了需要经过成员大会表决的事项范围。第二十七条规定了成员大会的表决规则,即农村集体经济组织召开成员大会,应当有三分之二以上具有完全民事行为能力的成员参加。成员无法在现场参加会议的,可以通过即时通讯工具在线参加会议,或者书面委托本农村集体经济组织同一户内具有完全民事行为能力的其他家庭成员代为参加会议。成员大会每年至少召开一次,并由理事会召集,由理事长、副理事长或者理事长指定的成员主持。成员大会实行一人一票的表决方式。成员大会作出决定,应当经本农村集体经济组织成员大会全体成员三分之二以上同意,本法或者其他法律法规、农村集体经济组织章程有更严格规定的,从其规定。第二十八条规定了成员代表大会的表决规则,即成员代表大会实行一人一票的表决方式。成员代表大会作出决定,应当经全体成员代表三分之二以上同意。

二、登记部门和登记证书

本条第一款规定,农村集体经济组织应当及时向县级以上地方人民政府农业农村主管部门申请登记,取得农村集体经济组织登记证书。即规定了农村集体经济组织的登记部门是县级以上地方人民政府农业农村主管部门。为建立统一社会信用代码制度,充分发挥农村集体经济组织的功能作用,确保其正常开展经营管理活动,《农业农村部 中国人民银行 国家市场监督管理总局关于开展农村集体经济组织登记赋码工作的通知》在"一、

准确把握农村集体经济组织登记赋码的总体要求"中明确了农村集体经济组织登记赋码形式——农村集体经济组织登记证。就登记机关而言,《农业农村部办公厅关于启用农村集体经济组织登记证有关事项的通知》[①] 在"二、《农村集体经济组织登记证》的管理"中规定,《农村集体经济组织登记证》原则上由县级人民政府农业农村行政管理部门负责发放并加盖印章,各省也可以根据实际情况确定由地市级或者省级人民政府农业农村行政管理部门发放登记证并加盖印章,具体工作由农村经营管理机构承担。经国务院、省级人民政府批准设立的开发区等区域,以及不设农业农村行政管理部门(或农村经营管理机构)的地区,其辖区内的农村集体经济组织由上级地方人民政府农业农村行政管理部门(或农村经营管理机构)负责发放登记证并加盖印章。

三、农村集体经济组织登记办法的制定

虽然《农业农村部 中国人民银行 国家市场监督管理总局关于开展农村集体经济组织登记赋码工作的通知》明确了农村集体经济组织登记赋码形式,《农业农村部办公厅关于启用农村集体经济组织登记证有关事项的通知》规定了农村集体经济组织登记证的有关事项,但农村集体经济组织登记的一般规定有待进一步明确。例如,如何解释本条第一款第一句规定的"及时"登记?本条授权国务院农业农村主管部门制定相关办法,可以较好地保证有关登记办法的科学性。未来,国务院农业农村主管部门将制定专门的农村集体经济组织登记办法。

【适用指南】

本条作为农村集体经济组织登记的规定,能够为农村集体经济组织办理登记手续提供指引,同时该条款应当与《农业农村部 中国人民银行 国家市场监督管理总局关于开展农村集体经济组织登记赋码工作的通知》《农业农村部办公厅关于启用农村集体经济组织登记证有关事项的通知》等规定结合起来理解。

【关联规范】

《中华人民共和国民法典》第九十九条、第一百零一条;《中华人民共

---

① 《农业农村部办公厅关于启用农村集体经济组织登记证有关事项的通知》,载中国政府网,https://www.gov.cn/zhengce/zhengceku/2018-12/31/content_5442434.htm,最后访问时间:2024年6月30日。

和国农村集体经济组织法》第十九条、第二十条、第二十一条、第二十六条、第二十七条。

> **第二十三条 【农村集体经济组织的合并】** 农村集体经济组织合并的,应当在清产核资的基础上编制资产负债表和财产清单。
>
> 农村集体经济组织合并的,应当由各自的成员大会形成决定,经乡镇人民政府、街道办事处审核后,报县级以上地方人民政府批准。
>
> 农村集体经济组织应当在获得批准合并之日起十日内通知债权人,债权人可以要求农村集体经济组织清偿债务或者提供相应担保。
>
> 合并各方的债权债务由合并后的农村集体经济组织承继。

【条文主旨】

本条是关于农村集体经济组织合并的清产核资条件、审核及审批程序、债权人保护以及农村集体经济组织合并后债权债务归属的具体规定。

【条文解读】

法人合并是指两个以上的法人合并为一个新的法人。法人合并分为新设合并和吸收合并。新设合并,是指两个以上的法人合并后,成立一个新的法人,参与合并的原有各法人均归于消灭的合并;吸收合并,是指两个以上的法人合并后,被吸收的法人归于消灭,吸收的法人继续存续。农村集体经济组织法人的合并也可以分为新设合并和吸收合并。农村集体经济组织具备法人资格,意味着其在符合特定条件并履行特定程序的情况下可以与其他农村集体经济组织实现合并。农村集体经济组织合并是一种改变农村集体经济组织体结构形式,进而组成一个新的组织体的法律行为。

一、农村集体经济组织合并的法定条件

(一)在清产核资的基础上编制资产负债表和财产清单

本条第一款规定,农村集体经济组织在合并前应当进行清产核资并在此基础上编制资产负债表和财产清单,这既是农村集体经济组织合并前应当履行的法定义务，又是其合并的法定条件。这一法定条件设置的目的在于确保农村集体经济组织在合并前能够厘清其债权债务，使得合并各方的权利义务得以明确，使合并行为符合法定财务管理制度的要求，避免纠纷的产生。农村集体经济组织合并前未进行清产核资并编制资产负债表和财产清单的，不得进行合并。未进行清产核资并编制资产负债表和财产清单情况下农村集体经济组织合并且造成农村集体经济组织成员利益损害的，农村集体经济组织成员可以依法行使撤销权。

（二）由各自成员大会形成决定

农村集体经济组织合并必须经过各自农村集体经济组织的成员大会决议，未经成员大会决议的，农村集体经济组织不得合并。这里的经成员大会决议指的是准备合并的各个农村集体经济组织成员大会的决议。决定农村集体经济组织合并属于重大事项（本法第二十六条），只能经成员大会决议，不能由成员代表大会行使职权（本法第二十八条）。同时根据本法第二十七条的规定，成员大会实行一人一票的表决方式。成员大会作出决定，应当经本农村集体经济组织成员大会全体成员三分之二以上同意，本法或者其他法律法规、农村集体经济组织章程有更严格规定的，从其规定。未经各自成员大会决议，农村集体经济组织合并且造成农村集体经济组织成员利益损害的，农村集体经济组织成员可以依法行使撤销权。

（三）经乡镇人民政府、街道办事处审核

本条第二款明确了乡镇人民政府、街道办事处的审核义务。主要审核农村集体经济组织合并前是否履行了清产核资、编制资产负债表、编制财产清单以及经成员大会决议。这里的乡镇人民政府、街道办事处作为审批机关应当对其各自管辖范围内的农村集体经济组织的合并履行审核职责。对于经审核不符合合并条件的，乡镇人民政府、街道办事处应当指令修改，修改后符合条件的报县级以上地方人民政府批准。修改后仍不符合条件的，不报县级以上地方人民政府批准，合并中止。

（四）经县级以上地方人民政府批准

本条第二款规定农村集体经济组织合并需要报县级以上地方人民政府批准。农村集体经济组织合并涉及成员利益，该合并应当受到政府部门的监管。未经县级以上地方人民政府批准的，农村集体经济组织不得合并。未经县级以上地方人民政府批准即合并的，县级以上地方人民政府有权作出撤销合并的决定。

二、农村集体经济组织被批准合并后需要满足程序性要求

（一）合并获得批准之日起十日内通知债权人

农村集体经济组织合并意味着既有的农村集体经济组织将消灭或发生

变更。这一变化将对农村集体经济组织债权人利益产生重要影响。为了防止农村集体经济组织合并侵害债权人利益，影响正常的经济交往秩序，本条第三款要求农村集体经济组织在被批准合并后应当在法定期限内通知债权人。这里的通知债权人包括：一是农村集体经济组织合并后各个农村集体经济组织不复存在的，各个农村集体经济组织应当在法定期限内履行通知债权人的义务；二是各个农村集体经济组织经合并后归属于一个农村集体经济组织，被合并的农村集体经济组织应当在法定期限内通知债权人，合并其他农村集体经济组织后仍然存续的农村集体经济组织亦应当履行该通知义务。原因在于这一农村集体经济组织在合并其他农村集体经济组织后，被合并的农村集体经济组织的债权债务均归属于合并后的农村集体经济组织，该农村集体经济组织的债务有可能因此而增加，进而对债权人债权的实现造成不良影响。

（二）债权人可以要求农村集体经济组织清偿债务或者提供相应担保

为了防止农村集体经济组织合并给债权人造成不利影响，本法赋予债权人两种权利：一是可以要求农村集体经济组织清偿债务；二是可以要求农村集体经济组织提供相应担保。这两项权利的行使并无先后关系，由债权人根据具体情形和意愿选择行使顺序和内容。

三、农村集体经济组织合并的法律后果

从法人人格的角度观察，农村集体经济组织合并后，存续的法人人格继续存在，被吸收合并的以及新设合并前的法人的人格消灭。从债权债务的承担角度观察，农村集体经济组织合并的法律后果为合并前的农村集体经济组织的债权债务由合并后的农村集体经济组织承担。

【适用指南】

农村集体经济组织作为特别法人也可以依法合并。但由于农村集体经济组织自身具有特殊性，其合并应当满足特定条件和程序并具有特定效果。本条规定对于农村集体经济组织合并的条件、程序和法定效果予以了明确规定，能够对农村集体经济组织合并予以有效规制，但农村集体经济组织合并的条件、程序以及法律效果的规范内容有待进一步细化。例如，农村集体经济组织合并经成员大会形成决定后提请乡镇人民政府、街道办事处审核，乡镇人民政府、街道办事处审核的具体期限应当由规范性文件进一步加以明确。乡镇人民政府、街道办事处审核后报县级以上地方人民政府批准，县级以上地方人民政府批准的具体期限亦应当由规范性文件进一步加以明确。

【关联规范】

《中华人民共和国民法典》第六十七条;《中华人民共和国农民专业合作社法》第四十六条;《中华人民共和国公司法》第一百七十二条至第一百七十四条;《中华人民共和国农村集体经济组织法》第二十六条至第二十八条。

> 第二十四条 【农村集体经济组织的分立】农村集体经济组织分立的,应当在清产核资的基础上分配财产、分解债权债务。
>
> 农村集体经济组织分立的,应当由成员大会形成决定,经乡镇人民政府、街道办事处审核后,报县级以上地方人民政府批准。
>
> 农村集体经济组织应当在获得批准分立之日起十日内通知债权人。
>
> 农村集体经济组织分立前的债权债务,由分立后的农村集体经济组织享有连带债权,承担连带债务,但是农村集体经济组织分立时已经与债权人或者债务人达成清偿债务的书面协议的,从其约定。

【条文主旨】

本条是关于农村集体经济组织分立的主要内容、分立的程序、债权人保护以及分立后债权债务归属的规定。

【条文解读】

农村集体经济组织具有特别法人地位,除非有特别规定,法人主体的相关规则亦应当适用于农村集体经济组织。对于法人而言,其依据法律规定的程序和条件而设立。法人在存续期间基于特定的事由实现分立有利于设立人对法人资源的有效利用,符合市场经济运行规律。法人分立是指一个法人分成两个以上的法人,包括新设分立和派生分立。新设分立是指原法人分成两个以上的法人,原法人资格消灭;派生分立是指原法人资格不消灭，只是从中再分出其他的法人。农村集体经济组织具备法人资格，其在符合特定条件并履行特定程序的情况下可以分立。从性质上看，农村集体经济组织作为特殊法人，其分立是一种法律行为，即对农村集体经济组织这一组织体进行拆分的法律行为。本条共分为四款，分别规定了分立的主要内容、分立的程序、通知债权人以及分立的法律效果。

一、分立的内容：在清产核资的基础上分配财产、分解债权债务

农村集体经济组织分立的主要目标和内容是分配财产、分解债权债务，而实现这一目标首先要进行清产核资。农村集体经济组织具备法人资格，其具备相应的民事权利能力和民事行为能力，能够独立享有民事权利、承担民事义务。这意味着农村集体经济组织在存续期间能够持有特定的财产并可能承担一定的债务。农村集体经济组织在分立前应当进行清产核资并在此基础上编制资产负债表和财产清单。这既是农村集体经济组织分立前应当履行的法定义务，又是其分立的法定条件。这一法定条件设置的目的在于确保农村集体经济组织在分立前能够厘清其债权债务，使得分立各方权利义务得以明确，使分立行为符合法定财务管理制度的要求，避免纠纷的产生。农村集体经济组织分立前未进行清产核资并分配财产、分解债权债务的，不得进行分立。总之，农村集体经济组织分立的，应当在清产核资的基础上分配财产、分解债权债务。即清产核资是农村集体经济组织法人分立时分配财产、分解债权债务的基础性条件和程序。

二、分立的程序：成员大会决定，乡镇人民政府、街道办事处审核，县级以上地方人民政府批准

(一) 成员大会形成决定

农村集体经济组织是代表农民集体经营管理集体资产的法人组织，其重大事项的决定需要依照农村集体经济组织的决议程序进行。农村集体经济组织的分立事关农村集体经济组织的存续，属于应当由农村集体经济组织成员大会决议的重大事项。"决定农村集体经济组织合并、分立等重大事项"需要经成员大会通过（本法第二十六条），且只能经成员大会决议，不能由成员代表大会行使职权（本法第二十八条）。同时根据本法第二十七条的规定，成员大会实行一人一票的表决方式。成员大会作出决定，应当经本农村集体经济组织成员大会全体成员三分之二以上同意，本法或者其他法律法规、农村集体经济组织章程有更严格规定的，从其规定。未经成员大会决议，农村集体经济组织分立且造成农村集体经济组织成员利益损害的，农村集体经济组织成员可以依法行使撤销权。

（二）乡镇人民政府、街道办事处审核

农村集体经济组织的分立事关成员利益以及集体所有制的维护。农村集体经济组织分立前应当在清产核资的基础上分配财产、分解债权债务并经成员大会决议。为了确保农村集体经济组织履行上述义务，法律明确乡镇人民政府、街道办事处应当履行审核义务。这一审核义务的主要内容为乡镇人民政府、街道办事处对于农村集体经济组织分立前是否履行了在清产核资的基础上分配财产、分解债权债务并经成员大会决议的义务。农村集体经济组织未经乡镇人民政府、街道办事处审核的不得分立。

（三）县级以上地方人民政府批准

农村集体经济组织分立涉及广大农村集体经济组织成员利益，对于其分立应当受到政府部门的监管。未经县级以上地方人民政府批准即分立的，县级以上地方人民政府有权向登记机关请求其撤销法人主体资格分立登记。

三、债权人保护：应当自获得批准分立之日起十日内通知债权人

农村集体经济组织需要在分立获得批准之日起十日内通知债权人。农村集体经济组织分立意味着既有的农村集体经济组织将消灭或发生变更。这一变化将对农村集体经济组织债权人利益产生重要影响。为了防止农村集体经济组织分立侵害债权人利益，影响正常的经济交往秩序，本法要求农村集体经济组织在被批准分立后应当在法定期限内通知债权人。这里的通知债权人包括：一是农村集体经济组织分立后原农村集体经济组织不复存在，分立后成立的新的农村集体经济组织，在各个农村集体经济组织已经被批准分立后，各个农村集体经济组织应当在法定期限内履行通知债权人的义务。二是农村集体经济组织分立后原农村集体经济组织仍然存在的，分立后的农村集体经济组织以及新设立的农村集体经济组织均应当在法定期限内通知债权人。

四、分立的效果：债权债务承担

农村集体经济组织分立的法律后果为分立后的各个农村集体经济组织对于分立前的债务承担连带责任。《中华人民共和国民法典》第六十七条第二款明确了分立后的各个法人对于分立前的债务承担连带责任。本法遵循了上述规定的精神，即农村集体经济组织分立后对于分立前的债务承担连带责任。同时，分立前农村集体经济组织所享有的债权成为分立后各个农村集体经济组织享有的连带债权。农村集体经济组织与债权人、债务人就农村集体经济组织的债权、债务的处理另有约定的，应当按照约定处理。这一规定在确保债权债务由分立后的农村集体经济组织承担的同时，

最大限度地尊重了当事人对于债权债务的自由处分权利。值得注意的是，这里关于债务承担的书面协议既可以在农村集体经济组织分立前形成，亦可以在农村集体经济组织分立后形成。

【适用指南】

农村集体经济组织作为特别法人可以依法分立。但由于农村集体经济组织自身具有特殊性，其分立应当满足特定条件和程序并具有特定效果。本条规定对于农村集体经济组织分立的条件、程序和法律效果等予以了明确规定，有利于实现对农村集体经济组织分立的有效规制，但农村集体经济组织分立的条件、程序以及法律效果的规范内容有待进一步细化。例如，农村集体经济组织分立经成员大会形成决议后，提请镇级人民政府、街道办事处审核，乡镇人民政府、街道办事处审核的具体期限应当由法律加以进一步明确。乡镇人民政府、街道办事处审核后报县级以上地方人民政府批准的，县级以上地方人民政府批准的具体期限亦应当由法律加以明确规定。

【关联规范】

《中华人民共和国民法典》第六十七条；《中华人民共和国农民专业合作社法》第四十六条；《中华人民共和国公司法》第一百七十二条、第一百七十三条、第一百七十四条；《中华人民共和国农村集体经济组织法》第二十六条、第二十七条、第二十八条。

> **第二十五条　【农村集体经济组织的变更、注销登记】**
> 农村集体经济组织合并、分立或者登记事项变动的，应当办理变更登记。
> 农村集体经济组织因合并、分立等原因需要解散的，依法办理注销登记后终止。

【条文主旨】

本条是关于农村集体经济组织合并、分立或者登记事项变动时的变更登记以及农村集体经济组织因合并、分立等原因解散时的注销登记的规定。

【条文解读】

本条分为两款，分别规定了农村集体经济组织合并、分立或者登记事项变动时的变更登记，以及农村集体经济组织因合并、分立等原因解散时的注销登记。

一、农村集体经济组织合并、分立或者登记事项变动时的变更登记

本条第一款规定了农村集体经济组织合并、分立或者登记事项变动时的变更登记。一方面，农村集体经济组织合并、分立后可能导致新的组织的产生和原来组织的消灭，对于合并、分立后存续的组织，当然需要办理变更登记手续。另一方面，农村集体经济组织的组织体要素（名称、目的、住所等）发生变更时，也需要办理变更登记。《农业农村部 中国人民银行 国家市场监督管理总局关于开展农村集体经济组织登记赋码工作的通知》在"二、认真做好农村集体经济组织登记赋码的重点工作"中规定，农村集体经济组织的名称、住所、法定代表人等原登记赋码事项发生变更时，要及时向登记赋码管理部门申请变更登记，并提交法定代表人签署的《农村集体经济组织事项变更申请表》、成员大会或成员代表会议作出的变更决议、修改后的组织章程等材料。农村集体经济组织修改组织章程，但未涉及登记事项的，要及时将修改后的组织章程报送登记赋码管理部门备案。农村集体经济组织合并、分立以及登记事项变动时的变更登记的目的在于确保社会主体能够通过登记这一有效手段知晓农村集体经济组织法人变更的信息，确保交易安全。

二、农村集体经济组织因合并、分立等原因解散时的注销登记

本条第二款规定，农村集体经济组织因合并、分立等原因需要解散的，依法办理注销登记后终止。《中华人民共和国民法典》第六十九条规定了法人解散的具体事由，但是这些解散事由是针对一般法人而言的。基于农村集体经济组织的特殊性，为了维护农村集体所有制的稳定，农村集体经济组织的解散应当受到法律的严格控制。根据本条规定，农村集体经济组织解散的典型事由包括合并、分立。基于合并而解散的情形是指两个以上的农村集体经济组织合并设立一个新的农村集体经济组织，被合并的农村集体经济组织解散，法人主体资格消灭。基于分立而解散的情形是指分立后的农村集体经济组织无法满足法定的设立条件，进而解散，法人主体资格消灭的情形。本条还规定了合并、分立外的"等原因"导致解散的，也需要依法办理注销登记。对于其中的"等原因"应该从严解释。《农业农村部 中国人民银行 国家市场监督管理总局关于开展农村集体经济

组织登记赋码工作的通知》在"二、认真做好农村集体经济组织登记赋码的重点工作"中规定，对于撤村建居，且集体土地全部被征收、旧村改造全面完成、社会保障和社会事务管理与城市完全接轨、不具备继续经营运转条件、群众提出注销要求的农村集体经济组织，可以进行注销登记。对于撤村并村的农村集体经济组织，要慎重开展探索，原则上不能打乱原集体所有的界限。拟申请注销登记的农村集体经济组织，须经成员大会表决通过，并经县级以上地方人民政府审核批准后，及时办理银行销户手续，向原登记赋码管理部门申请办理相关手续，交回《农村集体经济组织登记证》正本和副本、公章。

农村集体经济组织因合并、分立等解散的，农村集体经济组织已经失去存续的意义，其法人主体资格应当予以消灭。这一效果的确认应当经过法定程序加以实现，这一程序便是注销登记。农村集体经济组织因合并、分立等解散，未办理注销登记的，农村集体经济组织的解散不发生法律效果，其不得对抗善意第三人。值得注意的是，农村集体经济组织解散应当经过法定程序。为有效规制农村集体经济组织的解散，明确农村集体经济组织解散的法定程序规则实属必要。本条虽然对农村集体经济组织解散的程序没有作出明确的规定，但农村集体经济组织解散的程序性规定可以类推适用本法第二十三条、第二十四条有关农村集体经济组织合并、分立的程序性规定。农村集体经济组织经依法办理注销登记后，其法人资格终止。

【适用指南】

本条对于农村集体经济组织合并、分立以及解散需要履行法人变更登记、法人注销登记作出了明确规定。办理法人的变更登记和注销登记是农村集体经济组织合并、分立以及解散后应当履行的法定程序。本条的规定为农村集体经济组织的变更登记、注销登记提供了法律依据，变更登记、注销登记的具体程序和要求可结合《农业农村部 中国人民银行 国家市场监督管理总局关于开展农村集体经济组织登记赋码工作的通知》中的有关规定进行适用。

【关联规范】

《中华人民共和国民法典》第六十九条；《中华人民共和国农民专业合作社法》第四十七条；《中华人民共和国公司法》第一百八十条；《中华人民共和国农村集体经济组织法》第二十三条、第二十四条。

第四章 组织机构

第二十六条 【农村集体经济组织成员大会】 农村集体经济组织成员大会由具有完全民事行为能力的全体成员组成，是本农村集体经济组织的权力机构，依法行使下列职权：

（一）制定、修改农村集体经济组织章程；

（二）制定、修改农村集体经济组织内部管理制度；

（三）确认农村集体经济组织成员；

（四）选举、罢免农村集体经济组织理事会成员、监事会成员或者监事；

（五）审议农村集体经济组织理事会、监事会或者监事的工作报告；

（六）决定农村集体经济组织理事会成员、监事会成员或者监事的报酬及主要经营管理人员的聘任、解聘和报酬；

（七）批准农村集体经济组织的集体经济发展规划、业务经营计划、年度财务预决算、收益分配方案；

（八）对农村土地承包、宅基地使用和集体经营性财产收益权份额量化方案等事项作出决定；

（九）对集体经营性建设用地使用、出让、出租方案等事项作出决定；

（十）决定土地补偿费等的分配、使用办法；

（十一）决定投资等重大事项；

（十二）决定农村集体经济组织合并、分立等重大事项；

（十三）法律法规和农村集体经济组织章程规定的其他职权。

> 需由成员大会审议决定的重要事项，应当先经乡镇党委、街道党工委或者村党组织研究讨论。

【条文主旨】

本条是关于农村集体经济组织成员大会的组成、法律地位、职权范围与重要事项的议事规则的规定。

【条文解读】

在农村集体经济组织的组织机构中，成员大会具有重要的法律地位。在建立和完善农村集体经济组织的内部治理机制时，应当优先关注和重视如何合理地确定成员大会的法律地位、规范成员大会的人员构成、设置成员大会的职权范围、明确重要事项的议事规则等问题。

本条从以下四个方面对农村集体经济组织成员大会作出规定。

一、农村集体经济组织成员大会的法律地位

本条第一款前段规定了农村集体经济组织成员大会的两个基本问题：一是人员构成；二是法律地位。本条规定成员大会是农村集体经济组织的权力机构，该权力机构与其他法人的权力机构存在一定共性，如法律地位的至高性等，但也存在一定差异性，如人员构成的成员性、职权范围的特殊性等。

二、农村集体经济组织成员大会的人员构成

本条第一款前段规定，农村集体经济组织成员大会由具有完全民事行为能力的全体成员组成。据此，成员大会的组成人员需要具备两个条件：（1）具有本农村集体经济组织的成员身份。（2）具有完全民事行为能力。"具有本农村集体经济组织的成员身份"意味着成员大会的组成人员应当符合本法第十一条的成员定义，并已经完成本农村集体经济组织成员身份的确认，其成员身份的相关事项登记于成员名册。"具有完全民事行为能力"意味着成员大会的组成人员应当符合《中华人民共和国民法典》对完全民事行为能力的要求：其一，年满18周岁的成年人或以自己的劳动收入为主要生活来源的16周岁以上的未成年人；其二，智力、精神状况良好，能够辨认自己行为。

应当注意的是，不具有完全民事行为能力的本农村集体经济组织成员不能成为成员大会的组成人员，但这并不意味着该成员不具有本农村集体

经济组织成员身份，也不意味着该成员的法定代理人或监护人能够通过代理或者监护的方式成为成员大会的组成人员。换言之，在成员大会进行表决时，不具有完全民事行为能力的本农村集体经济组织成员不具有表决权，其法定代理人或监护人无法通过书面委托方式获得该成员的授权，无法代理该成员进行表决。

三、农村集体经济组织成员大会的职权范围

本条第一款采取"概括+列举"的方式规定了成员大会的职权范围。

（一）制定、修改农村集体经济组织章程

农村集体经济组织章程是农村集体经济组织自身制定的管理规约，具体内容应当包括本法第二十条第一款规定的事项，即：（1）农村集体经济组织的名称、法定代表人、住所和财产范围；（2）农村集体经济组织成员确认规则和程序；（3）农村集体经济组织的机构；（4）集体财产经营和财务管理；（5）集体经营性财产收益权的量化与分配；（6）农村集体经济组织的变更和注销；（7）需要载明的其他事项。制定、修改农村集体经济组织章程后，农村集体经济组织应当报乡镇人民政府、街道办事处和县级人民政府农业农村主管部门备案。"需要载明的其他事项"是根据本农村集体经济组织实际情况作出的规定，如组织机构的会议制度、成员权利的行使和保护、集体收益的分配与管理等内容。与其他法人的章程制定与修改相似，作为权力机构的成员大会有权制定和修改农村集体经济组织章程。成员大会制定、修改农村集体经济组织章程属于决议行为，应当遵循《中华人民共和国民法典》关于决议行为的一般规定与本法关于成员大会决定效力的规定，注意出席会议的人数、参与表决或同意的人数、会议程序等影响因素。

（二）制定、修改农村集体经济组织内部管理制度

农村集体经济组织内部管理制度主要包括与集体资产相关的清查、使用、保管、处置、公开与登记制度，与集体经济运营相关的决策、执行、监督制度，与档案管理相关的管理制度，与财务会计相关的公开、报告制度等。成员大会作为农村集体经济组织的权力机构，应当有权制定、修改内部管理制度，以便于执行机构、监督机构等其他机构开展具体的经营管理工作。

（三）确认农村集体经济组织成员

本法第十一条、第十二条对农村集体经济组织成员的定义与确认作出了明确规定，其中，农村集体经济组织成员的确认主体是成员大会。确认农村集体经济组织成员，是指成员大会通过法定程序对是否具有本农村集体经济

组织成员身份的人员进行确认，明确其成员地位、成员权利和义务。

本条所称"确认"包含两层含义：一是对已有成员身份的本农村集体经济组织成员进行确认；二是对未来符合成员资格条件的人员进行确认。换言之，只有经过成员大会的成员身份确认程序，相关人员才可以取得本农村集体经济组织成员身份。值得注意的是，为减轻农村集体经济组织的程序负累，本法第六十六条规定："本法施行前农村集体经济组织开展农村集体产权制度改革时已经被确认的成员，本法施行后不需要重新确认。"

（四）选举、罢免农村集体经济组织理事会成员、监事会成员或者监事

在鼓励农村集体经济组织参与市场经济的基础上，成员大会享有人事权是必需的，这不仅是其发挥监督作用的有力武器，而且是发挥法人治理机制的有效方式。同时，理事会成员、监事会成员或监事既属于执行机构、监督机构的成员，也属于农村集体经济组织的管理人员。理事会成员、监事会成员或监事既对理事会、监事会负责，也对作为权力机构的成员大会负责。据此，成员大会可以通过决议形式决定适格的理事会成员、监事会成员或监事，也可以通过决议形式罢免不称职的理事会成员、监事会成员或监事。

（五）审议农村集体经济组织理事会、监事会或者监事的工作报告

理事会的工作报告是关于农村集体经济组织的经营管理事务及理事会具体工作执行、工作落实的报告，监事会或监事的工作报告是关于农村集体经济组织的监督管理事务及监事会或监事开展监督管理工作的报告。理事会、监事会或监事分别属于农村集体经济组织的执行机构和监督机构，负责日常经营管理事务与集体资产的监督管理。理事会、监事会或监事由成员大会选举产生，对成员大会负责，受成员大会监督。因此，成员大会有权审议理事会、监事会或监事的工作报告。

（六）决定农村集体经济组织理事会成员、监事会成员或者监事的报酬及主要经营管理人员的聘任、解聘和报酬

理事会成员、监事会成员或监事及主要经营管理人员的报酬涉及集体收益的合理分配与集体经济发展的激励机制，如果不能妥善决定上述人员的报酬，可能会打击上述人员的工作积极性，影响集体经济发展。同时，成员大会由全体具有完全民事行为能力的成员组成，通过民主决议的方式决定理事会成员、监事会成员或监事及主要经营管理人员的报酬，有利于充分表达成员个人的意见，协调成员之间的不同意见，避免上述人员的报酬过高影响成员的利益。

成员大会有权选举和罢免理事会成员、监事会成员或监事，而主要经营管理人员与理事会成员、监事会成员或监事同为农村集体经济组织的经营管理人员，理应由成员大会决定聘任和解聘事务。

（七）批准农村集体经济组织的集体经济发展规划、业务经营计划、年度财务预决算、收益分配方案

农村集体经济组织的集体经济发展规划是指农村集体经济组织本年度或一定区间内关于促进集体经济发展壮大的规划设计，通常包括集体经济发展的总体目标与具体任务、指导思想与基本原则、工作内容与实施规划等。成员大会审议和批准农村集体经济组织的集体经济发展规划，有利于明晰新型农村集体经济发展的优劣势，聚焦新型农村集体经济发展的重点方向和未来进路，促进新型农村集体经济高质量发展。

农村集体经济组织的业务经营计划是指农村集体经济组织本年度的经营决策内容的具体化，是根据集体经济发展规划，以集体资产和集体经济的实际情况为依据，制定的实现预期目标的合理方法，通常包括集体资产经营管理计划、集体经济业务拓展计划、具体经营项目的实施计划等。成员大会审议和批准农村集体经济组织的业务经营计划，有利于成员充分了解本农村集体经济组织的业务发展和经营情况，提高成员参与集体经济发展的积极性，发挥成员监督业务经营的优势。

农村集体经济组织的年度财务预决算包括年度财务预算和年度财务决算。农村集体经济组织年度财务预算是指村农村集体经济组织在年初根据生产经营计划、合同和协议等有关经济资料编制的，并经规定程序批准的年度财务收支计划。它反映农村集体经济组织的经济发展规模、工作任务和方向。年度财务决算是指预算年度终了后，根据农村集体经济组织实际收支情况，编制的年度财务报告。它反映了农村集体经济组织财务预算的执行情况和年度最终的经营成果，是农村集体经济组织财务管理工作的基本体现。成员大会审议和批准农村集体经济组织的年度预决算，有利于规范农村集体经济组织的财务管理制度，促进农村集体经济组织合理使用经费，保障农村集体经济组织及其成员的合法权益。

农村集体经济组织的收益分配方案是指农村集体经济组织根据年度集体收益的实际情况制定的分配集体净利润的具体方案，收益分配方案通常由理事会制定。成员大会审议和批准农村集体经济组织的收益分配方案，有利于规范农村集体经济组织的收益分配，防止经营管理人员侵占、挪用、转移集体收益，促进集体收益的合理使用，发挥收益分配对集体公益事业、公共管理事务和成员个人利益的调节作用。

（八）对农村土地承包，宅基地使用和集体经营性财产收益权份额量化方案等事项作出决定

农村土地承包是指本集体所有的农用地承包，承包方式包括家庭承包与其他方式承包。根据《中华人民共和国农村土地承包法》第十三条规定，集体所有的土地由农村集体经济组织或者村民委员会负责发包。而其中农村集体经济组织发包权利的行使需要经由成员大会实现。成员大会通过民主决议的方式表决通过农村土地承包方案，行使发包方的相关权利。

宅基地使用是指本集体经济组织成员利用本集体所有的土地建设住宅。宅基地使用方案主要包括宅基地资格的分配标准、宅基地面积的标准、宅基地分配程序、宅基地管理规定等。宅基地使用方案应当由成员大会作出决议，讨论宅基地申请人是否具有使用资格、宅基地面积是否符合标准等问题。

集体经营性财产的收益权份额量化是指农村集体经济组织可以将集体所有的经营性财产的收益权以份额形式量化到本集体经济组织成员，作为其参与集体收益分配的基本依据。集体财产主要包括集体资源性财产、经营性财产和非经营性财产。需要注意的是，其一，能够量化到成员的不是集体财产本身，而是集体财产的收益权份额；其二，能够作为量化依据的仅有集体经营性财产的收益权份额，而不包括集体资源性财产和非经营性财产。对于"经营性财产"范围，应根据本法第四十条第二款的规定界定。在实践中，集体经营性财产的收益权份额量化的基本方案通常由成员大会通过民主决议的方式确定，从而保障收益权份额量化的民主性和程序性，规范收益权份额量化的具体工作。

（九）对集体经营性建设用地使用、出让、出租方案等事项作出决定

集体经营性建设用地的使用，主要是指集体经营性建设用地所有权人的自我使用，包括农村集体经济组织代表集体所有权人对集体经营性建设用地的使用，使用方式主要是农村集体经济组织自行建设，或者以农村集体经济组织为主与其他社会主体进行合作建设。集体经营性建设用地的出让、出租，主要是指集体经营性建设用地使用权的出让、出租，而"等"意味着集体经营性建设用地使用权的其他利用方式，如入股等。"对……作出决定"是指成员大会行使集体经营性建设用地权利的方式，其中"决定"具体指向成员大会的决议。

本条所指集体经营性建设用地的出租、出让，应当理解为集体经营性建设用地使用权的出租、出让。《中华人民共和国土地管理法》第六十三条规定了集体经营性建设用地使用权入市的基本规则，出让、出租都属于集体经营性建设用地使用权入市的具体方式。集体经营性建设用地使用权

的出让、出租等方式入市，需要由成员大会作出决议，明确集体经营性建设用地使用权是否可以入市、采取何种方式入市、入市后的利益分配等问题。值得注意的是，"等"字是对集体经营性建设用地使用权其他流转方式的规定，在很大程度上，这为集体经营性建设用地使用权入市流转的政策和改革实践提供了法律依据，有利于推动集体经营性建设用地使用权制度改革实践的发展。

此外，本款的规定在一定程度上体现了农村集体经济组织是集体所有权的代表行使者的法律地位。从相关法律规定来看，《中华人民共和国土地管理法》第六十三条第一款明确规定，土地利用总体规划、城乡规划确定为工业、商业等经营性用途，并经依法登记的集体经营性建设用地，土地所有权人可以通过出让、出租等方式交由单位或者个人使用，并应当签订书面合同，载明土地界址、面积、动工期限、使用期限、土地用途、规划条件和双方其他权利义务。《中华人民共和国民法典》第二百六十二条规定了集体所有权的代表行使规则，本法第二十六条则通过成员大会职权范围的规定实现了与集体所有权代表行使的规则衔接，而本款第九项则具体规范集体经营性建设用地所有权使用和集体经营性建设用地使用权出让、出租等事项的代表行使规则。

（十）决定土地补偿费等的分配、使用办法

土地补偿费是指政府征收、征用集体所有的农用地、建设用地和未利用地而给予农村集体经济组织的补偿金。从实践来看，部分农村集体经济组织的集体财产主要是土地补偿费，土地补偿费的合理使用和保值增值事关集体经济的稳定与发展。因此，土地补偿费的分配、使用必须由法定主体通过法定程序决定。根据本条规定，农村集体经济组织是土地补偿费分配、使用的法定主体，而其行使权利的方式应当是召开成员大会会议，并由成员大会根据会议规则作出决定。

值得注意的是，本条第一款第七项已经规定了集体收益分配方案由成员大会决议通过，而第十项单独规定土地补偿费的使用和分配办法由成员大会决议，这意味着集体收益分配方案不包括土地补偿费的分配，集体收益分配方案中的"集体收益"通常不包括土地补偿费，土地补偿费或者其他需要独立程序分配、使用的集体收益受到法律的单独规范。

（十一）决定投资等重大事项

农村集体经济组织的投资事关集体资产的使用与处置，应当由成员大会采取民主决议方式决定。"等"字包含的其他重大事项，主要是指对外提供担保、对外借贷、集体财产的处置等涉及集体利益的重大事项。

（十二）决定农村集体经济组织合并、分立等重大事项

农村集体经济组织的合并、分立涉及农村集体经济组织的组织形式变更，应当由成员大会采取民主决议方式决定。实际上，公司、农民专业合作社等法人的组织形式变更，由作为法人权力机构的股东会、社员大会以决议形式作出，在这方面，农村集体经济组织与公司、农民专业合作社等法人并无本质不同。

（十三）法律法规和农村集体经济组织章程规定的其他职权

农村集体经济组织是特别法人，法律法规可以规定其成员大会享有的职权。其中，法律主要是指涉农法律和本法的其他规定，法规主要是指行政法规和地方性法规。在不违反法律法规的前提下，农村集体经济组织可以根据实际情况，通过章程对成员大会的职权作出个性化规定，如选举和罢免成员代表、决定集体出资企业的股份流转等。

四、农村集体经济组织成员大会重要事项的议事规则

本条第二款规定，需由成员大会审议决定的重要事项，应当先经乡镇党委、街道党工委或者村党组织研究讨论。该款涉及农村集体经济组织成员大会重要事项的议事规则。农村集体经济组织成员大会的议事规则包括两种：一是一般事项的议事规则；二是重要事项的议事规则。一般事项的议事规则由本法第二十七条规定，本条第二款规定属于农村集体经济组织成员大会重要事项的议事规则。何谓"重要事项"，本条没有直接规定。根据体系解释和目的解释，本款所指"重要事项"主要是不可由成员代表大会审议决定的事项，即本条第一款第一项、第三项、第八项、第十项、第十二项的相关事项（本法第二十八条第四款的规定）。本条第二款所指"应当先经乡镇党委、街道党工委或者村党组织研究讨论"，实际上是强调基层党组织对基层工作的领导作用，乡镇党委负责乡镇级农村集体经济组织成员大会重要事项的研究讨论，街道党工委负责"村改居"后保留的农村集体经济组织成员大会重要事项的研究讨论，村党组织负责组级和村级农村集体经济组织成员大会重要事项的研究讨论。基层党组织积极参与农村集体经济组织的决策，有利于坚持和加强党对农村工作的全面领导。

【适用指南】

从实践来看，农村集体经济组织普遍实行"权力机构—执行机构—监督机构"的内部治理结构，就权力机构而言，农村集体经济组织普遍设立成员大会，并将成员大会作为权力机构。从地方性法规来看，地方性涉农立法对农村集体经济组织成员大会的规定基本一致：其一，普遍将成员大

会作为农村集体经济组织的权力机构；其二，强调具有完全民事行为能力的成员才能成为成员大会的组成人员；其三，成员大会的职权范围基本相同，个别事项存在一定差异。

总的来说，根据本法第二十六条的规定，成员大会的职权范围主要包括以下八项内容：第一，章程的制定和修改；第二，成员身份的确认；第三，理事会成员、监事会成员或监事的选举和罢免；第四，包括土地补偿费在内的集体财产使用、处置、转让和收益分配；第五，与农村集体经济组织存续的稳定性相关的重大事项，如对外投资、对外担保、对外举债等；第六，与集体经济发展相关的制度、规划、计划、方案和工作报告的审议；第七，与农村土地相关的发包、使用、转让、出租等；第八，农村集体经济组织的组织形式变更。

【关联规范】

《中华人民共和国土地管理法》第六十三条；《中华人民共和国民法典》第二百六十二条；《中华人民共和国农村土地承包法》第十三条；《中华人民共和国农村集体经济组织法》第二十七条、第二十八条；《农村集体经济组织示范章程（试行）》。

第二十七条　【成员大会议事规则】 农村集体经济组织召开成员大会，应当将会议召开的时间、地点和审议的事项于会议召开十日前通知全体成员，有三分之二以上具有完全民事行为能力的成员参加。成员无法在现场参加会议的，可以通过即时通讯工具在线参加会议，或者书面委托本农村集体经济组织同一户内具有完全民事行为能力的其他家庭成员代为参加会议。

成员大会每年至少召开一次，并由理事会召集，由理事长、副理事长或者理事长指定的成员主持。

成员大会实行一人一票的表决方式。成员大会作出决定，应当经本农村集体经济组织成员大会全体成员三分之二以上同意，本法或者其他法律法规、农村集体经济组织章程有更严格规定的，从其规定。

【条文主旨】

本条是关于农村集体经济组织成员大会的会议召开制度、召集制度、主持制度、表决方式、决议规则的规定。

【条文解读】

农村集体经济组织成员大会的召开与召集是成员大会决议顺利作出的前提,而成员参与表决和决议规则是成员大会决议顺利作出的保障。成员大会的召开与召集、表决方式与决议规则直接关系到决议效力。本条分为三款,对成员大会的召开制度、召集制度、主持制度、表决方式、决议规则作出规定。

一、农村集体经济组织成员大会的召开

本条第一款规定了成员大会的会议召开制度,包括三个方面:一是参会人员;二是会议通知;三是参会方式,以下分别解释。

(一)参会人员:应当有三分之二以上具有完全民事行为能力的成员参加

本条第一款规定,农村集体经济组织召开成员大会,应当有三分之二以上具有完全民事行为能力的成员参加。本款明确了农村集体经济组织成员大会的召开制度,对成员大会会议召开的出席人数提出明确要求,即只有三分之二以上具有完全民事行为能力的成员出席会议,本次成员大会的会议召开才具有法律效力,从而成员大会作出的决议才可能具有法律效力。本款规定的"三分之二以上"包含"三分之二"的本数,只要出席成员大会会议的人数达到三分之二,则本次会议召开即为有效。

本款规定的"具有完全民事行为能力的成员"与本法第二十六条的含义相同,不具有完全民事行为能力或者不具有成员身份的人员出席会议,不符合本款规定。

(二)会议通知:时间、地点和审议事项

本条第一款规定了成员大会的会议通知,会议通知应当载明三项内容:(1)会议召开的时间;(2)会议召开的地点;(3)会议的审议事项。会议通知应当在会议召开的十日前公布,"十日"一般是指十个自然日。会议通知的对象是成员大会的全体成员。

(三)参会方式:现场参会、在线参会或者委托参会

根据本条第一款后段的规定,成员参加成员大会会议的方式包括三种:一是现场参会,即成员个人现场出席会议;二是在线参会,即成员个人通过即时通讯工具在线参加会议;三是委托参会,即成员个人通过书面

委托方式委托本农村集体经济组织同一户内具有完全民事行为能力的其他家庭成员代为参加会议。其中，在线参会、委托参会属于现场参会的替代形式，在线参会变更了成员大会的参会场景，委托参会则替代了委托成员的意思表达、表决权利。笔者认为，现场参会在联络成员感情、巩固集体意识、交流成员意见等方面具有优势，应当予以鼓励。

在线参会是现场参会的替代形式，成员无法在现场参加会议的，可以通过即时通讯工具在线参加会议。允许成员通过在线方式参会是对实践经验的一种总结，也充分照顾了外出务工、外出就学等不能现场参加成员大会的成员的实际困难，体现了数字技术发展对法律规则设计的影响。本款所规定的"即时通讯"和"在线"强调成员与成员大会交互的即时性、便利性、可行性，这意味着成员大会的召开适宜通过在线形式向成员展示，让成员可以即时了解成员大会的现场情况，避免因成员不能现场参加成员大会而产生不必要的问题。

委托参会也是成员个人直接现场参会的替代形式，其具体要求是：（1）书面委托协议，即不能现场参会的本农村集体经济组织成员应当出具书面委托协议，书面委托协议应当载明委托人和受托人的基本信息、委托事由、委托人的意见和表决权利行使、委托时限等；（2）受托人应具有完全民事行为能力，即年满18周岁或年满16周岁、以自己的劳动收入为主要生活来源的未成年人，且智力、精神状况正常；（3）受托人限于本农村集体经济组织同一户内的其他家庭成员，即受托人具有本农村集体经济组织成员资格，与委托人具有相同户籍，与委托人具有家庭关系。

二、召开周期、召集人和主持人

（一）成员大会的召开周期

本条第二款规定，成员大会每年至少召开一次。该规定是对成员大会会议召开周期的底线要求。为避免成员大会被虚置，长期不开会，本法要求农村集体经济组织每年至少召开一次成员大会，从而切实行使成员大会的职权，有效发挥成员大会的功能和作用。

（二）成员大会的召集人与主持人

本条第二款规定，成员大会由理事会召集，由理事长、副理事长或者理事长指定的成员主持。该规定包含两项内容：一是成员大会的会议召集由理事会负责；二是成员大会的会议主持由理事长、副理事长或者理事长指定的成员负责。成员大会的会议召集由理事会负责包含两层含义：一是理事会有权行使成员大会的会议召集权；二是成员大会的会议召集也是理事会的一项义务。结合本款前段规定，理事会每年至少召集一次成员大会的会议。

成员大会的会议主持人选任存在先后顺序，一般由理事长负责主持；理事长不能主持的，由副理事长主持；理事长和副理事长均不能主持的，由理事长指定的成员主持。应当注意的是，成员大会会议主持的指定权由理事长享有，副理事长无权指定成员主持会议。同时，"理事长指定的成员"中"成员"应当解释为理事会成员，而非成员大会的成员或监事会成员（监事）。其原因在于：其一，本法第三十条第一款第一项规定，理事会行使召集、主持成员大会、成员代表大会，并向其报告工作的职权，本法中再无其他主体可以行使主持成员大会职权的规定。即理事会作为农村集体经济组织的执行机构，其成员负责农村集体经济组织的日常经营管理事务工作，而成员大会的会议主持属于日常经营管理事务，被指定的理事会成员应能够胜任会议主持的工作。其二，笔者认为可以参照适用《中华人民共和国公司法》关于董事会召集股东会会议的规定，对本条款中的"成员"进行限缩解释。《中华人民共和国公司法》第六十三条第一款规定，股东会会议由董事会召集，董事长主持；董事长不能履行职务或者不履行职务的，由副董事长主持；副董事长不能履行职务或者不履行职务的，由过半数的董事共同推举一名董事主持。即股东会会议只能由董事长、副董事长、董事主持。股东会和董事会作为公司法人的权力机构和执行机构，相当于成员大会和理事会在农村集体经济组织中的地位。据此，笔者认为，农村集体经济组织可以参照《中华人民共和国公司法》的有关规定，将本条款中的"成员"限于农村集体经济组织的理事会成员。

三、成员大会的表决方式与决议规则

本条第三款规定，成员大会实行一人一票的表决方式。成员大会作出决定，应当经本农村集体经济组织成员大会全体成员三分之二以上同意，本法或者其他法律法规、农村集体经济组织章程有更严格规定的，从其规定。本款包含两项内容：一是成员大会的表决方式；二是成员大会的决议规则。

（一）成员大会的表决方式

本款规定成员大会实行一人一票的表决方式，不同于公司中股东会实行的一股一票制和农民专业合作社中社员大会实行的"一人一票+附加表决权"制。成员大会实行一人一票制，其主要原因在于农村集体经济组织不同于一般工商企业，具有集体所有和特有的社区性，而集体所有和社区性的核心即在于成员的独立性、身份性和表决机制的民主性。

（二）成员大会的决议规则

本款后段规定的是成员大会的决议规则，包括一般决议规则和特别决议规则。结合本条第一款成员大会会议召开的人数要求，一般决议规则是：三分之二以上具有完全民事行为能力的成员参加会议，成员大会全体成员三分之二以上表决同意，成员大会作出的决议具有法律效力。特别决议规则适用于重要事项，通常包括成员大会全体成员的四分之三以上、全体成员一致同意等。

本款中本法"有更严格规定的"，主要是指本法第十五条非农村集体经济组织成员享有部分成员权利的规定，此时，成员大会的决议规则适用"经农村集体经济组织成员大会全体成员四分之三以上同意"的规定。本款中"其他法律法规、农村集体经济组织章程有更严格规定的，从其规定"，"其他法律法规"主要包括其他涉农法律、行政法规、各省级地方性法规等，主要原因在于：一方面，考虑到我国农村情况的复杂性和差异性，没有采取一刀切方式规定成员大会的决议规则，而是赋予地方一定的立法自主权，由其决定某些对农村集体经济组织具有特殊意义或者特别重要的事项的决议规则，如本法第二十六条第一款第一项、第三项、第八项、第十项、第十二项规定的事项可以采取更严格的决议规则；另一方面，农村集体经济组织章程具有一定自治性，农村集体经济组织可以根据实际情况作出更严格的规定。

【适用指南】

农村集体经济组织成员大会作出的决议是一种法律行为，在本法没有直接规定的情况下，可以参照适用《中华人民共和国民法典》关于法律行为和决议行为的法律规则。成员大会的决议规则主要涉及两个方面：一是决议内容；二是决议程序。一般而言，一般事项和重要事项的决议规则不同，一般事项的决议规则为"双三分之二"，重要事项的决议规则为"不低于三分之二+更严格规定"。决议程序包括会议的召开、召集、主持和表决方式、决议作出、成员签名等，一项决议的成立和生效，决议程序的每一环节都不可缺少、每一环节都应该保证规范性，否则成员大会作出的决议就可能存在不成立、效力瑕疵等问题。但是，当程序瑕疵并不实质影响成员大会决议内容的真实性、客观性时，考虑到成员大会召开的客观困难与决议形成的实际情况，以及决议内容对新型农村集体经济发展的积极性，不宜当然否定该成员大会决议的法律效力。例如，当会议召开通知并没有完全遵循本法第二十七条的规定时，应当客观评价该程序瑕疵对决议内容的影响，而不宜当然否定决议的法律效力。

在实践中，农村集体经济组织成员大会的决议可能存在不规范的情况，如参加会议的人数不足、作出同意表决的人数不足、作出表决的成员没有在决议结果上签名或者伪造签名等。对此，应当坚持维护集体所有权和利益平衡的原则，区分影响决议成立和决议效力的不同情况，分别进行瑕疵补正以符合决议成立和决议有效的要件，减少因决议不成立或效力瑕疵而引起的纠纷。同时，很多农村集体经济组织的章程中关于决议规则的内容存在与本法不一致的规定，尤其是决议规则不符合本条的更严格规定的，应通过法定程序予以修改。例如，可能有农村集体经济组织章程规定，成员大会的出席人数满足二分之一以上即可，该规定虽然有利于促进成员大会的顺利召开、提高决议效率，但不符合本法规定，应通过法定程序予以修改。

应当注意的是，成员大会的会议召开制度的设计目的主要在于，鼓励成员积极参与集体事务的决策，重塑农民集体的共同体意识，促进农村集体经济组织的民主管理的有机实现。

【关联规范】

《中华人民共和国农村集体经济组织法》第十五条、第二十六条；《中华人民共和国公司法》第六十三条；《农村集体经济组织示范章程（试行）》。

第二十八条　【农村集体经济组织成员代表大会】 农村集体经济组织成员较多的，可以按照农村集体经济组织章程规定设立成员代表大会。

设立成员代表大会的，一般每五户至十五户选举代表一人，代表人数应当多于二十人，并且有适当数量的妇女代表。

成员代表的任期为五年，可以连选连任。

成员代表大会按照农村集体经济组织章程规定行使本法第二十六条第一款规定的成员大会部分职权，但是第一项、第三项、第八项、第十项、第十二项规定的职权除外。

成员代表大会实行一人一票的表决方式。成员代表大会作出决定，应当经全体成员代表三分之二以上同意。

【条文主旨】

本条是关于成员代表大会的设立、代表组成、代表任期、代表职权、表决方式和决议规则的规定。

【条文解读】

考虑到很多农村集体经济组织人数众多,召开成员大会存在一定困难,本法设计了成员代表大会制度,这有助于提高农村集体经济组织的运行效率,便于农村集体经济组织适应复杂、多变的市场环境。成员大会和成员代表大会之间存在授权关系,成员代表大会的职权由成员大会授权,这就决定了成员大会的法律地位高于成员代表大会。成员代表大会并非必设机构,是否设立成员代表大会由各农村集体经济组织根据实际情况决定,成员人数较少的农村集体经济组织可以不设立成员代表大会。本条共五款,对成员代表大会的设立、代表组成、代表任期、代表职权、表决方式和决议规则进行了规定。

一、成员代表大会的设立

本条第一款规定,农村集体经济组织成员较多的,可以按照农村集体经济组织章程规定设立成员代表大会。本款对成员代表大会设立的规定属于任意性规范,即将是否设立成员代表大会的权利交由农村集体经济组织章程予以规定。本款规定,成员代表大会的设立由农村集体经济组织章程规定,而不是按照法律规定。农村集体经济组织章程应当对成员代表大会的设立条件、成员代表的选举和罢免、成员代表的权利和义务、成员代表大会的职权和会议制度、成员代表大会的议事规则等事项作出规定。

二、成员代表的选举

本条第二款规定,设立成员代表大会的,一般每五户至十五户选举代表一人,代表人数应当多于二十人,并且有适当数量的妇女代表。本款和《农村集体经济组织示范章程(试行)》的表述具有一致性,规定了成员代表的选举方式、人数要求和代表性要求。值得说明的是,"设立成员代表大会的"意味着农村集体经济组织是否设立成员代表大会由其自行决定,并非所有农村集体经济组织都需要设立成员代表大会。例如,部分农村设置了组级的农村集体经济组织,成员人数较少,可以不设立成员代表大会,避免影响组织的运行效率。实践中,一些城镇的常住人口未转化为城镇居民,仍保留成员身份。但这部分成员长期居住在城镇,较少直接参与农村集体经济组织成员大会的会议,影响成员大会的顺畅运行,为提高法人治理效率，可以设立成员代表大会，由其行使成员大会的部分职权。

（一）成员代表的选举方式

成员代表的选举以户为单位，每五户至十五户选举代表一人。具体的推选户数要求，由农村集体经济组织章程规定。

（二）成员代表的人数要求

本款规定，代表人数应当多于二十人。这是对成员代表人数的底线要求，而"多于二十人"意在强调成员代表的人数应当在二十一人以上（含二十一人）。本款未规定成员代表人数的奇偶性，但基于成员代表大会的一人一票制和三分之二以上同意的决议要求，成员代表人数是奇数或者偶数，并不实质影响决议的法律效力。成员代表的人数要求属于技术性规范，旨在平衡成员代表大会的决策效率和决策公平，本款的规定考虑到我国农村人口的实际特征。

（三）成员代表的代表性要求

本款后段规定，有适当数量的妇女代表。其含义包括：第一，成员代表中必须存在妇女代表，没有妇女代表的成员代表大会人员构成不符合法律规定；第二，妇女代表应当在成员代表大会中占据一定比例。本款规定的妇女代表的"适当数量"，赋予了农村集体经济组织自治权，农村集体经济组织章程可以规定妇女代表在成员代表大会中的具体数量。"适当数量"也意味着农村集体经济组织应当综合考虑成员代表的代表性、广泛性、民主性，以保障成员代表大会的权利行使和成员对成员代表的接受度。根据《中华人民共和国村民委员会组织法》第二十五条规定，村民代表会议中妇女代表的比例不得低于总人数的三分之一。农村集体经济组织可以参考此规定。

此外，本款未规定成员代表的选举条件，只要求成员代表中应当有适当数量的妇女代表，旨在强调保护农村妇女权益。农村集体经济组织章程可以对成员代表的选举条件作出明确规定，选举值得信赖的成员代表参与民主管理。

三、成员代表的任期与连任规则

本条第三款规定，成员代表的任期为五年，可以连选连任。本款规定了成员代表的任期与连任规则。

成员代表的任期与村民代表的任期相同，均为五年，可以连选连任。现阶段的农村，成员代表和《中华人民共和国村民委员会组织法》规定的村民代表的身份重叠也较为普遍。因此，成员代表、村民代表的任期保持一致，有利于稳定乡村治理的人才关系、平稳推进集体经济发展。

四、成员代表大会的职权范围

本条第四款规定，成员代表大会按照农村集体经济组织章程规定行使本法第二十六条第一款规定的成员大会部分职权，但是第一项、第三项、第八项、第十项、第十二项规定的职权除外。本款规定了成员代表大会的职权范围、职权来源及其与成员大会的关系。

成员代表大会的职权范围限于成员大会的职权，且无法行使部分仅由成员大会行使的职权。根据本款规定，成员代表大会无法行使的职权包括：（1）制定、修改农村集体经济组织章程；（2）确认农村集体经济组织成员；（3）对农村土地承包、宅基地使用和集体经营性财产收益权份额量化方案等事项作出决定；（4）决定土地补偿费等的分配、使用办法；（5）决定农村集体经济组织合并、分立等重大事项。

本条第四款中"按照农村集体经济组织章程规定"，应当解释为对成员代表大会职权范围的限制，即农村集体经济组织章程规定的成员代表大会的职权可以少于本条规定的职权。同时，成员代表大会行使职权，除不得超出本法规定的职权范围外，也不得超过农村集体经济组织章程规定的职权范围。成员代表大会的职权范围由成员大会授权，授权方式为通过农村集体经济组织章程对成员代表大会的职权范围作出规定。

五、成员代表大会的议事规则

本条第五款规定，成员代表大会实行一人一票的表决方式。成员代表大会作出决定，应当经全体成员代表三分之二以上同意。本款规定了成员代表大会的表决方式和议事规则。

本条未规定成员代表大会的会议召开、会议召集、决议效力等内容，可以参照适用本法关于成员大会的规定，或者由农村集体经济组织章程自行规定。关于成员代表大会的会议召集与主持，成员代表大会由理事会召集，理事长、副理事长或者理事长指定的成员担任主持人。

关于成员代表大会的表决方式，本款规定成员代表大会实行一人一票制，这体现了我国农村集体经济组织的民主管理特色，同时体现了对组织法上"人头多数决"制度的承继。值得注意的是，成员代表大会的表决方式是单纯的一人一票制，农村集体经济组织章程不可规定附加表决权或者类似基于资本多数决的规则。

关于成员代表大会的议事规则，本款仅规定了同意人数的"全体成员代表三分之二以上"，未明确规定出席人数的要求。我们认为，本款中"全体成员代表三分之二以上同意"内含着对出席人数的要求，只有出席人数超过全体成员代表的三分之二，同意人数才有可能达到全体成员代表的三分之二以上。

【适用指南】

农村集体经济组织是否设立成员代表大会，取决于自身法人治理的实际需求，但是并不意味着其可以随意决定是否设立成员代表大会，"成员较多"的条件实际上也是对其设立成员代表大会的底线要求。如果农村集体经济组织的成员人数没有达到"较多"的标准，则不可以设立成员代表大会。事实上，并非所有农村集体经济组织均适宜设立成员代表大会，成员人数较少的，成员大会的组织成本较低、决议效率较高，不必设立成员代表大会。

【关联规范】

《中华人民共和国农民专业合作社法》第三十二条；《中华人民共和国村民委员会组织法》第六条、第二十五条、第二十六条；《中华人民共和国农村集体经济组织法》第二十六条；《农村集体经济组织示范章程（试行）》。

第二十九条　【农村集体经济组织理事会】农村集体经济组织设理事会，一般由三至七名单数成员组成。理事会设理事长一名，可以设副理事长。理事长、副理事长、理事的产生办法由农村集体经济组织章程规定。理事会成员之间应当实行近亲属回避。理事会成员的任期为五年，可以连选连任。

理事长是农村集体经济组织的法定代表人。

乡镇党委、街道党工委或者村党组织可以提名推荐农村集体经济组织理事会成员候选人，党组织负责人可以通过法定程序担任农村集体经济组织理事长。

【条文主旨】

本条是关于农村集体经济组织理事会的组成、理事会成员任职回避、任职期间、连任规则、理事长、理事会成员的选举和理事长交叉任职的规定。

【条文解读】

理事会是农村集体经济组织的执行机构,负责农村集体经济组织的日常经营管理事务。理事会的制度构造关系到农村集体经济组织法人机制的顺畅运行,对完善农村集体经济组织法人治理机制至关重要。本法将理事会作为农村集体经济组织的执行机构,并科学设计和规范其制度构造。本条分为三款,主要包含以下内容。

一、农村集体经济组织理事会的基本规定

本条第一款规定,农村集体经济组织设理事会,一般由三至七名单数成员组成。理事会设理事长一名,可以设副理事长。理事长、副理事长的产生办法由农村集体经济组织章程规定。理事会成员之间应当实行近亲属回避。理事会成员的任期为五年,可以连选连任。本款规定了理事会的设置、理事会的成员构成、理事会管理人员的设置和产生、理事会成员的任职回避,以及理事会成员的任职期间和连任规则。

(一)理事会的设置

本款规定,农村集体经济组织设理事会。其实,该规定明确了理事会设置的法定性、强制性,以及理事会的法律地位。与成员代表大会设置的任意性不同,理事会的设置具有强制性和法定性,强制性是指农村集体经济组织必须设置理事会,法定性是指理事会的法律地位源于法律规定。同时,应当明确理事会的名称为"理事会",该名称也具有法定性,不得随意更改,而地方实践中使用"董事会""社管会"等名称的,应予修改。

(二)理事会的人员构成

本条第一款规定,理事会一般由三至七名单数成员组成。本款规定了理事会的人员构成,属于技术性规范。首先,理事会的成员人数限制在三人至七人之间;其次,理事会成员人数应当为单数,可以是三人、五人或者七人,不存在其他成员人数。

(三)理事会管理人员的设置和产生

本款规定,理事会设理事长一名,可以设副理事长。理事长、副理事长、理事的产生办法由农村集体经济组织章程规定。本款规定了理事会的管理人员和管理人员的产生办法。

理事会应当设置理事长,但是否设置副理事长,则由农村集体经济组织自行决定。理事长、副理事长、理事的产生办法均由农村集体经济组织章程规定。

本款未规定理事会成员任职的能力要求,一般而言,理事应当具备完全行为能力和相应的业务能力，以应对和处理本集体经济组织的日常经营管理事务。实践中，农村集体经济组织与其他村级组织管理人员交叉任职，这在一定程度上保障了理事会管理人员的能力。

（四）理事会成员的任职回避

本款规定，理事会成员之间应当实行近亲属回避。本款规定了理事会成员之间的近亲属回避。

《中华人民共和国民法典》第一千零四十五条第二款规定的近亲属范围包括配偶、父母、子女、兄弟姐妹、祖父母、外祖父母、孙子女、外孙子女。本款所指的近亲属，应当采用我国民法典对近亲属范围的界定。理事会成员之间不得具有上述近亲属关系，在本法颁布实施后，具有上述近亲属关系的理事会成员应当主动辞职，农村集体经济组织应当重新选举理事会成员予以补位。

本款未规定理事会成员的任职禁止的条件，但一般而言，受党纪政务处分或者受过刑事处罚的人员，不得担任理事会成员；理事当选后，出现上述情况的，受党纪政务处分或者受过刑事处罚的人员应当辞职，不辞职的，成员（代表）大会应当罢免。

（五）理事会成员的任职期间和连任规则

本款规定，理事会成员的任期为五年，可以连选连任。本款规定了理事会成员的任职期间和连任规则。

理事会成员的任职期间为五年，与成员代表、村民代表的任职期间相同。理事会成员任期届满后，可以连选连任，连任规则与成员代表、村民代表的连任规则相同。《中华人民共和国村民委员会组织法》第十一条第二款规定，村民委员会每届任期五年，届满应当及时举行换届选举。村民委员会成员可以连选连任。第二十五条第二款规定，村民代表的任期与村民委员会的任期相同。村民代表可以连选连任。由此可见，我国农村的基层治理与农村集体经济组织治理具有很大的相似性，理事会成员的任职期间、连任规则与成员代表、村民代表、村民委员会成员的任职期间与连任规则一致，这有利于整合基层的人力资源和组织资源，从而高效发挥农村集体经济组织治理的效能。

二、农村集体经济组织的法定代表人

本条第二款规定，理事长是农村集体经济组织的法定代表人。本款规定了农村集体经济组织的法定代表人和理事长的法律地位。

与公司、农民专业合作社等法人相同，农村集体经济组织也存在法定代表人，其法定代表人为理事长。理事长的法定代表人地位具有法定性，无须经过其他选举程序,但理事长的选举应当经过法定程序。

三、农村集体经济组织理事会成员的产生和党组织负责人的交叉任职

本条第三款规定,乡镇党委、街道党工委或者村党组织可以提名推荐农村集体经济组织理事会成员候选人,党组织负责人可以通过法定程序担任农村集体经济组织理事长。本款规定了理事会成员的提名和党组织负责人的交叉任职。

本款赋予了乡镇党委、街道党工委和村党组织提名权,其有权提名推荐农村集体经济组织理事会成员候选人。"党组织负责人可以通过法定程序担任农村集体经济组织理事长"包含两层含义:一是党组织负责人有权兼任农村集体经济组织理事长;二是党组织负责人担任农村集体经济组织理事长应当经过法定程序。本款所指"法定程序"包括成员(代表)大会选举理事会成员的程序和理事会选举理事长的程序。一般而言,理事长由理事会选举产生,因此理事长首先应当具有理事会成员身份,其次应有权被选举为理事长。

【适用指南】

在农村集体经济组织理事长的选任上,应当充分认识不同农村集体经济组织的实际情况。同时,应当注意村党组织负责人担任农村集体经济组织理事长的"法定程序"要求,这是充分表达成员意思、形成集体共识、团结集体力量的程序保障,是村党组织负责人取得农村集体经济组织理事长身份的正当程序。

【关联规范】

《中华人民共和国村民委员会组织法》第六条、第十一条、第三十二条;《农村集体经济组织示范章程(试行)》。

第三十条 【农村集体经济组织理事会职权】 理事会对成员大会、成员代表大会负责,行使下列职权:

(一)召集、主持成员大会、成员代表大会,并向其报告工作;

(二)执行成员大会、成员代表大会的决定;

（三）起草农村集体经济组织章程修改草案；

（四）起草集体经济发展规划、业务经营计划、内部管理制度等；

（五）起草农村土地承包、宅基地使用、集体经营性财产收益权份额量化，以及集体经营性建设用地使用、出让或者出租等方案；

（六）起草投资方案；

（七）起草年度财务预决算、收益分配方案等；

（八）提出聘任、解聘主要经营管理人员及决定其报酬的建议；

（九）依照法律法规和农村集体经济组织章程管理集体财产和财务，保障集体财产安全；

（十）代表农村集体经济组织签订承包、出租、入股等合同，监督、督促承包方、承租方、被投资方等履行合同；

（十一）接受、处理有关质询、建议并作出答复；

（十二）农村集体经济组织章程规定的其他职权。

【条文主旨】

本条是关于农村集体经济组织理事会职权范围的规定。

【条文解读】

农村集体经济组织的日常经营管理和成员大会、成员代表大会决议的执行都需要一个固定的组织机构，即理事会。理事会承担农村集体经济组织的日常经营管理工作，并执行成员大会、成员代表大会的决议，因此，其职权范围以农村集体经济组织的日常经营管理和成员大会、成员代表大会决议执行为内容。本条对理事会职权范围的规定采取"列举+概括"的立法模式。本条规定理事会对成员大会和成员代表大会负责，这就决定了理事会与成员大会、成员代表大会的关系，即理事会是农村集体经济组织的执行机构，负责执行成员大会和成员代表大会的决议，并受其监督，向其报告工作。根据本条对理事会职权的列举，理事会职权与本法第二十六条规定的成员大会的职权相互呼应，体现了理事会作为农村集体经济组织的执行机构的特点，突出理事会对成员大会、成员代表大会决议执行的作用。根据本条规定，理事会具体行使以下职权。

一、召集、主持成员大会、成员代表大会，并向其报告工作

成员大会和成员代表大会都属于非常设权力机构，成员和成员代表只有在会议召开时，才能够行使相关权利。当需要召开会议时，应当由理事会负责召集成员大会和成员代表大会，并负责主持会议。理事会成员由成员大会或成员代表大会选举产生，理事会的活动必须代表和维护农村集体经济组织及其成员的合法权益。为了让成员了解农村集体经济组织的经营管理情况，方便及时调整方针、政策，促进新型农村集体经济发展壮大，理事会有义务将农村集体经济组织的情况和理事会工作情况向成员大会和成员代表大会报告。

二、执行成员大会、成员代表大会的决定

成员大会和成员代表大会的决定是农村集体经济组织成员意志的集中体现，决定形成后，应当得到充分落实。但由于成员大会和成员代表大会不是直接的经营管理机构，而是意思决策机构，成员不可能亲自执行决议，应当由专门的执行机构理事会落实决定内容。成员大会和成员代表大会的决定是理事会据以执行业务的指导方针，理事会不得以任何理由拒绝执行。农村集体经济组织成员、监事会或监事有权监督和检查理事会执行决议的情况。

三、起草农村集体经济组织章程修改草案

随着农村集体经济组织的发展壮大，章程制定时规定的相关内容可能不再与实际情况相符。此时，农村集体经济组织应当修改章程，以适应自身发展需要。理事会作为农村集体经济组织的日常经营管理机构，能够全面掌握农村集体经济组织发展的基本情况和章程修改的重难点，由理事会起草章程修改草案，有利于成员大会及时掌握章程修改的内容并作出修改决议。

四、起草集体经济发展规划、业务经营计划、内部管理制度等

本条规定的集体经济发展规划、业务经营计划、内部管理制度的含义与本法第二十六条规定的含义相同。理事会负责农村集体经济组织的日常经营管理事务，而农村集体经济组织的集体经济发展规划、业务经营计划、内部管理制度等事项涉及日常经营管理事务，应当由理事会负责起草相关文本，交由成员大会或者成员代表大会决定。

五、起草农村土地承包、宅基地使用、集体经营性财产收益权份额量化，以及集体经营性建设用地使用、出让或者出租等方案

本条规定的"农村土地承包、宅基地使用、集体经营性财产收益权份

额量化，以及集体经营性建设用地使用、出让或者出租等方案"的含义与本法第二十六条规定的含义相同。上述方案的制定必然经过起草程序，而理事会负责日常经营管理，有权起草上述方案。

六、起草投资方案

农村集体经济组织具有一定社会保障功能，现阶段其对外投资应当秉持稳健、长效的原则，避免直接参与高风险项目。作为农村集体经济组织的日常经营管理机构，理事会负责起草对外投资方案，以实现农村集体经济组织成员（代表）大会决定的集体经济发展规划和业务经营计划，促进集体经济发展壮大。

七、起草年度财务预决算、收益分配方案等

本条规定的"年度财务预决算、收益分配方案"的含义与本法第二十六条规定的含义相同。年度财务预算和决算事关农村集体经济组织的日常经营管理，理事会通过起草年度财务预算和决算，明确日常经营管理事务的经费开支情况，实现财务收支的公开、透明。收益分配方案事关本农村集体经济组织成员的切身利益，如何平衡成员财产权益增长与集体经济发展壮大之间的关系，应当由理事会起草方案，供成员（代表）大会决策。

八、提出聘任、解聘主要经营管理人员及决定其报酬的建议

本条规定了理事会的建议权，其有权提出聘任、解聘主要经营管理人员及其报酬的建议。主要经营管理人员是指农村集体经济组织的经理层，包括生产、销售、财务、宣传、设计、法律等方面的专业人员。在促进集体经济发展壮大过程中，农村集体经济组织通常需要聘请专业的经营管理人员，并给予其相应的报酬激励。此时，理事会应当提出主要经营管理人员的人选及其报酬建议，供成员（代表）大会决定，而不能自行决定人选和报酬。

九、依照法律法规和农村集体经济组织章程管理集体财产和财务，保障集体财产安全

本项规定的"依照法律法规和农村集体经济组织章程管理集体财产和财务，保障集体财产安全"，既是一项权利，也是一项义务。集体财产关乎农村集体经济组织的存续与稳定，理事会应当严格依照法律法规和农村集体经济组织章程规定管理集体财产，不得超出职权范围运营集体财产，遵守本法第五章关于财产经营管理的规定并严格执行财务会计制度、财务公开制度、财务报告制度和审计监督制度，保障集体财产安全。理事会经营管理集体财产和财务时，侵害农村集体经济组织成员合法权益的，受侵害的农村集体经济组织成员可以根据本法第五十七条的规定请求人民法院

予以撤销。

十、代表农村集体经济组织签订承包、出租、入股等合同，监督、督促承包方、承租方、被投资方等履行合同

农村集体经济组织作为一个组织体，其对外开展经营活动必然需要一个明确的内部组织机构作为代表，该机构即为理事会。因此，理事会有权签订合同和监督、督促合同相对方履行合同。承包合同主要是农村土地承包合同，包括家庭承包的土地合同和以其他方式承包的土地合同。承包方包括土地承包经营户和本农村集体经济组织以外的单位或者个人。"出租、入股等合同"包括土地经营权、宅基地使用权和集体经营性建设用地使用权的出租、入股、入社等方式签订的合同，理事会代表农村集体经济组织行使作为合同方的监督、督促的权利。

本项规定的"代表"并非指理事会以自身名义签订合同、监督合同履行，而是指理事长作为法定代表人，以农村集体经济组织名义签订合同、监督合同履行，或者根据理事会决议内容，由理事会成员以农村集体经济组织名义签订合同、监督合同履行。

十一、接受、处理有关质询、建议并作出答复

本项的规定既是一项权利，也是一项义务。本项授予理事会对有关质询、建议的接受、处理和答复的权利。本法第五条规定了农村集体经济组织的职能，当本农村集体经济组织成员发现理事会及其成员的行为不当或者对农村集体经济组织的事务存有异议时，其可以向理事会提出质询，理事会应当接受、处理并作出答复；本农村集体经济组织成员有任何关于促进集体经济发展、提高成员财产权益、维护个人合法权益等方面的建议、意见，都可以向理事会提出，理事会应当接受、处理并作出答复。

十二、农村集体经济组织章程规定的其他职权

我国幅员辽阔，各地农村集体经济组织的实际情况千差万别，为此本法赋予农村集体经济组织通过章程规范理事会职权的权利，以期更好地实现新型农村集体经济高质量的目标。一般而言，理事会行使的职权，不得以任何形式和理由与成员大会、成员代表大会的决议产生冲突。成员大会和成员代表大会有权否决理事会的方案和建议，甚至通过罢免理事会成员的方式解散理事会。

【适用指南】

结合本法第三十五条对理事会成员"诚实信用、勤勉谨慎"义务的规定，理事会行使职权与理事会成员履行"诚实信用、勤勉谨慎"义务具有一定相关性。在农村集体经济组织的日常经营管理中,理事会成员具体承担不同的经营管理事务,如管理财务、督促合同履行等。

在适用法律时,应当注意理事会行使职权与本法、其他法律法规或者农村集体经济组织章程规定的体系关联,以及农村集体经济组织理事会与公司董事会职权行使内容、方式的差异。不可简单依循公司董事会行使职权的惯性逻辑来理解农村集体经济组织理事会行使职权的内容、方式。

【关联规范】

《中华人民共和国农村集体经济组织法》第二十六条、第三十五条;《农村集体经济组织示范章程(试行)》。

第三十一条 【理事会的议事方式和表决程序】 理事会会议应当有三分之二以上的理事会成员出席。

理事会实行一人一票的表决方式。理事会作出决定,应当经全体理事的过半数同意。

理事会的议事方式和表决程序由农村集体经济组织章程具体规定。

【条文主旨】

本条是关于理事会决议的基础性规范,涉及理事会会议的召开条件、议事方式以及表决程序等内容。

【条文解读】

理事会是农村集体经济组织日常管理的执行机构,理事会对成员(代表)大会负责,并向成员(代表)大会报告工作。为了推进农村集体经济组织的有序运营,理事会有权根据经营发展的需要对其职能范围内的事项作出决定,理事会所作决定应当遵循法律规定或章程规定的议事方式和表决程序。在议事方式和表决程序的设计上,本法仅作了概括性规定,至于具体的议事和表决规则,可以由农村集体经济组织章程进行细化。根据本条的规定,在农村集体经济组织理事会的议事方式和表决程序问题上,重点关注以下几点。

一、召开理事会须达到法定的参会人数

本条第一款规定，理事会会议应当有三分之二以上的理事会成员出席。农村集体经济组织决议可以区分为成员（代表）大会决议、理事会决议、监事会决议等。但无论何种类型的决议，除非法律另有规定，原则上都应当以会议的形式作出。按照本条的规范设计，农村集体经济组织理事会会议必须有三分之二以上的理事会成员出席，方能召开。这里的"以上"包括本数，即刚好达到三分之二的成员人数也符合法定人数要求。在理事会召开前，主持人应当先清点参会人数，如果出席人数未达到理事会全体成员的三分之二，则主持人不得宣布开会。出席人数确实无法达到法定人数的，主持人应当宣布取消会议或者延期举行会议。此外，在会议进行过程中或者投票表决之前，主持人若发现实际参会人数已不足法定人数，则主持人应当宣布暂停会议而不得直接进行表决。经等候一定的时间，仍不能达到法定人数的，主持人应当宣布取消会议或者延期举行会议。

本条之所以对召开理事会的成员人数作出限定，是因为理事会成员人数有限，若出席人数过低，会使其所通过决定的代表性和权威性大打折扣。此外，法律明确要求一定比例的成员出席会议，还可以防止理事会个别成员利用其职务便利或者优势地位对理事会进行操控，从而保障其他成员的参与权和表决权免受侵害。与本法规定不同，《中华人民共和国公司法》第七十三条第二款规定，董事会会议应当有过半数的董事出席方可举行。农村集体经济组织理事会虽然在职能上与公司董事会类似，但在开会出席人数的要求上却存在差异。本法提升了召开农村集体经济组织理事会会议的人数门槛。主要原因在于，本法关于理事会会议制度的立法意旨是鼓励理事会成员参与集体决策，适度提升参会人数要求可以促使更多理事参与决策，进而提升理事会决议的公正性与可靠性。

如果理事会在未达到法定参会人数的情况下，依然召开了会议并且作出了符合多数决要求的决定，那么该决定的效力如何判定，本条对此未作规定。若认为"不符合法定参会人数"属于决议的程序瑕疵，则可以类推适用《中华人民共和国公司法》第二十六条第一款的规定[①]，即农村集体经济组织成员可以自决定作出之日起六十日内，请求人民法院撤销。若认

[①] 《中华人民共和国公司法》第二十六条第一款规定："公司股东会、董事会的会议召集程序、表决方式违反法律、行政法规或者公司章程，或者决议内容违反公司章程的，股东自决议作出之日起六十日内，可以请求人民法院撤销。但是，股东会、董事会的会议召集程序或者表决方式仅有轻微瑕疵，对决议未产生实质影响的除外。"

为理事会会议不符合法定参会人数并非单纯程序瑕疵问题，而是导致理事会会议本身不具备决议能力，则该决定应当认定为不成立，农村集体经济组织成员无须另行诉请人民法院撤销。一般认为，参会人数符合法定人数是理事会决议的成立要件，违反此项要件，决议应属不成立。因为《中华人民共和国民法典》第一百三十四条第二款明确规定，法人、非法人组织依照法律或者章程规定的议事方式和表决程序作出决议的，该决议行为成立。本条将决议定性为民事法律行为，民事法律行为的成立必须存在有效的意思表示，农村集体经济组织理事会决议既然属于民事法律行为，其成立也要求有理事会成员的意思表示（表决行为）。理事会召开会议的最低条件是有达到法定参会人数的成员参会。在未达到法定参会人数的情况下，理事会会议根本无法召开，当然不存在有效的意思表示（表决行为），自无决议。未达到法定参会人数，形式上是会议召集程序违法问题，实质上是决议主体瑕疵问题，这样的理事会根本不具备决议能力。因此，符合法定参会人数是理事会决议的成立要件。此外，根据《最高人民法院关于适用〈中华人民共和国公司法〉若干问题的规定（四）》①第五条第一项的规定，除按照"《公司法》第三十七条②第二款"或公司章程的规定可以不召开股东（大）会而直接作出决议的情形外，未经召开会议而以虚构开会或伪造签名等方式作出的决议应当认定为不成立。因此，即便在《中华人民共和国农村集体经济组织法》未对理事会决议效力作出具体规定的情况下，法官仍可以类推适用上述规定，判定理事会在未达到法定参会人数情况下作出的决定为不成立。

需要说明的是，本条强调必须是理事会成员人数达到法定人数。如果参会人数达到了理事会成员数量的三分之二以上，但其中部分人员并非理事会成员，则其虽然在形式上符合理事会的召开条件，但实质上仍属于未召开理事会而虚构开会的情形。虚构理事会会议属于严重的程序瑕疵，让那些与理事会无关的人员对涉及集体成员利益的重大事项作出表决，实际上与未进行表决而炮制决议的行为无异。即便其具有作出表决行为的外观，但在这样的会议上作出的"决议"并非法律意义上的决议，非理事会成员的"表决行为"更无法代替理事会成员的表决行为而转化为具有普遍拘束力的决定。只有具备法定人数的理事会成员参会，理事会才能顺利召

---

① 《最高人民法院关于适用〈中华人民共和国公司法〉若干问题的规定（四）》，载最高人民法院公报网，http://gongbao.court.gov.cn/Details/2b7af709142a3eb2e8034d0f2b877a.html，最后访问时间：2024年6月30日。

② 对应现行《中华人民共和国公司法》第五十九条。

开，其作出的决定方能为农村集体经济组织的成员所接受。

二、理事会的表决规则

本条第二款规定，理事会实行一人一票的表决方式。理事会作出决定，应当经全体理事的过半数同意。理事会会议所讨论的议案，必须经过参会成员投票，才能上升为整个理事会的共同意思。参会成员若未就议案作出有效表决，即便有召开理事会会议的事实，也无生成理事会决定之可能。按照本条第二款规定，理事会实行一人一票的表决方式。该规定与《中华人民共和国公司法》第一百二十四条关于董事会决议的表决方式相一致。这里的"一人一票"在内容上不仅包括同意票与反对票，同时包括弃权票。本条之所以将理事会的表决方式设定为一人一票，是因为理事会成员在法律地位上一律平等，法律地位平等决定了每位成员具有对等的表决权，不存在少数凌驾于其他成员之上的优势表决权。理事会成员应当根据其个人意志作出符合其内心真实意思的表决，而采取一人一票的表决方式恰恰是实现这一目标的有效举措。

本条第二款规定，理事会作出决定，应当经全体理事的过半数通过。这里的"过半数"不包括本数，与前文中的"三分之二以上"有所不同。本法第二十九条规定，理事会一般由三至七名单数成员组成，单数成员的设计便于"过半数"的表决方式的实施。需要注意的是，理事会作出决定，应当经"全体理事"的过半数同意，而不是出席理事会会议的理事会成员过半数同意。由此可见，理事会决定的通过必须满足全体理事的过半数同意的多数决要求，这是法律的强制性规定，任何农村集体经济组织都必须严格遵守，而不能通过章程设定低于该要求的表决规则。否则，该决定将因违背多数决而无法成立。

三、农村集体经济组织章程可以对理事会的议事方式和表决程序作出具体规定

本条第三款规定，理事会的议事方式和表决程序由农村集体经济组织章程具体规定。本法对于理事会这一农村集体经济组织内部的执行机构的议事方式和表决程序未过多干预，而是规定农村集体经济组织章程可以对理事会的议事方式和表决程序作出具体规定。需要注意的是，本法第一款、第二款对于理事会应出席成员人数、表决方式和表决要求的规定属于强制性规定，农村集体经济组织不得通过章程予以改变。

立法授权农村集体经济组织章程对理事会的议事方式和表决程序作出规定，主要原因有二：其一，农村集体经济组织章程是规范组织机构、农村集体经济组织成员与管理者的行为准则，也是确认农村集体经济组织成员权利和义务的重要根据。从这个意义上说，理事会的议事方式和表决程序除了应符合本条第一款和第二款的规定之外，还应受到农村集体经济组织章程的约束。其二，理事会的决议事项纷繁复杂，针对不同事项可能需要设计不同的议事方式和表决程序。但本法篇幅有限，无法通过个别条款将所有的议事方式和表决程序都加以规定。因此，通过章程对理事会的议事方式和表决程序作出安排，能够填补相关法律漏洞，节省法条篇幅。对此，《农村集体经济组织示范章程（试行）》第二十四条便作了进一步说明。该条表述：理事会会议应当有三分之二以上的理事会成员出席方可召开。有三分之一以上理事提议的，可召开临时理事会会议。理事会会议实行一人一票的表决方式。理事会形成决议，须集体讨论并经过半数理事同意，出席会议的理事在会议决议上签名。理事个人对某项决议有不同意见时，其意见载入会议决议并签名。理事会的决议事项违反法律、法规、政策或本章程、成员（代表）大会决议的，赞成该决议的理事应当承担相应责任。

【适用指南】

本条对理事会决议的基本规则作了规定，并承认了农村集体经济组织章程规定事项的法律效力，为妥善解决理事会决议效力纠纷提供了更加明晰的司法指引。在司法实践中，法官应当优先考查章程条款的合法性，只要不与本条第一款、第二款的规定相冲突，即可适用章程规范。如果存在冲突，则属于章程内容违法的情形，法官应当依据本条进行裁判。

【关联规范】

《中华人民共和国民法典》第一百三十四条；《中华人民共和国公司法》第二十六条、第七十三条、第一百二十四条；《农村集体经济组织示范章程（试行）》。

第三十二条　【农村集体经济组织监事会（监事）】 农村集体经济组织设监事会，成员较少的可以设一至二名监事，行使监督理事会执行成员大会和成员代表大会决定、监督检查集体财产经营管理情况、审核监督本农村集体经济组织财务状况等内部监督职权。必要时，监事会或者监事可以组织对

> 本农村集体经济组织的财务进行内部审计，审计结果应当向成员大会、成员代表大会报告。
>
> 　　监事会或者监事的产生办法、具体职权、议事方式和表决程序等，由农村集体经济组织章程规定。

【条文主旨】

本条是关于监事会（监事）的设置、职权和授权章程对监事会（监事）产生办法、具体职权、议事方式和表决程序的规定。

【条文解读】

在农村集体经济组织的运行过程中，理事会成员与主要管理人员联系密切，少数成员可能通过人事权控制整个理事会的运转。因此，农村集体经济组织监管的重心不仅在于平衡组织与成员之间的关系，而且在于平衡组织的职能机构与成员之间的关系、高级管理者与农村集体经济组织成员之间的关系，防止少数主要经营管理人员利用其职务或者优势地位损害农村集体经济组织成员的利益。为此，农村集体经济组织内部必须设有独立于理事会及高级管理人员的权力监督机构。所以，从法人治理的现实需要来看，有必要成立监事会（监事）对包括理事会在内的组织管理层的权力进行监督和制衡。为凸显监事会之于农村集体经济组织经营管理的重要意义，本条专门针对监事会从以下三个方面设计了内容。

一、监事会（监事）的设置

本条第一款规定，农村集体经济组织设监事会，成员较少的可以设一至二名监事。可见，农村集体经济组织原则上都要设立监事会。在农村集体经济组织成员人数较少的情况下，可以设一至二名监事而不设监事会。据此，如果设立农村集体经济组织监事会，则监事会应至少由三名监事组成，且监事须为自然人而不能是法人。《中华人民共和国公司法》第八十三条针对股东人数较少或者公司规模较小的有限责任公司也设置了类似的例外制度。对于监事会中监事人数的上限，本法未作说明，具体可由章程规定。但无论监事会人数多少，监事在行使监督权时，都不必遵循集体一致行动的原则，任何单个监事在不征求其他监事同意的情况下，都可以独立行使监督权，如此能够实现监事独立行使监督权而不受制于他人。

对于监事会的人员构成，本条没有具体规定。《农村集体经济组织示范章程（试行）》第二十五条第二款表述，监事会成员应为年满十八周岁、具有一定的财务会计知识和较高的政治素质的本社成员。据此，农村集体经济组织监事会成员的积极任职资格一般包括：（1）须为年满十八周岁的完全民事行为能力人；（2）应具有一定的财务会计知识和较高的政治素质；（3）应具有本农村集体经济组织成员身份。在适用《中华人民共和国农村集体经济组织法》第三十二条时，可以结合《农村集体经济组织示范章程（试行）》中有关监事会成员积极任职资格的规定。

二、监事会（监事）的职权

本条第一款第二句规定，监事会（监事）行使监督理事会执行成员大会和成员代表大会决定、监督检查集体财产经营管理情况、审核监督本农村集体经济组织财务状况等内部监督职权。必要时，监事会或者监事可以组织对本农村集体经济组织的财务进行内部审计，审计结果应当向成员大会、成员代表大会报告。从本句来看，监事会的职权主要聚焦于"监督理事会执行成员大会、成员代表大会决定、监督检查集体财产经营管理情况、审核监督本农村集体经济组织财务状况等内部监督职权"。

《农村集体经济组织示范章程（试行）》第二十六条对监事会（监事）的主要职权规定如下："（一）监督理事会执行成员（代表）大会的决议；（二）向成员（代表）大会提出罢免理事会成员以及主要经营管理人员的建议；（三）监督检查本社集体资产发包、出租、招投标等各项业务经营及合同签订履行情况，审核监察本社财务情况；（四）反映本社成员对集体资产经营管理的意见和建议，向理事长或者理事会提出工作质询和改进工作的建议；（五）提议召开临时成员（代表）大会；（六）协助政府有关部门开展本社财务检查和审计监督工作；（七）向成员（代表）大会报告工作；（八）履行成员（代表）大会授予的其他职权。"

为了保障监事会有效行使职权，农村集体经济组织还应当采取具体措施保障监事的监督权与知情权，为监事正常履行职责提供必要的条件，任何人不得干扰或阻挠。主要通过以下三个方面措施保证：一是根据本法第三十条第十一项的规定，理事会负有接受、处理有关质询、建议并作出答复的职权；二是根据《农村集体经济组织示范章程（试行）》第二十二条第八项的表述，理事会应当接受、答复、处理本社成员或监事会提出的有关质询和建议；三是《农村集体经济组织示范章程（试行）》第三十六条中表述，本社各项收支须经理事长审核签章，重大财务事项应接受监事会（执行监事）的事前、事中、事后监督。

三、监事会（监事）的产生办法、具体职权、议事方式和表决程序等可以由章程进行规定

本条第二款规定，监事会或者监事的产生办法、具体职权、议事方式和表决程序等，由农村集体经济组织章程规定。本条第二款与本法第三十一条第三款的规定一致，授权农村集体经济组织章程对监事会（监事）的产生办法、具体职权、议事方式和表决程序等作出具体规定。为此，可以结合《农村集体经济组织示范章程（试行）》的有关表述对监事会或者监事的产生办法、具体职权、议事方式和表决程序等进行规定。

【关联规范】

《中华人民共和国农村集体经济组织法》第三十条、第三十一条；《中华人民共和国公司法》第八十三条；《农村集体经济组织示范章程（试行）》。

第三十三条　【农村集体经济组织会议记录】 农村集体经济组织成员大会、成员代表大会、理事会、监事会或者监事召开会议，应当按照规定制作、保存会议记录。

【条文主旨】

本条是关于成员（代表）大会、理事会、监事会（监事）制作、保存会议记录的规定。

【条文解读】

根据本条规定，成员（代表）大会、理事会、监事会（监事）须对所议事项做成会议记录，即应当将会议讨论的事项、出席会议的人员及表决情况、表决结果等内容做成会议记录。会议记录作为农村集体经济组织的重要档案，应当妥善保管。另外，根据本法第十三条第三项的规定，农村集体经济组织还要将成员（代表）大会、理事会、监事会（监事）的会议记录置备于本农村集体经济组织，以供其成员随时查阅、复制。虽然本条未规定出席会议的成员、理事、监事必须在会议记录上签名，但从理论上讲，一个完备的会议记录上必须有参加会议人员的签名。再结合《农村集体经济组织示范章程（试行）》第二十四条第二款、第二十七条第二款规定的表述，可以明确出席成员（代表）大会、理事会、监事会的成员、理事、监事应当在会议记录上签名。

【关联规范】

《中华人民共和国农村集体经济组织法》第十三条；《农村集体经济组织示范章程（试行）》。

> 第三十四条 【交叉任职及其限制】农村集体经济组织理事会成员、监事会成员或者监事与村党组织领导班子成员、村民委员会成员可以根据情况交叉任职。
> 农村集体经济组织理事会成员、财务人员、会计人员及其近亲属不得担任监事会成员或者监事。

【条文主旨】

本条是关于农村集体经济组织理事会成员、监事会成员或者监事与村党组织领导班子成员、村民委员会成员交叉任职以及农村集体经济组织监事会成员或者监事消极资格的规定。

【条文解读】

一、理事会成员或者监事会成员（监事）与村党组织领导班子成员、村民委员会成员可以交叉任职

本条第一款规定，农村集体经济组织理事会成员、监事会成员或者监事与村党组织领导班子成员、村民委员会成员可以根据情况交叉任职。据此，通过交叉任职，村党组织领导班子成员、村民委员会成员可以以理事会成员或者监事会成员（监事）的身份，根据情况参与农村集体经济组织日常的经营管理与监督。根据《中国共产党农村基层组织工作条例》第二条、第五条的规定，"村级党组织"是指党在农村的基层组织，即村党的委员会（党支部、党的总支部）。村党组织领导班子成员主要是村党支部书记、副书记、纪委书记等。根据《中华人民共和国村民委员会组织法》第六条第一款规定，村民委员会通常由三至七人组成。其主要成员包括主任、副主任和委员。上述人员均可兼任理事会成员或者监事会成员（监事）。根据本法第二十九条第三款的规定，村党组织可以提名推荐农村集体经济组织理事会成员候选人，此时理事长通常由村党组织负责人（村党支部书记）担任。《中国共产党农村工作条例》第十九条强调，乡镇党委和村党组织全面领导乡镇、村的各类组织和各项工作，村党组织书记应通过法定程序担任村民委员会主任和村级集体经济组织、合作经济组织负责人。基于农村集体经济组织所处地域及自身的特殊性，应当允许更了解农村地方实际情况的村级党组织领导班子成员、村委会成员担任理事会监事会成员或者监事成员。

二、监事会成员（监事）的消极任职资格

本条第二款规定，农村集体经济组织理事会成员、财务人员、会计人员及其近亲属不得担任监事会成员或者监事。任职资格通常分为积极资格和消极资格。积极资格是从正面界定某一职位所需要的个人条件，消极资格是从反面规定具有哪些情况的人不能担任某一职位。有关监事会成员的积极资格，《农村集体经济组织示范章程（试行）》第二十五条第二款有相关表述。① 本条第二款是关于监事会成员消极资格的规定，即理事会成员、财务会计人员及其近亲属不得担任监事会成员或者监事。监事会（监事）作为农村集体经济组织的内部监督机构，理事会成员及财务会计人员就是其监督的对象，因此理事会成员、财务会计人员不得兼任监事。当然，不仅是财务会计人员，其他高级管理人员，如农村集体经济组织理事会聘请的经理人员，也不得兼任监事，因为他们也是监事会的监督对象。此外，理事会成员、财务会计人员的近亲属亦不得担任监事会成员。近亲属的范围需要结合《中华人民共和国民法典》第一千零四十五条规定进行确定。成员（代表）大会违反上述规定，选举理事会成员、财务会计人员及其近亲属担任监事会成员或者监事的，本农村集体经济组织成员有权请求法院宣告成员（代表）大会决定因内容违法而无效。

【关联规范】

《中华人民共和国民法典》第一千零四十五条；《中华人民共和国农村集体经济组织法》第二十九条；《中华人民共和国村民委员会组织法》第六条；《农村集体经济组织示范章程（试行）》。

---

① 《农村集体经济组织示范章程（试行）》第二十五条第二款表述为："监事会成员由成员（代表）大会以差额方式选举产生，每届任期与理事会相同，可以连选连任。监事会成员须为年满十八周岁、具有一定的财务会计知识和较高的政治素质的本社成员。理事会成员、财务会计人员及其近亲属不得担任监事会成员。"

第三十五条 【理事会成员、监事会成员（监事）、主要经营管理人员的义务和禁止行为】农村集体经济组织理事会成员、监事会成员或者监事应当遵守法律法规和农村集体经济组织章程，履行诚实信用、勤勉谨慎的义务，为农村集体经济组织及其成员的利益管理集体财产，处理农村集体经济组织事务。

农村集体经济组织理事会成员、监事会成员或者监事、主要经营管理人员不得有下列行为：

（一）侵占、挪用、截留、哄抢、私分、破坏集体财产；

（二）直接或者间接向农村集体经济组织借款；

（三）以集体财产为本人或者他人债务提供担保；

（四）违反法律法规或者国家有关规定为地方政府举借债务；

（五）以农村集体经济组织名义开展非法集资等非法金融活动；

（六）将集体财产低价折股、转让、租赁；

（七）以集体财产加入合伙企业成为普通合伙人；

（八）接受他人与农村集体经济组织交易的佣金归为己有；

（九）泄露农村集体经济组织的商业秘密；

（十）其他损害农村集体经济组织合法权益的行为。

【条文主旨】

本条是关于农村集体经济组织理事会成员、监事会成员（监事）、主要经营管理人员的法定义务和禁止行为的规定。

【条文解读】

一、农村集体经济组织理事会成员、监事会成员（监事）和主要经营管理人员的法定义务

本条第一款是关于农村集体经济组织理事会成员、监事会成员（监事）履行诚实信用、勤勉谨慎义务的一般规定。农村集体经济组织的主要经营管理人员亦负有上述义务。因此，本条第一款虽然未涉及主要经营管理人员，但在具体适用上不应将主要经营管理人员排除在外。换言之，理

事会成员、监事会成员（监事）、主要经营管理人员均应当遵守法律法规和农村集体经济组织章程。这里的"法律法规"主要指的是全国人民代表大会及其常务委员会制定的法律，国务院制定的行政法规，各省、自治区、直辖市的人民代表大会及其常务委员会制定的地方性法规、自治条例和单行条例等。农村集体经济组织章程对理事会成员、监事会成员（监事）、主要经营管理人员同样具有约束力，三者必须在本农村集体经济组织章程的规范框架内行使职权。如果农村集体经济组织章程的规定与法律法规发生冲突，则理事会成员、监事会成员（监事）、主要经营管理人员应当依照法律法规的规定行事。

理事会成员、监事会成员（监事）、主要经营管理人员在对农村集体经济组织履行职责时，必须履行诚实信用、勤勉谨慎的义务。诚实信用的义务要求理事会成员、监事会成员（监事）、主要经营管理人员诚实守信，当其自身利益与组织利益发生冲突时，应当维护组织利益，不得将自身利益或与自己有利害关系的第三人利益置于整个组织利益之上。勤勉谨慎的义务要求理事会成员、监事会成员（监事）、主要经营管理人员行使职权、作出决策时，必须尽到一个普通的谨慎人在同等情况下应有的合理的注意义务，慎重勤勉地管理集体财产和处理农村集体经济组织事务。换言之，理事会成员、监事会成员（监事）、主要经营管理人员应以善良管理人的标准要求自己，以适当方式并尽合理的谨慎、注意，妥善履行自己的职责。实际上，理事会成员、监事会成员（监事）、主要经营管理人员履行的诚实信用、勤勉谨慎义务，与现代公司法中董事、监事及高级管理人员对公司履行的勤勉义务和忠诚义务在内涵上是相近的。

理事会成员、监事会成员（监事）、主要经营管理人员的诚实信用义务与勤勉谨慎义务不能相互混同。整体来看，诚实信用义务要求理事会成员、监事会成员（监事）、主要经营管理人员始终为组织利益行事，做到尽职尽忠，为组织整体服务，属于道德品质范畴；勤勉谨慎义务是对理事会成员、监事会成员（监事）、主要经营管理人员的基本执业要求，属于经营能力范畴。具体而言，诚实信用义务与勤勉谨慎有两点区别。第一，责任构成要件不同。违反诚实信用和勤勉谨慎的构成要件均包括过错、损害及两者之间存在因果关系，但两者的过错程度要求不同。追究违反诚实信用义务的责任时，可直接推定责任人具有故意。因为理事会成员、监事会成员（监事）、主要经营管理人员违反诚信义务，为自己谋取私利，主观上不可能是过失；而追究违反勤勉谨慎义务的责任时，必须证明理事会成员、监事会成员（监事）、主要经营管理人员存在故意或者重大过失，且对于此种过失要以"理性人"作为尺度,通过客观的商业判断标准进行认定。第二,责任形式不同。理事会成员、监事会成员(监事)、主要经营管理人员违反勤勉谨慎义务须赔偿农村集体经济组织的损失;而违反诚实信用义务除了要赔偿损失之外,相关人员的违法收入及报酬还应当归入农村集体经济组织。

二、农村集体经济组织理事会成员、监事会成员(监事)和主要经营管理人员的禁止行为

本条第二款将理事会成员、监事会成员(监事)、主要经营管理人员必须履行的诚实信用、勤勉谨慎义务具体化,在此基础上规定了违反诚实信用、勤勉谨慎义务的具体表现形式。

(一)侵占、挪用、截留、哄抢、私分、破坏集体财产

根据本法第三十六条有关规定,集体财产依法由农村集体经济组织成员集体所有,由农村集体经济组织依法代表成员集体行使所有权。集体财产具有公共利益属性,其来源于法律的授予,农村集体经济组织仅代表成员集体行使其对集体财产的所有权,集体财产不得分割到成员个人。本法第八条第二款已经规定,农村集体经济组织成员集体所有的财产受法律保护,任何组织和个人不得侵占、挪用、截留、哄抢、私分、破坏。鉴于农村集体经济组织理事会成员、监事会成员(监事)、主要经营管理人员更便于利用职务便利管理集体财产,本条第二款第一项进一步强调农村集体经济组织内设机构的组成人员不得以任何名义侵占、挪用、截留、哄抢、私分、破坏集体财产。

(二)直接或者间接向农村集体经济组织借款

禁止理事会成员、监事会成员(监事)、主要经营管理人员以直接或者间接方式向农村集体经济组织借款,是为了防止理事会成员、监事会成员(监事)、主要经营管理人员在从事自我交易过程中利用职权或优势地位损害农村集体经济组织利益而获取不当利益。这是履行诚实信用义务的要求,即理事会成员、监事会成员(监事)、主要经营管理人员不得从事与农村集体经济组织利益相反的经营活动。这种经营活动就包括其以直接或者间接方式向农村集体经济组织借款。

(三)以集体财产为本人或者他人债务提供担保

在农村集体经济组织中,理事会成员、监事会成员(监事)、主要经营管理人员在从事农村集体经济组织生产经营管理活动中,对于集体财产有较大的控制权,从而可能发生以集体财产为其本人或者农村集体经济组织之外的他人提供担保的情况。一旦担保的债务无法得到清偿,势必要通

过处分集体财产来保障债权的实现,这会造成集体财产的严重流失,进而危害农村集体经济组织及其成员的权益。因此,本条款禁止理事会成员、监事会成员(监事)、主要经营管理人员"以集体财产为本人或者他人债务提供担保",但是这并不否认农村集体经济组织的担保能力。农村集体经济组织具有营利目的、从事经济活动,在经营过程中有对外担保的正当需要,其可以作为担保人,即农村集体经济组织法人具有担保的行为能力。本法第二十三条第三款规定,农村集体经济组织应当在获得批准合并之日起十日内通知债权人,债权人可以要求农村集体经济组织清偿债务或者提供相应担保。根据本条规定,本法承认农村集体经济组织可以为其自身的债务提供相应担保。此处的"提供相应担保",应该包括农村集体经济自身提供的担保和第三人提供的担保。这就从法律层面直接认可了农村集体经济组织具有担保能力。但是,考虑到集体财产的特殊性,应对担保财产的范围进行限缩,参考《农村集体经济组织示范章程(试行)》第六条的有关表述①,担保财产应限于集体经营性财产及其收益。

(四)违反法律法规或者国家有关规定为地方政府举借债务

理事会成员、监事会成员(监事)、主要经营管理人员利用自身职权为地方政府举借债务,最终可能异化为权钱交易、权力寻租的自利行为,从而偏离设立农村集体经济组织的初衷——维护农村集体经济组织及其成员的合法权益、促进共同富裕。与"以集体财产为本人或者他人债务提供担保"相似,理事会成员、监事会成员(监事)、主要经营管理人员违反法律法规或者国家有关规定为地方政府举借债务,也会间接侵蚀集体财产而损害广大成员的根本利益。因此,本条在违反法律法规或者国家有关规定为地方政府举借债务的问题上,采取了严格禁止的做法。当然,如果为地方政府举借债务符合法律法规的要求或者国家有关规定,则不属于本条调整范围。

(五)以农村集体经济组织名义开展非法集资等非法金融活动

近年来,农村土地金融业务发展较快,有利于满足农村集体经济组织对多元化金融服务的需求。但实践中也有个别人员利用职务便利,操纵农村集体经济组织,盲目向金融业务领域扩张,有的甚至直接以农村集体经济组织名义开展非法集资等非法金融活动,给金融监管和集体财产带来较大隐患。为此,本条禁止理事会成员、监事会成员(监事)、主要经营管

---

① 《农村集体经济组织章程(试行)》第六条表述为:"本社依法履行管理集体资产、开发集体资源、发展集体经济、服务集体成员等职能,开展以下业务:……(二)经营管理本社成员集体所有或者国家所有依法由本社集体使用的经营性资产,并组织转让、出租、入股、抵押等……"

理人员以农村集体经济组织名义对外开展非法集资等非法金融活动。根据《防范和处置非法集资条例》第二条的规定，这里的"非法集资"是指未经国务院金融管理部门依法许可或者违反国家金融管理规定，以许诺还本付息或者给予其他投资回报等方式，向不特定对象吸收资金的行为。理事会成员、监事会成员（监事）、主要经营管理人员以农村集体经济组织名义开展非法金融活动构成刑事犯罪的，还应当追究相关人员的刑事责任。

（六）将集体财产低价折股、转让、租赁

如前所述，集体财产属于成员集体所有，农村集体经济组织仅代表成员集体行使其对集体财产的所有权。从这个意义上说，任何针对集体财产的不当处置，都是对全体成员利益的侵害。理事会成员、监事会成员（监事）、主要经营管理人员将集体财产低价折股、转让、租赁，很可能造成集体财产流失，影响农村集体经济组织正常的经营活动。为杜绝发生此类侵害集体财产的情况，本条严禁理事会成员、监事会成员（监事）、主要经营管理人员将集体财产低价折股、转让、租赁。

（七）以集体财产加入合伙企业成为普通合伙人

根据《中华人民共和国合伙企业法》第二条第二款、第三款的规定，普通合伙企业由普通合伙人组成，合伙人对合伙企业债务承担无限连带责任；有限合伙企业由普通合伙人和有限合伙人组成，普通合伙人对合伙企业债务仍承担无限连带责任。这表明，如果允许农村集体经济组织以集体财产加入合伙企业成为普通合伙人，一旦该合伙企业陷入财务危机，农村集体经济组织对其各项债务要承担无限连带责任，这无疑加大了农村集体经济组织的经营风险。农村集体经济组织兼具经济职能和公共服务职能，让其以全部财产对外承担无限连带责任，会对集体所有制带来破坏，为整个农村社会带来难以估量的系统性风险。因此，必须对农村集体经济组织的转投资行为进行一定限制，严禁理事会成员、监事会成员（监事）、主要经营管理人员以农村集体经济组织名义加入合伙企业，成为普通合伙人。本法第六条第三款规定，农村集体经济组织可以依法出资设立或者参与设立公司、农民专业合作社等市场主体，以其出资为限对其设立或者参与设立的市场主体的债务承担责任。因此，农村集体经济组织只能以其出资为限对其设立或者参与设立的市场主体的债务承担责任。鉴于有限合伙人以其认缴的出资额为限对合伙企业债务承担责任，本条没有对农村集体经济组织以有限合伙人身份加入合伙企业进行限制。但成为有限合伙人依然存在承担合伙企业债务的风险，因此该行为本质上属于投资行为，必须经过成员大会或成员代表大会讨论通过后才能实施。

(八) 接受他人与农村集体经济组织交易的佣金归为己有

理事会成员、监事会成员（监事）、主要经营管理人员不得利用职权，将他人与农村集体经济组织交易的佣金归为己有。如果违反此项义务，则无论他人是否主动提供了佣金，均应将其返还给对方。此种行为给农村集体经济组织造成损失的，理事会成员、监事会成员（监事）、主要经营管理人员还须承担损害赔偿责任。因为，相对人与农村集体经济组织交易而支付的对价属于集体收益，要归入农村集体经济组织并由全体成员共享。理事会成员、监事会成员（监事）、主要经营管理人员执行职务，代表着农村集体经济组织的利益，不能收取他人支付的佣金。强行将佣金据为己有的行为，属于侵占集体财产的违法行为，理应为法律所禁止。

(九) 泄露农村集体经济组织的商业秘密

商业秘密，是指不为公众所知悉、具有商业价值并经权利人采取相应保密措施的技术信息、经营信息等商业信息。理事会成员、监事会成员（监事）、主要经营管理人员作为农村集体经济组织的重要成员，能够接触较多的商业机密。如果他们擅自将这些秘密泄露给第三人或者竞争对手，则会对农村集体经济组织及其成员的利益造成损害。因此，本条规定理事会成员、监事会成员（监事）、主要经营管理人员负有保守商业秘密的诚实信用义务，其不能将商业秘密泄露给他人，也不能违法利用商业秘密为自己谋取私利。理事会成员、监事会成员（监事）、主要经营管理人员泄露商业秘密，导致农村集体经济组织遭受损失的，农村集体经济组织可以要求其承担损害赔偿责任。

(十) 其他损害农村集体经济组织合法权益的行为

基于列举的局限性，本条设置一个兜底性条款，解决农村集体经济组织追究理事会成员、监事会成员（监事）、主要经营管理人员违反法定义务时的法律依据问题。本条第二款在规定理事会成员、监事会成员（监事）、主要经营管理人员的九种禁止性行为后，采用兜底的方式，将其他未能一一列举的损害农村集体经济组织权益的行为同时纳入，从而保证了立法的周延性和科学性。

【关联规范】

《中华人民共和国民法典》第二百六十一条、第二百六十二条；《中华人民共和国农村集体经济组织法》第六条、第八条、第二十六条；《中华人民共和国合伙企业法》第二条；《防范和处置非法集资条例》第二条。

第五章 财产经营管理和收益分配

> 第三十六条 【集体财产的范围与权利主体】集体财产主要包括：
> （一）集体所有的土地和森林、山岭、草原、荒地、滩涂；
> （二）集体所有的建筑物、生产设施、农田水利设施；
> （三）集体所有的教育、科技、文化、卫生、体育、交通等设施和农村人居环境基础设施；
> （四）集体所有的资金；
> （五）集体投资兴办的企业和集体持有的其他经济组织的股权及其他投资性权利；
> （六）集体所有的无形资产；
> （七）集体所有的接受国家扶持、社会捐赠、减免税费等形成的财产；
> （八）集体所有的其他财产。
> 集体财产依法由农村集体经济组织成员集体所有，由农村集体经济组织依法代表成员集体行使所有权，不得分割到成员个人。

【条文主旨】

本条是关于集体财产的范围、集体财产的归属主体和行使主体的规定。

【条文解读】

本条明确了集体财产的范围，有益于明确财产权属，盘活集体财产，提高农村集体财产管理效率，构建并完善农村经济管理体系建设，同时也能提升农村集体经济财务管理水平，促进我国农村经济平稳健康发展。本条共分两款，第一款规定了集体财产的范围，第二款规定了集体财产的归属主体和行使主体，以及行使的限制。

一、集体财产的范围

本条第一款规定了集体财产的范围。通过立法科学认定农村集体财产，有助于推进集体财产确权到户和股份合作制改革实践，有利于维护农民合法权益、增加农民财产性收入，对于明确财产归属、提高财产经营效率、保障财产收益分配具有重大现实意义。关于集体财产范围的界定，《中华人民共和国民法典》第二百六十条规定，集体所有的不动产和动产包括：（1）法律规定属于集体所有的土地和森林、山岭、草原、荒地、滩涂；（2）集体所有的建筑物、生产设施、农田水利设施；（3）集体所有的教育、科学、文化、卫生、体育等设施；（4）集体所有的其他不动产和动产。《中华人民共和国民法典》对集体财产的范围从集体所有权客体为动产或不动产角度进行界定。

《中共中央 国务院关于稳步推进农村集体产权制度改革的意见》指出，农村集体产权制度改革是维护农民合法权益、增加农民财产性收入的重大举措。农村集体资产包括农民集体所有的土地、森林、山岭、草原、荒地、滩涂等资源性资产，用于经营的房屋、建筑物、机器设备、工具器具、农业基础设施、集体投资兴办的企业及其所持有的其他经济组织的资产份额、无形资产等经营性资产，用于公共服务的教育、科技、文化、卫生、体育等方面的非经营性资产。这三类资产是农村集体经济组织的主要财产，是农业农村发展的重要物质基础。本条第一款规定则根据上述文件的指导精神和具体内容，以"列举+概括"的方式对集体财产的范围作出了规定，使用了"财产"而非"资产"。本条第一款规定的集体财产主要包括：

（一）集体所有的土地和森林、山岭、草原、荒地、滩涂

本条第一款第一项规定的集体财产是集体所有的土地和森林、山岭、草原、荒地、滩涂，这些都是资源性财产，主要是不动产。根据《中华人民共和国宪法》第十条第二款的规定，农村和城市郊区的土地，除由法律规定属于国家所有外，属于集体所有；宅基地和自留地、自留山，也属于集体所有。根据《中华人民共和国宪法》第九条的规定，森林、山岭、草原、荒地、滩涂都属于国家所有，但法律规定属于集体所有的除外。可以说，本条的土地既包括农村和城市郊区的土地，也包括宅基地和自留地、自留山。作为集体所有权客体的森林、山岭、草原、荒地、滩涂等，必须

由法律明确规定，否则其所有权属于国家，而不是集体。在法学视域下，这些都是民法上的物，但本法实际要调整的不是这些物，而是物上的权利，包括集体土地所有权、集体建设用地使用权、宅基地使用权、土地承包经营权和土地经营权等物权。其中既有可转让的权利，如土地经营权，也有禁止流通的权利，如集体土地所有权；既有确权到户的权利，如土地承包经营权和宅基地使用权，也有集体统一经营管理的权利，如"四荒地"的经营权；既有经营性的权利，如集体经营性建设用地使用权，也有非经营性的权利、保障性的权利，如集体公益性建设用地使用权。[①]

（二）集体所有的建筑物、生产设施、农田水利设施

本条第一款第二项规定的集体财产是集体所有的建筑物、生产设施、农田水利设施。集体所有的建筑物包括集体企业的厂房、仓库等；集体所有的生产设施包括机器设备、交通运输工具等；水库、农田灌溉渠道等属于集体所有的农田水利设施。一般而言，此类集体所有的财产主要有两个来源：一是集体自己出资兴建、购置的财产；二是国家拨给或者捐赠给集体的财产，此都可以归结为集体的资金积累和劳动积累，从而属于集体财产。

（三）集体所有的教育、科技、文化、卫生、体育、交通等设施和农村人居环境基础设施

本条第一款第三项规定的集体财产是非经营性财产，或者说是公益性财产。集体所有的教育、科技、文化、卫生、体育、交通等设施和农村人居环境基础设施，具体是指用于公共服务的水库、塘坝、灌排沟渠、村组道路、公益林和教育、医疗卫生、文化体育设施设备，以及水利电力、生产管理用房、防灾减灾设施设备等方面的财产，属于非经营性财产，是不直接参加或服务于生产经营的财产，其特点是具有公共服务属性和社会保障属性。

（四）集体所有的资金

本条第一款第四项规定的集体财产是集体所有的资金。随着新型农村集体经济的发展，很多农村集体经济组织积累了大量的资金，这些资金既是集体财产的重要内容，也是集体收益分配的来源。

（五）集体投资兴办的企业和集体持有的其他经济组织的股权及其他投资性权利

本条第一款第五项规定的集体财产是集体所有的股权及其他投资性权

[①] 吴昭军：《基于资产类型区分的集体资产股权法律性质界定与权能设计》，载《西南民族大学学报（人文社会科学版）》2022年第8期。

利。本法第六条第三款规定，农村集体经济组织可以依法出资设立或者参与设立公司、农民专业合作社等市场主体，以其出资为限对其设立或者参与设立的市场主体的债务承担责任。基于农村集体经济组织对公司、农民专业合作社等市场主体的投资，农村集体经济组织可以获得股权及其他投资性权利。

（六）集体所有的无形资产

本条第一款第六项规定的集体财产是集体所有的无形资产。集体所有的无形资产主要指的是不以实际物品价值存在，但是能够为农村集体经济组织带来收益的资产，包括商誉权、专利权、著作权、非专利技术、商标权等。而随着技术进步和生产方式变化，各种非物质条件的生产资料，特别是各种无形资产、商标、计算机软件、技术知识等其他资产，在集体资产中逐渐占据重要地位。

（七）集体所有的接受国家扶持、社会捐赠、减免税费等形成的财产

本条第一款第七项规定的集体财产是集体所有的接受国家扶持、社会捐赠、减免税费等形成的财产。对于集体财产中的接受国家扶持、社会捐赠、减免税费等形成的财产，并非本条的特有之处，《农村集体经济组织示范章程（试行）》第四条第四项中，"本社接受政府拨款、减免税费、社会捐赠等形成的资产"已有相应内容，而在地方实践中也可见其相应规定。《中共中央 国务院关于稳步推进农村集体产权制度改革的意见》"（十八）加大政策支持力度"规定政府拨款、减免税费等形成的资产归农村集体经济组织所有。

（八）集体所有的其他财产

本项以兜底性条款的形式规定了"集体所有的其他财产"也属于集体财产的范围，避免单一列举出现不可避免的漏洞。

二、集体财产的归属主体和所有权行使主体

本条第二款规定，集体财产依法由农村集体经济组织成员集体所有，由农村集体经济组织依法代表成员集体行使所有权，不得分割到成员个人。本款包含了三层含义：其一，集体财产归属于"农村集体经济组织成员集体所有"，即集体财产的归属主体，或者说集体财产的所有权主体是本农村集体经济组织所在的成员集体。其二，"农村集体经济组织依法代表成员集体行使所有权"，即农村集体经济组织是成员集体的代表行使主体。但是，这是原则性规定，未设立农村集体经济组织的，村民委员会、村民小组可以依法代行农村集体经济组织的职能。本法第六十四条第一款特别规定，未设立农村集体经济组织的，村民委员会、村民小组可以依法

代行农村集体经济组织的职能。其三,"不得分割到成员个人",成员集体所有的财产只能归特定社区范围内的成员集体所有,每一个农村集体经济组织成员基于其成员身份享有成员权,通过成员权的行使分享相关利益,但不得将集体财产分割到成员个人所有。

【关联规范】

《中华人民共和国民法典》第二百六十条;《中华人民共和国农村集体经济组织法》第六条、第六十四条;《农村集体经济组织示范章程(试行)》。

第三十七条 【集体财产的经营管理方式】集体所有和国家所有依法由农民集体使用的耕地、林地、草地以及其他依法用于农业的土地,依照农村土地承包的法律实行承包经营。

集体所有的宅基地等建设用地,依照法律、行政法规和国家有关规定取得、使用、管理。

集体所有的建筑物、生产设施、农田水利设施,由农村集体经济组织按照国家有关规定和农村集体经济组织章程使用、管理。

集体所有的教育、科技、文化、卫生、体育、交通等设施和农村人居环境基础设施,依照法律法规、国家有关规定和农村集体经济组织章程使用、管理。

【条文主旨】

本条是关于集体财产经营管理方式的法律依据的规定。

【条文解读】

《中共中央 国务院关于稳步推进农村集体产权制度改革的意见》将农村集体产权分为资源性资产、经营性资产和非经营性资产"三类资产",并要求"分类推进农村集体产权制度改革"。分类推进是指将农民集体所有权划分为农民集体资源性财产所有权、农民集体经营性财产所有权和农民集体非经营性财产所有权,针对不同所有权建构不同的实现机制和管理路径。本条第一款和第二款皆属于集体资源性财产，第三款属于集体经营性财产，第四款属于集体非经营性财产。

一、"集体所有和国家所有依法由农民集体使用的耕地、林地、草地以及其他依法用于农业的土地"的经营管理

本条第一款规定，集体所有和国家所有依法由农民集体使用的耕地、林地、草地以及其他依法用于农业的土地，依照农村土地承包的法律实行承包经营。农地是中国农村最重要的生产要素，不仅仅是农民基本的生产、生活资料，更是实现农村稳定、推进经济发展和社会进步的重要物质基础。《中华人民共和国宪法》第八条规定，农村集体经济组织实行家庭承包经营为基础、统分结合的双层经营体制。《中华人民共和国民法典》第三百三十条规定，农村集体经济组织实行家庭承包经营为基础、统分结合的双层经营体制。农民集体所有和国家所有依法由农民集体使用的耕地、林地、草地以及其他依法用于农业的土地，依法实行土地承包经营制度。《中华人民共和国农村土地承包法》第三条规定，国家实行农村土地承包经营制度。承包经营的客体是农村土地，根据《中华人民共和国农村土地承包法》第二条规定，农村土地，是指农民集体所有和国家所有依法由农民集体使用的耕地、林地、草地，以及其他依法用于农业的土地。该规定与本条第一款的规定相一致。主要有三类土地：一是农民集体所有的耕地、林地、草地。二是国家所有依法由农民集体经济组织使用的耕地、林地、草地。未依法由农民集体经济组织使用的土地，不能进行承包经营。三是其他依法用于农业的土地。根据《中华人民共和国土地管理法》第四条第二款、第三款的规定，根据土地用途，将土地分为农用地、建设用地和未利用地。农用地是指直接用于农业生产的土地，包括耕地、林地、草地、农田水利用地、养殖水面等；建设用地是指建造建筑物、构筑物的土地，包括城乡住宅和公共设施用地、工矿用地、交通水利设施用地、旅游用地、军事设施用地等；未利用地是指农用地和建设用地以外的土地。可见，集体所有和国家所有依法由农民集体经济组织使用的耕地、林地、草地均属于农村土地范畴。其他依法用于农业的土地主要是指荒山、荒沟、荒丘、荒滩等"四荒"土地。从土地用途上看，"四荒"土地应属于土地管理法上的未利用地，未利用地也可用于农业生产，依法实行承包经营。总之，根据现行法律规定，集体所有和国家所有依法由农民集体使用的耕地、林地、草地以及其他依法用于农业的土地，主要依照《中华人民共和国民法典》《中华人民共和国农村土地承包法》等有关农村土地承包的法律实行承包经营。

二、"集体所有的宅基地等建设用地"的经营管理

本条第二款规定，集体所有的宅基地等建设用地，按照法律、行政法规和国家有关规定取得、使用、管理。土地用途的划分是通过国家编制土地利用总体规划来实现的，无论是国有土地还是农民集体所有的土地，均实行严格的规划用途管制。本款中的"集体所有"表明其所有权归属，"建设用地"表明其用途属性。集体所有的建设用地不仅包括村民住宅建设用地（宅基地），还包括集体经营性建设用地和乡（镇）村公共设施和公益事业用地（集体公益性建设用地）。对宅基地而言，其关乎集体内部成员的社会保障底线。鉴于宅基地的福利保障属性，其规划、管制相比其他集体建设用地更为严苛，财产价值和市场功能存在一定限制，用途上即便隶属于建设用地，权利设立和管理也一直单独规定并自成体系，如《中华人民共和国民法典》将宅基地使用权列为一种不同于建设用地使用权的独立用益物权范畴。根据《中华人民共和国民法典》第三百六十三条的规定，宅基地使用权的取得、行使和转让，适用土地管理的法律和国家的有关规定。《中华人民共和国土地管理法》对宅基地有关的经营管理做了基本规定。《中华人民共和国土地管理法实施条例》第四章第四节专设"宅基地管理"一节，对宅基地有关的规则进行了规定。

对于集体经营性建设用地，《中华人民共和国土地管理法》第六十三条将其总结为"土地利用总体规划、城乡规划确定为工业、商业等经营性用途，并经依法登记的集体经营性建设用地"。而集体公益性建设用地主要用于乡村公共设施和公益事业，包括乡村行政办公、文化科学、医疗卫生、教育设施、生产服务和公用事业等。① 集体所有的宅基地等建设用地，主要按照《中华人民共和国土地管理法》《中华人民共和国土地管理法实施条例》和国家有关的规定取得、使用、管理。

三、"集体所有的建筑物、生产设施、农田水利设施"的经营管理

本条第三款规定，集体所有的建筑物、生产设施、农田水利设施，由农村集体经济组织按照国家有关规定和农村集体经济组织章程使用、管理。农村集体经济组织作为特别法人，与营利法人存在诸多不同，其功能首先在于对集体内部的资产进行管理，其次才是对外的市场经营行为。本条第三款规定，集体所有的建筑物、生产设施、农田水利设施，由农村集体经济组织按照国家有关规定和农村集体经济组织章程使用、管理。集体

---

① 杨合庆主编：《中华人民共和国土地管理法释义》，法律出版社2020年版，第107~111页。

经营性财产是集体财产中流通性最强的财产，也是农村集体经济组织收益的重要来源。本法第四十一条规定，农村集体经济组织可以探索通过经营性财产参股等多样化途径发展新型农村集体经济。本法第五十二条第二款规定，国家支持农村集体经济组织开展集体经营性财产股权质押贷款。将集体经营性财产的使用、管理交由国家有关规定或者自治章程，既顺应了当前纷繁复杂的实践样态，又充分尊重了农村集体经济组织的法人自治。

四、"集体所有的教育、科技、文化、卫生、体育、交通等设施和农村人居环境基础设施"的经营管理

本条第四款规定，集体所有的教育、科技、文化、卫生、体育、交通等设施和农村人居环境基础设施，按照法律法规、国家有关规定和农村集体经济组织章程使用、管理。这实际上规定了非经营性财产，即公益性财产的经营管理。《中共中央 国务院关于稳步推进农村集体产权制度改革的意见》指出要建立健全集体公益设施等非经营性资产统一运行管护机制的基础，即对于该类集体资产要建立健全统一运行管护机制。对于该类财产，主要由农村集体经济组织按照国家有关规定和农村集体经济组织章程使用、管理。为此，国家发展改革委、财政部印发了《关于深化农村公共基础设施管护体制改革的指导意见》①。此外，农村集体经济组织还可以在章程中对该类财产的经营管理作出规定。

【关联规范】

《中华人民共和国民法典》第三百三十条、第三百六十一条、第三百六十三条；《中华人民共和国农村集体经济组织法》第三十六条、第四十一条、第五十二条；《中华人民共和国农村土地承包法》第二条、第三条；《中华人民共和国土地管理法》第四条、第六十三条。

> **第三十八条 【其他农村土地的经营】** 依法应当实行家庭承包的耕地、林地、草地以外的其他农村土地，农村集体经济组织可以直接组织经营或者依法实行承包经营，也可以依法采取土地经营权出租、入股等方式经营。

---

① 《关于深化农村公共基础设施管护体制改革的指导意见》，载国家发展和改革委员会网站，https：//www.ndrc.gov.cn/fzggw/jgsj/njs/sjdt/201911/t20191104_1195314.html，最后访问时间：2024 年 7 月 13 日。

【条文主旨】

本条是关于其他农村土地的经营方式的规定。

【条文解读】

本条规定了对于实行家庭承包的耕地、林地、草地以外的其他农村土地，农村集体经济组织直接组织经营、依法实行承包经营和依法采取土地经营权出租、入股等方式经营。

一、农村集体经济组织直接组织经营

"直接组织经营"，表明农村集体经济组织作为此类土地所有权的代表经营主体，可以直接进行经营活动。农村集体经济组织对未实行家庭承包的其他农村土地进行直接统一经营是"统分结合"的应有之义。

二、依法实行承包经营

本条中"依法实行承包经营"的"依法"主要指的是依据《中华人民共和国农村土地承包法》，"承包经营"指的是通过其他方式的承包经营。《中华人民共和国农村土地承包法》第二条规定，本法所称农村土地，是指农民集体所有和国家所有依法由农民集体使用的耕地、林地、草地，以及其他依法用于农业的土地。可见，农村土地包括两大类：第一类是农民集体所有和国家所有依法由农民集体使用的耕地、林地、草地；第二类是不宜采取家庭承包方式的荒山、荒沟、荒丘、荒滩等农村土地。根据《中华人民共和国农村土地承包法》的规定，第一类农村土地通过家庭承包的方式承包经营，主要是基于这类土地肩负着农民生存保障、粮食安全保障等多种职能；第二类土地则按照《中华人民共和国农村土地承包法》的规定"通过招标、拍卖、公开协商等方式承包"，因为这类土地主要是"四荒"土地。本条规定的"其他农村土地"主要是指不宜采取家庭承包方式的荒山、荒沟、荒丘、荒滩等农村土地，这类土地主要通过"其他方式承包"。

承包地"三权分置"背景下，《中华人民共和国农村土地承包法》规定了家庭承包和以其他方式承包并存的土地承包制度。实行其他承包方式和家庭承包方式土地具有诸多不同，其中最明显的特征是采取其他方式承包的其他农村土地的市场化配置程度高于采取家庭承包方式的农村土地。《中华人民共和国农村土地承包法》第五十条第一款规定，荒山、荒沟、荒丘、荒滩等可以直接通过招标、拍卖、公开协商等方式实行承包经营，也可以将土地经营权折股分给本集体经济组织成员后，再实行承包经营或

者股份合作经营。采取其他方式承包的农村土地的范围，主要是荒山、荒沟、荒丘、荒滩等土地资源。上述"四荒地"属于未利用地，在我国农村较为丰富，具备巨大的开发潜力，但也存在着农业生产价值不大或开发成本较高的特点，且不具有社会保障价值属性，依据市场化原则经营开发利用能够更好地实现其经济价值。[①] 实践证明，通过招标拍卖"四荒地"土地经营权，实现了土地资源的优化配置，盘活了农村集体经济组织的"四荒地"资产，促进了农业生产的改善和农村经济的可持续发展。

三、土地经营权出租、入股等方式经营

本条规定，其他农村土地"可以依法采取土地经营权出租、入股等方式经营"。根据《中华人民共和国农村土地承包法》的有关规定，土地经营权设立方式和流转方式具有多样性。一是设立方式方面，承包地"三权分置"下，家庭承包的承包方可以在承包的集体土地上设立土地经营权；农村集体经济组织可以将不宜采取家庭承包方式的荒山、荒沟、荒丘、荒滩等农村土地，通过招标、拍卖、公开协商等方式进行发包，由承包方取得土地经营权。二是流转方式方面，家庭承包的承包方可以依法采取出租（转包）、入股或者其他方式向他人流转土地经营权（《中华人民共和国农村土地承包法》第三十六条），通过招标、拍卖、公开协商等方式取得的土地经营权也可以依法采取出租、入股等方式流转土地经营权（《中华人民共和国农村土地承包法》第五十三条）。但是，本条中的"土地经营权"仅指农村集体经济组织以出租、入股方式设立的土地经营权。本条是关于依法应当实行家庭承包的耕地、林地、草地以外的其他农村土地的经营方式的规定，经营主体是农村集体经济组织，因此，本条第三种经营方式实为农村集体经济组织依法采取土地经营权出租、入股等方式经营，申言之，直接组织经营、依法实行承包经营以及依法采取土地经营权出租、入股等方式经营都是农村集体经济组织经营"其他农村土地"的方式。

【关联规范】

《中华人民共和国民法典》第三百三十条；《中华人民共和国农村土地承包法》第二条、第三十六条、第四十八条、第四十九条、第五十条、第五十三条。

[①] 高圣平、王天雁、吴昭军：《〈中华人民共和国农村土地承包法〉条文理解与适用》，人民法院出版社2019年版，第323页。

案例评析

农村集体经济组织作为"四荒地"所有权人，可依法实行承包经营，"四荒地"承包人与第三人就"四荒地"土地经营权流转达成协议的，该协议有效①

[案情简介]

1994年8月15日，于同某、宋加某（乙方）与LM村（甲方）签订荒山承包合同书，乙方以现金形式一次性取得甲方260亩"四荒"治理经营使用权，使用期限50年，自1994年8月15日至2044年8月15日。该承包合同第二条第五项约定：乙方享有经营使用权，在承包期内可以转让、继承，但要报村委会审查同意，并经签证部门办理过户手续。2001年12月，宋加某与刘绍某签订四荒土地经营权转让书，宋加某将其1994年承包LM村的四荒地经营权转让给刘绍某一部分，地址在LM村四队至五队间大甸子。该协议落款处有合同双方的签名，LM村委会没有在该合同上签字盖章，也没有办理过户手续。2014年5月10日，刘绍某（甲方）与杨殿某（乙方）签订四荒土地经营权转让协议书，双方约定：甲方将所经营的四荒土地经营权有偿转让给乙方，经营年限以原始荒山承包合同书、见证书为准；转让金28.5万元，其中土地转让费25万元，住宅3.5万元；甲方须将所经营的土地四至经相邻权益人签字确认，确保无土地争议；……该协议须经村委会同意并签字生效。协议落款处有甲乙双方签字以及时任村委会主任赵继某签字，还有LM村委会的公章。2015年5月28日，LM村委会、SJB林业工作站、SJB街道办事处出具证明，证实原告经营的绿洲绿化苗木基地位于LM村四社，面积50亩，属于LM村荒地。无纠纷、无争议，非林业用地，不在规划区范围内，无征占用地情况。2015年11月12日，原告杨殿某在JY区林业局办理了林木种子生产许可证和林木种子经营许可证，有效期至2018年11月12日。2015年11月23日，原告在JY区工商分局注册办理了BS市JY区绿洲绿化苗木基地营业执照，性质为个体工商户，经营场所在LM村四社，经营

---

① 吉林省白山市江源区人民法院（2018）吉0605民初1234号民事判决书，载中国裁判文书网，https://wenshu.court.gov.cn/website/wenshu/181107ANFZ0BXSK4/index.html?docId=6XjNV7Lw8POGt0hIGcAQRhSN4KCePijut9ri5tbKC2lDdXCrmbN/PJ/dgBYosE2gCiUnwFSJOwXlIb6F6BMZlyN05NRB6QgWvb77MR4zDn7L4XG95BO6XnPNhqlpq+pY，最后访问时间：2024年8月8日。

范围为苗木、花卉、种子、种植、销售。现原告称，林木种子经营许可证、生产许可证的有效期截至 2018 年 11 月 12 日，由于被告 LM 村委会认定原告系非法获得涉案土地的经营权且不配合年检，导致原告无法继续经营，对原告的经营权造成了侵害，因而起诉，请求确定与被告刘绍某签订的《四荒土地经营权转让协议书》是有效协议。

[核心问题]

"四荒地"发包的对象存在限制条件，但"四荒地"承包后进行流转的对象却不存在限制条件，对二者应进行明确区分。

[裁判要旨]

本案系确认合同效力纠纷。本案原告与刘绍某签订的"四荒地"经营权转让协议书，不属于《中华人民共和国土地管理法》第十五条第二款和《中华人民共和国农村土地承包法》第四十八条所规定的土地发包情形，而属于《中华人民共和国农村土地承包法》第三十七条规定的土地承包经营权流转情形，即"土地承包经营权采取转包、出租、互换、转让或者其他方式流转，当事人双方应当签订书面合同。采取转让方式流转的，应当经发包方同意；采取转包、出租、互换或者其他方式流转的应当报发包方备案"。2001 年宋加某将所承包的荒地中的一部分转让给刘绍某时，转让协议中没有 LM 村委会的签名、盖章，也没有经签证部门办理过户手续。但是 2014 年刘绍某与原告签订四荒土地经营权转让协议书时，LM 村委会主任签字同意并且加盖了 LM 村委会公章，结合刘绍某所提交的使用土地的票据，应当视为 LM 村委会对刘绍某转让给原告的 50 亩四荒地享有经营使用权是知情并认可的。本案中原告与刘绍某签订的是四荒土地经营权转让合同，属于流转方式中的转让，且符合上述法律所规定的签订书面合同并经发包方同意的要件。综上，法院认定原告与刘绍某签订的转让合同合法有效，该合同对双方当事人及土地的发包方 LM 村均有约束力。

[专家评析]

根据《中华人民共和国农村集体经济组织法》第三十九条的规定，依法应当实行家庭承包的耕地、林地、草地以外的其他农村土地（一般就是"四荒地"），农村集体经济组织可以直接组织经营或者依法实行承包经营。若该案发生在本法实施后，LM 村集体经济组织作为荒地所有权的代表行使主体，可以对集体所有的荒地依法实行承包经营。在将该荒地发包给宋加某后，宋加某取得该荒地的土地经营权。土地经营权可以进行自由流转，因而宋加某可将土地经营权流转给刘绍某，刘绍某又可将取得的土地经营权再流转给杨殿某，只要当事人意思表示真实，该流转协议即为有效。

本案裁判时所适用的条文属于《中华人民共和国农村土地承包法》和《中华人民共和国土地管理法》修改前的规定。法院在对案件事实进行充分认定的基础上，认可了"四荒地"承包方在经过发包方同意时，可以流转"四荒地"承包经营权，且流转的对象不因是否属于本集体经济组织而有不同条件。2018年修改的《中华人民共和国农村土地承包法》第四十九条规定："以其他方式承包农村土地的，应当签订承包合同，承包方取得土地经营权……"修改后的《中华人民共和国农村土地承包法》提炼了"土地经营权"的概念，并以此概念统一集体发包的"四荒地"土地经营权和农户流转的土地经营权。根据该条规定，承包方通过其他承包方式取得的经营权，不再是土地承包经营权，而是土地经营权。前述修改体现了家庭承包和其他方式承包的性质和结果的差异，修改后的《中华人民共和国农村土地承包法》以"三权分置"政策为指引，禁止非农村集体经济组织成员获得土地承包经营权，允许土地经营权自由流转和抵押，实现了土地承包权和土地经营权的区分。在拍卖、招标、公开协商等其他承包方式下，农村集体经济组织将"四荒地"土地经营权让渡给承包人，形成"四荒地"土地经营权，该权利可以进行自由流转，一般不受限制。修改后的《中华人民共和国农村土地承包法》第五十三条规定，通过招标、拍卖、公开协商等方式承包其他农村土地，经依法登记取得权属证书的，可以依法采取出租、入股、抵押或者其他方式流转土地经营权。该法院的处理方式与处理结果与《中华人民共和国农村集体经济组织法》、修改后的《中华人民共和国农村土地承包法》的精神一致。

第三十九条 【集体经营性建设用地的用途和入市方式】对符合国家规定的集体经营性建设用地，农村集体经济组织应当优先用于保障乡村产业发展和乡村建设，也可以依法通过出让、出租等方式交由单位或者个人有偿使用。

【条文主旨】

本条是关于可以使用和流转的集体经营性建设用地的范围、农村集体经济组织使用集体经营性建设用地的用途方向、入市方式的规定。

【条文解读】

农村集体经营性建设用地是指以营利为目的进行非农业的生产经营活动所使用的农村建设用地，包括农村集体经济组织使用乡（镇）土地利用总体规划确定的建设用地兴办工商企业或者与其他单位、个人以土地使用权入股、联营等形式共同举办工商企业所使用的农村集体建设用地。该土地用途属于建设用地，以区别于农业用地，性质上属于经营性建设用地，以区别于非经营性质的农村公共设施、公益事业用地和农民宅基地。《中华人民共和国土地管理法》第六十三条明确提出"集体经营性建设用地"和"集体经营性建设用地使用权"，在立法层面完善了集体经营性建设用地进入土地一级市场的法律规则。《中华人民共和国乡村振兴促进法》第六十七条与《中华人民共和国土地管理法实施条例》第三十七条至第四十二条又对《中华人民共和国土地管理法》第六十三条的法律规则进行了细化。本条规定是对《中华人民共和国乡村振兴促进法》第六十七条的重申与强调，既注重发展集体经济、振兴乡村产业，又注重提高土地使用效率、盘活农村存量建设用地、激活农村土地资源。至此，我国在集体经营性建设用地入市法律规范方面形成了私法规范与公法规范相互配合、法律与行政法规相互融合的体系。[①] 本条明确了可以使用和流转的集体经营性建设用地的范围、农村集体经济组织使用集体经营性建设用地的用途方向、入市方式三个方面的内容。

一、符合国家规定的集体经营性建设用地

根据《中华人民共和国土地管理法》第六十三条的规定，"符合国家规定的集体经营性建设用地"是指土地利用总体规划、城乡规划确定为工业、商业等经营性用途，并经依法登记的集体经营性建设用地。可见，可以入市的集体经营性建设用地，具有如下要求：其一，符合土地利用总体规划、城乡规划；其二，规划确定为工业、商业等经营性用途；其三，经依法登记。《中华人民共和国土地管理法实施条例》第四章第五节"集体经营性建设用地管理"对入市的条件做了更加明确的要求。

二、应当优先用于保障乡村产业发展和乡村建设

《中华人民共和国乡村振兴促进法》第六十七条规定，县级以上地方人民政府应当推进节约集约用地，提高土地使用效率，依法采取措施盘活

[①] 袁震：《集体经营性建设用地入市法律规则释评——〈土地管理法〉第63条第1款、第2款评注》，载《河北法学》2023年第2期。

农村存量建设用地，激活农村土地资源，完善农村新增建设用地保障机制，满足乡村产业、公共服务设施和农民住宅用地合理需求。县级以上地方人民政府应当保障乡村产业用地，建设用地指标应当向乡村发展倾斜，县域内新增耕地指标应当优先用于折抵乡村产业发展所需建设用地指标，探索灵活多样的供地新方式。经国土空间规划确定为工业、商业等经营性用途并依法登记的集体经营性建设用地，土地所有权人可以依法通过出让、出租等方式交由单位或者个人使用，优先用于发展集体所有制经济和乡村产业。本条所称"优先用于保障乡村产业发展和乡村建设"，旨在有效衔接实施乡村振兴战略，促进农业全面升级、农村全面进步、农民全面发展，加快农业农村现代化。

三、依法通过出让、出租等方式交由单位或者个人有偿使用

（一）入市主体

农村集体经营性建设用地入市主体为土地所有权人，由农村集体经济组织依法代表成员集体行使所有权。

（二）入市方式

本条中"依法通过出让、出租等方式交由单位或者个人有偿使用"与《中华人民共和国土地管理法》第六十三条中"通过出让、出租等方式交由单位或者个人使用"，应为同一解释。

集体经营性建设用地使用权出让，是农村集体经济组织将一定期限内的集体经营性建设用地使用权让与需用土地者，由需用土地者向农村集体经济组织支付一定的土地出让价款的行为。与国有建设用地使用权一样，集体经营建设用地使用的出让方式亦包括招标、拍卖、挂牌等公开竞价方式或协议方式等。本条虽然将出让和出租并列列举为集体经营性建设用地有偿使用的方式，但出租并不属于具有物权属性的集体经营性建设用地使用权设立的方式。本条继续保留出租作为设定债权属性的建设用地使用权的方式，但并不具有物权效力。① 这就表明，"出租"属于集体经营性建设用地入市的方式，在一级市场和二级市场均可运用，但不属于具有物权属性的集体经营性建设用地使用权的设立方式。根据《中华人民共和国土地管理法》修正之前集体经营性建设用地入市改革试点情况的总结，集体经营性建设用地初次流转的方式包括出让、出租、作价出资或入股、合作或

---

① 李国强：《〈土地管理法〉修正后集体建设用地使用权的制度构造》，载《云南社会科学》2020年第2期。

联营、抵押等①,设定方式呈现出多样性的特点。可以看出,集体经营性建设用地使用权的入市方式不限于本条列举的出让、出租,"出让、出租等方式"之"等",其范围至少还可包括作价出资(入股)、抵押等。

(三)入市程序

集体经营性建设用地使用权因其流转方式不同应实行不同的程序规制,但总体上均应包含决策机制、合同规范和流转登记等内容。以集体经营性建设用地使用权出让为例,结合《中华人民共和国土地管理法》以及《中华人民共和国土地管理法实施条例》和各地实践经验的相关规定,入市程序一般包括:(1)出让决议。基于集体土地所有权的团体性,集体经营性建设用地的出让应实行集体成员集体决策。集体经营性建设用地出让、出租等,应当经本农村集体经济组织成员大会全体成员的三分之二以上或者成员代表大会全体成员代表的三分之二以上同意。(2)出让许可。集体经营性建设用地使用权出让本属集体土地所有人自主设定土地用益物权的民事法律行为,不应受到公权力的过多干预,但基于土地规划管理、计划管理之职能,地方政府土地行政主管部门对集体经营性建设用地使用权出让实行行政许可仍属必要。出让许可由集体土地所有人持土地权属证明、出让决议等文件向土地行政主管部门申请,后者对相关资料进行审核,对于土地权属清晰、依法办理建设用地批转手续、土地用途符合规划和用地计划、土地权利行使未受到法律限制的集体经营性建设用地,应出具集体建设用地使用权出让许可文件。(3)出让合同。集体土地所有人取得集体建设用地使用权出让许可文件后,应通过协议、招标、拍卖、挂牌等方式与受让方签订出让合同。集体建设用地使用权出让合同应当载明土地所有人(出让方)、土地使用人(受让方)、本宗土地位置与面积、土地用途、使用年限、使用条件、出让金及支付方式、期限届满时地上建筑物和其他附着物的处理办法、违约责任等内容。(4)登记颁证。出让合同签订后,双方当事人须在规定时间内持出让许可文件、出让合同等材料向市、县土地行政主管部门申请土地登记,由登记机关颁发集体建设用地使用权证书,集体建设用地使用权自登记时成立。

【关联规范】

《中华人民共和国土地管理法》第六十三条;《中华人民共和国土地管

---

① 宋志红:《中国农村土地制度改革研究——思路、难点与制度建设》,中国人民大学出版社2017年版,第229页。

理法实施条例》第三十七条至第四十二条；《中华人民共和国乡村振兴促进法》第六十七条；《中华人民共和国民法典》。

> **第四十条　【集体经营性财产收益权的量化】** 农村集体经济组织可以将集体所有的经营性财产的收益权以份额形式量化到本农村集体经济组织成员，作为其参与集体收益分配的基本依据。
>
> 集体所有的经营性财产包括本法第三十六条第一款第一项中可以依法入市、流转的财产用益物权和第二项、第四项至第七项的财产。
>
> 国务院农业农村主管部门可以根据本法制定集体经营性财产收益权量化的具体办法。

【条文主旨】

本条是关于集体所有的经营性财产的收益权的量化方式、量化到的权利主体、量化的目的、集体经营性财产的范围以及授权国务院农业农村主管部门作出具体量化办法的规定。

【条文解读】

本条是关于集体经营性财产收益权量化的规定，共分为三项，分别规定了集体经营性财产的收益权的量化方式、量化到的权利主体，集体经营性财产的范围，授权国务院农业农村主管部门作出具体量化办法。

一、量化的方式："集体所有的经营性财产的收益权以份额形式量化到本农村集体经济组织成员"

本条第一款对量化的方式作出了规定，即农村集体经济组织可以将集体所有的经营性财产的收益权以份额形式量化到本农村集体经济组织成员。这句话包含四层含义：其一，农村集体经济组织可以将集体所有的经营性财产的收益权进行量化，也可以不进行量化，具体情况需要根据本地的集体经济发展状况因地制宜选择。其二，量化的标的是集体所有的经营性财产的收益权，而不是集体经营性财产。在确定财产量化范围时，应明确区分集体财产本身与集体财产收益权。①《中共中央 国务院关于稳步推进农村集体产权制度改革的意见》"（九）有序推进经营性资产股份合作制改革"规定，将农村集体经营性资产以股份或者份额形式量化到本集体成员，作为其参加集体收益分配的基本依据。以政策形式将财产量化的范围限定在"集体经营性资产"，本法本条规定科学合理，即量化的标的是集体所有的经营性财产的收益权，而不是集体经营性财产本身。将量化范围确定为集体财产的收益权，而非集体财产本身，能够有效避免量化集体财产本身所带来的变相分割集体财产之隐患。② 集体经营性财产属于集体所有，集体财产不能归属于个人，所以集体经营性财产不能量化，而通过集体财产获得的收益可以量化给本农村集体经济组织成员。其三，量化的标准是以份额的方式进行量化。在前述改革意见的指导下，前期有些地方的改革采用股份量化的方式。其四，量化到的权利主体是本农村集体经济组织的成员。

二、量化的目的："作为其参与集体收益分配的基本依据"

农村集体经济组织成员在农村集体经济组织中享有收益分配权，而收益分配权的实现首先需要明确成员在集体经营性财产的收益权中的份额比例。因此，本条规定将集体所有的经营性财产的收益权以份额形式量化到本农村集体经济组织成员，其目的在于为农村集体经济组织成员在组织中参与集体收益分配提供依据。

《中共中央 国务院关于稳步推进农村集体产权制度改革的意见》在"（四）基本原则"中强调，坚持农民集体所有不动摇，不能把集体经济改弱了、改小了、改垮了，防止集体资产流失。基于公有制财产的这一特征，在集体经营性财产的收益权份额量化过程中必须坚持集体所有制。前述改革意见指出，农村集体经营性资产的股份合作制改革，不同于工商企业的股份制改造，并强调将农村集体经营性资产以股份或者份额形式量化到本集体成员，作为其参加集体收益分配的基本依据。可以说，基于坚持社会主义集体所有制的要求，任何成员都无权请求分割集体财产，集体经营性财产的收益权份额量化不意味着将集体财产分割给成员个人。因此，成员集体将其享有所有权的集体经营性资产给集体成员量化分配，并不是对集体资产和集体所有权的分割分配，而是在不可分割的集体共同所有的

---

① 张洪波、汪义双：《集体财产量化范围的法理检视与规则完善——兼评〈农村集体经济组织法（草案）〉第41条》，载《杭州师范大学学报（社会科学版）》2023年第5期。

② 张洪波、汪义双：《集体财产量化范围的法理检视与规则完善——兼评〈农村集体经济组织法（草案）〉第41条》，载《杭州师范大学学报（社会科学版）》2023年第5期。

基础上，明确集体成员在集体所有的经营性资产的经营收益中可以实现其个人权益的份额依据，落实成员对集体收益的分配利益。① 而本条第一款采用"集体所有的经营性财产的收益权"即明确表明，财产量化是针对经营性资产的经营收益而非资产本身，其最终目的也在于为农村集体经济组织成员在组织中参与集体收益分配提供依据。

三、可量化的集体所有的经营性财产的范围

本条第二款明确规定了集体所有的经营性财产的范围包括本法第三十六条第一款第一项中可以依法入市、流转的财产用益物权和第二项、第四项至第七项的财产。这里明确集体所有的经营性财产的范围，旨在明晰可量化的集体所有的经营性财产的范围。具体包括：第一，本法第三十六条第一款规定中的财产用益物权，即在集体所有的土地和森林、山岭、草原、荒地、滩涂上产生的可以依法入市、流转的财产用益物权，如土地经营权等；第二，本法第三十六条第一款第二项规定中的财产，即集体所有的建筑物、生产设施、农田水利设施；第三，本法第三十六条第一款第四项至第七项规定中的财产，包括集体所有的资金，集体投资兴办的企业和集体持有的其他经济组织的股权及其他投资性权利，集体所有的无形资产，集体所有的接受国家扶持、社会捐赠、减免税费等形成的财产。

四、授权国务院农业农村主管部门制定集体经营性财产收益权量化的具体办法的规定

本条第三款规定，国务院农业农村主管部门可以根据本法制定集体经营性财产收益权量化的具体办法。

【关联规范】

《中华人民共和国农村集体经济组织法》第三十六条。

第四十一条 【发展新型农村集体经济的方式】 农村集体经济组织可以探索通过资源发包、物业出租、居间服务、经营性财产参股等多样化途径发展新型农村集体经济。

---

① 韩松：《农民集体成员的集体资产股份权》，载《法学研究》2022年第3期。

【条文主旨】

本条是关于农村集体经济组织发展新型农村集体经济多样化途径的规定。

【条文解读】

党的二十大报告明确指出："巩固和完善农村基本经营制度，发展新型农村集体经济。"新型农村集体经济是指以特定农村社区范围内的集体财产为基础，以农户、新型农村集体经济组织以及通过合作与联合等多种形式组成的新型农业经营主体为组织载体，产权明晰、成员清晰、治理科学、经营灵活、利益共享的新型经济形态。这种农村集体经济是我国社会主义农村集体所有制的有效实现形式，是农村基本经营制度的丰富与发展。在本法颁布之前，已经出台了相关政策性文件，对发展新型农村集体经济进行了政策表达，为各地区发展新型农村集体经济形成了有益指导。其中，国家层面的相关文件主要包括《中共中央 国务院关于学习运用"千村示范、万村整治"工程经验有力有效推进乡村全面振兴的意见》①《中共中央 国务院关于做好2023年全面推进乡村振兴重点工作的意见》②《国务院关于印发"十四五"推进农业农村现代化规划的通知》③《农业农村部关于落实党中央国务院

---

① 《中共中央 国务院关于学习运用"千村示范、万村整治"工程经验有力有效推进乡村全面振兴的意见》，载中国政府网，https：//www.gov.cn/gongbao/2024/issue_11186/202402/content_6934551.html，最后访问时间：2024年7月11日。《中共中央 国务院关于学习运用"千村示范、万村整治"工程经验有力有效推进乡村全面振兴的意见》（二十六）中规定："……深化农村集体产权制度改革，促进新型农村集体经济健康发展，严格控制农村集体经营风险……"

② 《中共中央 国务院关于做好2023年全面推进乡村振兴重点工作的意见》（二十三）中规定："……巩固提升农村集体产权制度改革成果，构建产权关系明晰、治理架构科学、经营方式稳健、收益分配合理的运行机制，探索资源发包、物业出租、居间服务、资产参股等多样化途径发展新型农村集体经济……"

③ 《国务院关于印发"十四五"推进农业农村现代化规划的通知》，载中国政府网，https：//www.gov.cn/zhengce/content/2022－02/11/content_5673082.htm，最后访问时间：2024年7月11日。《国务院关于印发"十四五"推进农业农村现代化规划的通知》中规定："……深化农村集体产权制度改革，完善产权权能，将经营性资产量化到集体经济组织成员，有效盘活集体资产资源，发展壮大新型农村集体经济……"

2023 年全面推进乡村振兴重点工作部署的实施意见》①。本条规定了农村集体经济组织发展新型农村集体经济的四种主要途径。

一、通过资源发包的途径发展新型农村集体经济

本条所述的资源发包，泛指一切将集体所有的资源对外发包以增加集体收入、发展集体经济的方式。根据《中华人民共和国农村土地承包法》第三条的规定，农村土地承包采取农村集体经济组织内部的家庭承包方式，不宜采取家庭承包方式的荒山、荒沟、荒丘、荒滩等农村土地，可以采取招标、拍卖、公开协商等方式承包（其他方式的承包）。在其他方式承包下，农村集体经济组织将土地发包给承包方，承包方缴纳承包费并取得土地经营权。除了上述通过开展荒山、荒沟、荒丘、荒滩等农村土地发包，提高集体经济收入，发展壮大新型农村集体经济以外，还有运用各种方式盘活利用农村要素资源的方式，如盘活利用闲置宅基地和农房或对外发包未承包到户的机动地。

二、通过物业出租的途径发展新型农村集体经济

物业出租是指通过出租盘活村内闲置固定资产、投资兴建厂房、园区等获取收入。这种模式一般出现在有区位优势的具有较大数量的集体经营性资产的城中村、城郊村和经济发达村。从财产类型的角度进行划分，集体经营性财产以厂房、店铺、酒店等物业为主，制造业设备、股权、现金等财产相对较少。② 结合各地区的改革实践来看，目前绝大多数农村集体经济组织依靠发展资产经济和地租经济创造集体收益，出租厂房、店铺等财产以及租赁集体建设用地使用权等土地资源所获得的租金是集体收益的主要来源。由于开展物业经济的市场经营风险较低，并且能够带来长期稳定的集体收益，故农村集体经济组织发展物业经济具有普遍代表性。为此，农村集体经济组织通过物业出租的途径，增加农村集体经济收入，发展壮大新型农村集体经济。

---

① 《农业农村部关于落实党中央国务院 2023 年全面推进乡村振兴重点工作部署的实施意见》，载中国政府网，https://www.gov.cn/zhengce/zhengceku/2023-02/22/content_5742671.htm? eqid=dffc89420000faa2000000066465cf54，最后访问时间：2024 年 7 月 11 日。《农业农村部关于落实党中央国务院 2023 年全面推进乡村振兴重点工作部署的实施意见》（三十二）中规定："……指导各地因地制宜探索资源发包、物业出租、居间服务、资产参股等新型农村集体经济发展模式……"

② 国务院发展研究中心农村经济研究部：《集体所有制下的产权重构》，中国发展出版社 2015 年版，第 41 页。

三、通过居间服务的途径发展新型农村集体经济

通过居间服务发展新型农村集体经济是指农村集体经济组织通过领办创办多种形式的服务实体，为村集体成员或经营主体提供劳务介绍、土地流转中介、农业社会化服务等，增加集体收入。这种模式在资源和区位优势有限的农村地区探索越来越多。[1] 居间服务，是指居间人向委托人提供居间媒介的中间服务行为。《中共中央 国务院关于学习运用"千村示范、万村整治"工程经验有力有效推进乡村全面振兴的意见》"（五）构建现代农业经营体系"规定，支持农村集体经济组织提供生产、劳务等居间服务。据此，农村集体经济组织可以通过对外提供劳务（包括摘果队、摘茶队、建筑队）、市场信息、电子商务、养老托儿、农业生产服务（机耕机播机收、病虫害统防统治）、休闲旅游观光、文化体育、餐饮民宿等居间服务，获得相应的服务费用，增加农村集体经济收入，发展壮大新型农村集体经济。

四、通过经营性财产参股的途径发展新型农村集体经济

通过经营性财产参股的途径发展新型农村集体经济，是指农村集体经济组织通过将土地等资源的经营权或使用权、房屋或设备等固定资产使用权，以及政府帮扶资金、集体积累资金等入股企业等市场主体，共同发展休闲旅游、民宿康养等乡村特色产业。农村集体经济组织可以将集体经营性财产对外投资，入股有限责任公司、入股农村商业银行、出资农民专业合作社等市场主体，获得相应的投资收益，从而不断提高集体经济收入，发展壮大新型农村集体经济。通过经营性财产参股的模式，促使农民参与集体财产分红等二次收入分配，使得农村集体财产转化为农民增收致富的重要来源，切实拓展了农民增收的渠道。[2] 本法第六条第三款规定，农村集体经济组织可以依法出资设立或者参与设立公司、农民专业合作社等市场主体，以其出资为限对其设立或者参与设立的市场主体的债务承担责任。这就为农村集体经济组织通过经营性财产参股的途径发展新型农村集体经济提供了更为准确的法律依据。

---

[1] 王宾、杨霞：《新时期发展新型农村集体经济的思考》，载《中国发展观察》2023年第2期。

[2] 李文嘉、李蕊：《新型农村集体经济发展的现状、问题及对策》，载《人民论坛》2023年第15期。

【适用指南】

本条涉及通过"资源发包"的途径发展新型农村集体经济，该规定具体指向的是《中华人民共和国农村土地承包法》中的相关规范。因而，需要将《中华人民共和国农村集体经济组织法》与《中华人民共和国农村土地承包法》进行衔接适用。为此，在具体适用的过程中，应当做好《中华人民共和国农村集体经济组织法》和《中华人民共和国农村土地承包法》之间的协调衔接。

【关联规范】

《中华人民共和国农村土地承包法》第四十八条、第四十九条；《中华人民共和国农村集体经济组织法》第六条。

第四十二条 【农村集体经济组织收益分配】 农村集体经济组织当年收益应当按照农村集体经济组织章程规定提取公积公益金，用于弥补亏损、扩大生产经营等，剩余的可分配收益按照量化给农村集体经济组织成员的集体经营性财产收益权份额进行分配。

【条文主旨】

本条是关于农村集体经济组织收益分配的内容与顺序的规定。

【条文解读】

农村集体经济组织的收益分配是农村集体产权制度改革的重要环节，不仅直接影响着改革的总体进程和最终成效，还切实关系到每一位农村集体经济组织成员的财产权益。如何将集体收益进行公平、合理分配，是需要加以特别关注的重点问题。在本法颁布之前，国家层面的相关政策文件主要有《中共中央 国务院关于稳步推进农村集体产权制度改革的意见》①《农村集体经济组织示范章程（试行）》②《农村集体经济组织财务制度》③《农村集体经济组织会计制度》④。在文件精神的导向下，试点地区分别结合当地的实际情况，制定了适用于本省、市、区（县）的地方性指导意见，对农村集体经济组织的收益分配规则作出了细化规定。本条主要规定了农村集体经济组织收益分配的内容和分配顺序。

一、农村集体经济组织收益分配的内容

本条规定，可供分配的内容是农村集体经济组织当年收益。本条中使用了"当年收益"和"可分配收益"两个概念，虽然两者都属于集体收益范围，但是内涵并不相同。"当年收益"，是指农村集体经济组织整个会计年度的总收益；"可分配收益"是指在提取公积公益金后可以在农村集体经济组织成员之间分配的收益。因此，在本条中对这两个概念的内涵应该区分对待。

---

① 《中共中央 国务院关于稳步推进农村集体产权制度改革的意见》第（十一）条规定："……健全集体收益分配制度，明确公积金、公益金提取比例，把农民集体资产股份收益分配权落到实处……"

② 《农村集体经济组织示范章程（试行）》第四十二条表述为："本社坚持效益决定分配、集体福利与成员增收兼顾的原则。集体收入优先用于公益事业、集体福利和扶贫济困，可分配收益按成员持有的集体经营性资产份额（股份）分红。严格实行量入为出，严禁举债搞公益，严禁举债发福利，严禁举债分红。"第四十四条表述为："本社本年可分配收益为当年收益与上年未分配收益之和。本社留归集体的土地补偿费应列入公积公益金，不得作为集体收益进行分配；集体建设用地出让、出租收益应充分考虑以后年度收入的持续稳定，不得全额在当年分配。"第四十五条表述为："本社本年可分配收益按以下顺序进行分配：（一）提取公积公益金，用于转增资本、弥补亏损以及集体公益设施建设等；（二）提取福利费，用于集体福利、文教、卫生等方面的支出；（三）按持有本社经营性资产份额（股份）分红。"

③ 《关于印发〈农村集体经济组织财务制度〉的通知》，载农业农村部网站，http://www.moa.gov.cn/govpublic/zcggs/202112/t20211224_6385431.htm，最后访问时间：2024年6月29日。《农村集体经济组织财务制度》第二十六条规定："农村集体经济组织收益分配以效益为基础，民主决策、科学分配，保障成员合法权益。"第二十七条规定："农村集体经济组织应当按照有关法律、法规、政策规定及组织章程约定的分配原则，按程序确定收益分配方案，明确分配范围、分配比例等重点事项，向全体成员公示。"第二十八条规定："农村集体经济组织可分配收益按以下顺序进行分配：（一）弥补以前年度亏损；（二）提取公积公益金；（三）向成员分配收益；（四）其他。公积公益金按组织章程确定计提比例。"

④ 《关于印发〈农村集体经济组织会计制度〉的通知》，载中国政府网，https://www.gov.cn/zhengce/zhengceku/202309/content_6906306.htm，最后访问时间：2024年7月5日。《农村集体经济组织会计制度》第六十三条规定："农村集体经济组织当年收益加上年初未分配收益为本年可分配收益，主要用于弥补亏损、提取公积公益金、向成员分配等。在提取公积公益金、向成员实际分配收益等时，应当减少本年可分配收益。"

二、农村集体经济组织收益分配的顺序

本条规定,当年收益应当按照农村集体经济组织章程规定提取公积公益金,剩余的可分配收益按照量化给农村集体经济组织成员的集体经营性财产收益权份额进行分配。因此,农村集体经济组织收益分配分为两个阶段。

(一)从当年收益中提取公积公益金

公积公益金承载着助推农村集体经济组织发展和实现全部集体经济组织成员共同利益的制度价值,不仅应当成为农村集体经济组织收益分配的必设项目,还应在农村集体经济组织的收益分配顺序中处于第一顺位。在农村集体经济组织的收益中应当提取公积公益金,这是由农村集体经济组织承担的特别职能所决定的,通过在分配前预先提取公积公益金的形式来保证村委会或社区的公共管理职能。《中共中央 国务院关于稳步推进农村集体产权制度改革的意见》对公积公益金的提取进行了规定,地方立法中也多对公积公益金的用途进行了规定。公积公益金的主要用途一般包括:第一,弥补亏损。农村集体经济组织在运营过程中,会参与市场竞争活动,面临不确定的经营风险。为防范农村集体经济组织遭受风险所带来的意外亏损,应当按期提取一定比例的公积公益金。第二,扩大生产经营。为发展壮大集体经济,农村集体经济组织需要扩大生产经营规模。为满足其扩大再生产的资金需要,农村集体经济组织应当提取一定比例的公积公益金。至于公积公益金的提取比例,因应全国各地的实际情况千差万别,不同农村的现实发展需要各有差异。故此,允许各地区结合自身的经济发展状况,授权章程规定本农村集体经济组织提取公积公益金的具体比例。

(二)从剩余可分配收益中分配给成员

本条规定,提取公积公益金后的剩余可分配收益按照量化给农村集体经济组织成员的集体经营性财产收益权份额进行分配。对于"可分配收益",可作广义和狭义两种理解。广义的"可分配收益",是指所有可在成员集体和集体成员之间进行分配的收益;狭义的"可分配收益",是指仅可在农村集体经济组织成员之间进行分配的收益。本条中的可分配收益指的是狭义的"可分配收益"。根据本法第四十条规定,农村集体经济组织可以将集体所有的经营性财产的收益权以份额形式量化到本农村集体经济组织成员,作为其参与集体收益分配的基本依据。农村集体经济组织从可分配收益中提取公积公益金后,应当将剩余收益按照量化给本农村集体经济组织成员的集体经营性财产收益权份额进行分配。农村集体经济组织应

当将集体收益分配到人，确保收益落实到每位农村集体经济组织成员身上，真正实现广大农村集体经济组织成员的集体收益分配权。另外，从原则上讲，农村集体经济组织的收益分配应当每年进行一次。将可分配收益分配给成员是农村集体产权制度改革的目的之一，从而增加农民的财产性收入。

【适用指南】

本条在实务工作中的适用要点在于公积公益金的提取，主要包括以下四个方面：第一，公积公益金是农村集体经济组织收益分配的必设项目；第二，提取公积公益金处于农村集体经济组织收益分配的第一顺位；第三，公积公益金的用途特定，仅可用于弥补亏损、扩大生产经营等；第四，公积公益金的提取比例由农村集体经济组织的章程规定。

【关联规范】

《农村集体经济组织示范章程（试行）》；《农村集体经济组织财务制度》第二十六条、第二十七条、第二十八条；《农村集体经济组织会计制度》第六十三条。

案例评析

农村集体经济组织的公积公益金应当做到专款专用，只能用于弥补亏损、扩大生产经营等特定用途，不得挪作他用[①]

[案情简介]

马庆某与甲村村民委员会因建设工程合同纠纷诉至法院，法院判决甲村村民委员会向马庆某支付445690元，并于2020年7月30日作出（2020）晋0802执2424号执行裁定书，裁定冻结、划拨、扣留、提取被执行人甲村村民委员会银行账户存款445690元。2020年12月18日，法院

---

① 山西省运城市中级人民法院（2021）晋08执复56号执行裁定书，载中国裁判文书网，https://wenshu.court.gov.cn/website/wenshu/181107ANFZ0BXSK4/index.html?docId=cZgj5z4bDZMuY+6izk2ZmuoxSEYoYB2irki+ZGwKfT70ZeYY5nrPpZ/dgBYosE2gbOVdQM7C47uLkxqR+/E3gBPQaF79zGNgccRiNy4sAp9vLxKMYguf91p3jbOSC21w，最后访问时间：2024年7月12日。

通过执行网络平台扣划被执行人甲村村民委员会账户存款445690元。2021年2月5日,执行异议人甲村村民委员会向法院出具该村资金情况说明,内容为甲村委会被扣划445690元中属该村村委会可支配的款项有:1. 2019年3月23日机场征地前,村委会账户余额4355.53元;2. 2020年收入砖厂集体承包款7800元;3. 2020年收入铁塔公司建塔土地使用款4000元。4. 财政转移支付用于村干部的工资30160元(村委会表示同意村干部先暂不领取工资);上述四项共计46315.53元,用于偿还马庆某的欠款。至于剩余法院所扣款项属三百多户1300多人暂未领取的机场征地专用款和中央抗旱资金下拨专用款60000元,无法用于清偿债务。经审查,法院认可被执行人将可支配款46315.5元用于偿还债务的行为,并基于保护被征用土地农民切身利益的现实目标,支持执行异议人甲村村民委员会所提的异议,裁定撤销法院(2020)晋0802执2424号执行裁定书划拨异议人甲村村民委员会账户存款445690元的执行行为。而后,复议申请人马庆某向法院申请复议,主张依据《山西省征收征用农民集体所有土地征地补偿费分配使用办法》第十三条之规定,土地征用补偿款部分属于集体经济组织所有,可对该部分存款予以划拨执行,故请求法院根据从登记在被执行人甲村村民委员会名下的银行账户中划拨款项445690元。

[核心问题]

农村集体经济组织的土地征用补偿费应当列入哪项科目进行管理,其主要用途具体包括哪些,可否用以清偿集体经济组织的债务。

[裁判要旨]

本案的争议焦点在于,农村集体经济组织的土地征用补偿费能否用于清偿集体经济组织的债务。《山西省征收征用农民集体所有土地征地补偿费分配使用办法》第十七条第一款规定:"留给农村集体经济组织使用的土地补偿费属于集体资产,应纳入公积公益金管理,用于发展生产、增加积累,集体福利、公益事业等方面,不得用于发放干部报酬,不得用于支付招待费用等非生产性开支,不得用于清偿债务。"因此,农村集体经济组织的土地征用补偿费应当纳入公积公益金进行管理,不得用于清偿集体经济组织的债务。

[专家评析]

本案发生在《中华人民共和国农村集体经济组织法》实施之前,当时针对农村集体经济组织公积公益金的具体用途,尚缺少直接的法律规定。因而,本案依据当地的地方政府规章作出裁判,认定公积公益金不得用于清偿集体经济组织的债务。《中华人民共和国农村集体经济组织法》颁行后，明确规定了农村集体经济组织提取公积公益金的特定用途，强调其主要用于弥补亏损、扩大生产经营等。需要注意的是，弥补亏损并不等同于清偿债务，弥补亏损是弥补农村集体经济组织日常运营所带来的意外损失，旨在维系农村集体经济组织正常的经营管理活动；而清偿债务是偿还农村集体经济组织对外所欠的债务，其大多属于历史性债务。若将提取的公积公益金用于偿还债务，农村集体经济组织会难以正常运营，故不能用公积公益金清偿农村集体经济组织的债务。本案充分贯彻公积公益金专款专用的基本原则，为农村集体经济组织收益分配起到了指引作用。

> **第四十三条　【农村集体经济组织集体财产管理制度】**
> 农村集体经济组织应当加强集体财产管理，建立集体财产清查、保管、使用、处置、公开等制度，促进集体财产保值增值。
> 　　省、自治区、直辖市可以根据实际情况，制定本行政区域农村集体财产管理具体办法，实现集体财产管理制度化、规范化和信息化。

【条文主旨】

本条是关于农村集体经济组织集体财产管理制度和授权省、自治区、直辖市制定农村集体财产管理具体办法的规定。

【条文解读】

加强农村集体财产管理既是农村集体经济组织的法定职责，亦是落实农村集体所有制的必然要求。由此，农村集体经济组织应当建立完善的农村集体财产管理制度，实现集体财产管理制度化、规范化和信息化。在本法颁布之前，相关部门制定了相关政策性文件，对构建农村集体财产管理制度进行了政策表达，为各地开展地方实践探索形成了有益指导。本条从以下两个方面规定了农村集体财产管理制度。

一、农村集体财产管理制度的内容及目标

（一）农村集体财产管理制度的主要内容

本条第一款规定，农村集体经济组织应当加强集体财产管理，建立集体财产清查、保管、使用、处置、公开等制度，促进集体财产保值增值。由此，农村集体财产管理制度主要包括五项具体制度，分别为农村集体财产清查制度、农村集体财产保管制度、农村集体财产使用制度、农村集体财产处置制度和农村集体财产公开制度。

1. 农村集体财产清查制度。全面清查农村集体财产，是有效管理农村集体财产的前提。农村集体经济组织应当对各类集体财产进行全面的清产核资，防止集体财产发生流失。在清产核资中，应当重点清查核实未承包到户的资源性财产和集体统一经营的经营性财产以及现金、债权债务等，查实存量、价值和使用情况，做到账证相符和账实相符。

2. 农村集体财产保管制度。农村集体经济组织应当根据集体财产的三种分类，结合各类集体财产的自身特点，确定集体财产的具体管理和维护方式，明晰相应的集体财产管护责任。针对资源性财产，重点落实农村土地"三权分置"的改革要求；针对经营性财产，着力推进经营性财产确权到户和股份合作制改革；针对非经营性财产，根据其不同的投资来源和有关规定统一运行管护。

3. 农村集体财产使用制度。农村集体经济组织应当明确集体财产发包、出租、入股等经营行为必须履行决定程序，实行公开协商或招标投标等方式，强化经济合同管理，清理纠正不合法、不合理的合同。

4. 农村集体财产处置制度。农村集体经济组织应当明确农村集体经济组织成员的主体地位，由广大成员决议集体财产的处置流程，规范集体财产承包、租赁、出售、拍卖等处置行为。

5. 农村集体财产公开制度。农村集体经济组织应当明确农村集体财产公开的内容、时间、方式和程序，确保全体集体经济组织成员充分知悉本集体的财产情况，实现对农村集体经济组织集体财产经营活动的监督。

（二）农村集体财产管理制度的价值目标

根据本条第一款的规定，构建农村集体财产管理制度的主要目标在于促进集体财产保值增值。通过建立农村集体财产清查、保管、使用、处置、公开等制度，能够准确把握农村集体财产的客观情况，分类施策地合理管理农村集体财产，实现农村集体财产的高效运营，从而促进集体财产保值增值，不断提高农村集体经济收益，切实增加农民的财产性收入。

二、允许省、自治区、直辖市特别规定的授权规定

本条第二款规定，省、自治区、直辖市可以根据实际情况，制定本行政区域农村集体财产管理具体办法，实现集体财产管理制度化、规范化和信息化。立法授权省、自治区、直辖市作出具体规定的主要原因在于，各地区农村集体财产的现实情况有所不同，无法采用完全统一的方法进行管理。为此，立法特别允许各地结合自身的实际情况，制定本地区的农村集体财产管理办法。但是，省、自治区、直辖市作出的具体规定，必须严格依照本法确定的原则和规则进行。

【关联规范】

《农村集体经济组织示范章程（试行）》；《农村集体经济组织财务制度》第三十条。

> **第四十四条 【农村集体经济组织财务会计制度】** 农村集体经济组织应当按照国务院有关部门制定的农村集体经济组织财务会计制度进行财务管理和会计核算。
>
> 农村集体经济组织应当根据会计业务的需要，设置会计机构，或者设置会计人员并指定会计主管人员，也可以按照规定委托代理记账。
>
> 集体所有的资金不得存入以个人名义开立的账户。

【条文主旨】

本条是关于农村集体经济组织适用财务会计制度的援引性规范、农村集体经济组织会计管理制度和农村集体经济组织资金管理的规定。

【条文解读】

农村集体经济组织财务会计制度包括财务制度和会计制度两项内容，不仅关涉农村集体经济组织的健康发展，还关系到农村集体经济组织成员的合法权益。由此，一方面，为加强农村集体经济组织财务管理，规范农村集体经济组织财务行为，应当建立完善的农村集体经济组织财务制度；另一方面，为规范农村集体经济组织会计工作，加强农村集体经济组织会计核算，应当建立完善的农村集体经济组织会计制度。在本法颁布之前，出台了《农村集体经济组织财务制度》和《农村集体经济组织会计制度》，为农村集体经济组织进行财务管理和会计核算提供了明确指引。同时，各地区亦对农村集体经济组织的财务会计工作予以高度重视，在制定本行政区域的农村集体财产管理条例时,从基本原则、价值理念、具体规则及职责权限等方面,构建了农村集体经济组织财务会计制度。本条从以下三个方面规定了农村集体经济组织财务会计制度。

一、农村集体经济组织适用财务会计制度的援引性规范

本条第一款规定,农村集体经济组织应当按照国务院有关部门制定的农村集体经济组织财务会计制度进行财务管理和会计核算。本款中的"国务院有关部门制定的农村集体经济组织财务会计制度",具体指向的是财政部、农业农村部联合发布的《农村集体经济组织财务制度》和财政部出台的《农村集体经济组织会计制度》。因而,本款规定意指,农村集体经济组织应当按照《农村集体经济组织财务制度》和《农村集体经济组织会计制度》的规定进行财务管理和会计核算。《农村集体经济组织财务制度》共八章四十条,第一章规定了农村集体经济组织财务制度的制定目的及依据、适用范围、主要任务、遵循原则和监督指导;第二章至第七章规定了农村集体经济组织的财务管理架构、资金筹集、资产运营、收支管理及收益分配、产权管理和财务信息管理;第八章规定了该部门规章的地方执行措施和具体生效时间。《农村集体经济组织会计制度》共八章七十条,第一章规定了农村集体经济组织会计制度的制定目的及依据、适用范围、基本规则;第二章至第七章规定了农村集体经济组织的资产、负债、所有者权益、成本、收入和费用、收益及收益分配、财务会计报告;第八章规定了相关引致性条款和该部门规章的具体生效时间。

二、农村集体经济组织的会计管理制度

本条第二款规定,农村集体经济组织应当根据会计业务的需要,设置会计机构,或者设置会计人员并指定会计主管人员,也可以按照规定委托代理记账。根据本款规定可知,农村集体经济组织管理会计事务时,可以结合自身会计业务的需要,在以下三种方式中择一:第一,设置专门的会计机构,即农村集体经济组织设置独立的会计机构进行会计核算。第二,设置会计人员并指定会计主管人员,即农村集体经济组织在其他机构中设置会计人员进行会计核算,并指定相关负责人。其中,农村集体经济组织的理事会、监事会成员及其近亲属不得担任本农村集体经济组织的财务会计人员。[①] 第三,按照规定委托代理记账,即农村集体经济组织指定一名

[①] 《农村集体经济组织示范章程(试行)》第三十五条规定:"本社应配备具有专业能力的财务会计人员。本社会计和出纳互不兼任。理事会、监事会成员及其近亲属不得担任本社的财务会计人员。如无违反财经法纪行为,财务会计人员应当保持稳定,不随本社换届选举而变动。"

会计人员负责会计事项，委托经批准设立从事会计代理记账业务的中介机构代理记账。据此，本法充分考虑到各地区农村集体经济组织所存在的现实差异，避免出现会计管理制度"一刀切"的情况，允许各地结合自身会计业务的实际需要，因地制宜地采用适合的会计事务管理方式。

三、农村集体经济组织的资金管理规定

本条第三款规定，集体所有的资金不得存入以个人名义开立的账户。本款强调，农村集体经济组织的账户应当与任何个人的账户完全分离，二者的资金不得混为一谈，要谨防二者发生混淆的情形出现。结合地方实践情况来看，在绝大多数情况下，有能力接触到集体所有的资金，并将其存储于个人账户之中的人往往是农村集体经济组织的理事、监事及经营管理人员。由此，本款的主要规制对象是农村集体经济组织的理事、监事及经营管理人员，应当重点关注上述三类人员是否存在以个人名义开立账户存储集体所有的资金的行为。

【适用指南】

本条第一款是农村集体经济组织适用财务会计制度的援引性规范，该款具体指向的是《农村集体经济组织财务制度》和《农村集体经济组织会计制度》。因而，在具体适用的过程中，应当做好《中华人民共和国农村集体经济组织法》《农村集体经济组织财务制度》和《农村集体经济组织会计制度》之间的协调衔接。

【关联规范】

《农村集体经济组织示范章程（试行）》；《农村集体经济组织财务制度》第七条、第十一条；《农村集体经济组织会计制度》第三条；《农业部关于进一步规范和完善村集体经济组织会计委托代理的意见》。[1]

---

[1] 《农业部关于进一步规范和完善村集体经济组织会计委托代理的意见》，载农业农村部网站，http://www.moa.gov.cn/nybgb/2008/dliuq/201806/t20180610_6151588.htm，最后访问时间：2024年7月10日。

> **第四十五条** 【农村集体经济组织财务公开制度】农村集体经济组织应当定期将财务情况向农村集体经济组织成员公布。集体财产使用管理情况、涉及农村集体经济组织及其成员利益的重大事项应当及时公布。农村集体经济组织理事会应当保证所公布事项的真实性。

【条文主旨】

本条是关于农村集体经济组织财务公开制度的规定。

【条文解读】

为加强对农村集体经济组织财务活动的管理和监督，促进农村经济发展和农村社会稳定，农村集体经济组织应当建立财务公开制度。在本法颁布之前，有关部门已对此作出了明确规定，为构建农村集体经济组织财务公开制度形成了有益指导。其中，《农村集体经济组织财务公开规定》①详细规定了农村集体经济组织财务公开的目标、内容、形式及时间；《农村集体经济组织财务制度》明确规定了农村集体经济组织财务公开的具体要求。此外，农业农村部还颁布了一些有关财务公开的政策文件。本条从农村集体经济组织财务情况的定期公布、重大事项及时公布以及公布事项真实性三个方面规定了农村集体经济组织财务公开制度。

一、农村集体经济组织应当定期向成员公布财务情况

本条第一句规定，农村集体经济组织应当定期将财务情况向农村集体经济组织成员公布。这就是定期公开制度，即农村集体经济组织应当定期向成员公布财务情况，实现财务公开和有效监督。为此，需要明晰农村集体经济组织财务公开的内容、形式和时间。

（一）农村集体经济组织财务公开的内容

根据《农村集体经济组织财务公开规定》第五条的规定，农村集体经济组织财务公开的内容包括财务计划、各项收入、各项支出、各项资产、各类资源、债权债务、收益分配以及其他需要公开的事项等。农村集体经

---

① 《农业部 监察部关于印发〈农村集体经济组织财务公开规定〉的通知》，载农业农村部网站，http://www.moa.gov.cn/gk/tzgg_1/tz/201111/t20111130_2419732.htm，最后访问时间：2024年6月30日。

济组织各项财务公开事项的具体内容如下:

第一,财务计划。包括财务收支计划,固定资产购建计划,农业基本建设计划,公益事业建设及"一事一议"筹资筹劳计划,集体资产经营与处置、资源开发利用、对外投资等计划,收益分配计划,经村集体经济组织成员会议或成员代表会议讨论确定的其他财务计划。

第二,各项收入。包括产品销售收入、租赁收入、服务收入等集体经营收入,发包及上交收入,投资收入,"一事一议"筹资及以资代劳款项,村级组织运转经费财政补助款项,上级专项补助款项,征占土地补偿款项,救济扶贫款项,社会捐赠款项,资产处置收入,其他收入。

第三,各项支出。包括集体经营支出,村组(社)干部报酬,报刊费支出,办公费、差旅费、会议费、卫生费、治安费等管理费支出,集体公益福利支出,固定资产购建支出,征占土地补偿支出,救济扶贫专项支出,社会捐赠支出,其他支出。

第四,各项资产。包括现金及银行存款、产品物资、固定资产、农业资产、对外投资、其他资产。

第五,各类资源。包括集体所有的耕地、林地、草地、园地、滩涂、水面、"四荒地"、集体建设用地等。

第六,债权债务。包括应收单位和个人欠款、银行(信用社)贷款、欠单位和个人款、其他债权债务。

第七,收益分配。包括收益总额、提取公积公益金数额、提取福利费数额、外来投资分配数额、成员分配数额、其他分配数额。

(二)农村集体经济组织财务公开的形式

《农村集体经济组织财务制度》第三十六条规定,农村集体经济组织应当建立财务公开制度,以易于理解和接受的形式公开财务信息,接受成员监督。由此,对于农村集体经济组织财务公开的具体形式,法律上并不存在强制性的要求。只要是易于农村集体经济组织成员理解和接受的形式,农村集体经济组织都可以采用。因而,在具体的公开形式上,农村集体经济组织可以采取设置固定的公开栏、广播、网络、"明白纸"、会议、电子触摸屏等多样化形式。

(三)农村集体经济组织财务公开的时间

本条中的"定期",强调农村集体经济组织应当按照固定的时间频率进行财务公开。至于具体的公开时间,《农村集体经济组织财务公开规定》第七条规定,村集体经济组织财务至少每季度公开一次;财务往来较多的,收支情况应当每月公开一次。《农村集体经济组织示范章程(试行)》

第三十七条表述，农村集体经济组织"在固定的公开栏每季度〔月〕公开一次财务收支情况……"据此，现行规定普遍以"季度"和"月"为单位确定财务公开的时间，要求农村集体经济组织每季度或者每月公开一次财务情况。

二、农村集体经济组织的重大财务事项应当及时公布

本条第二句规定，集体财产使用管理情况、涉及农村集体经济组织及其成员利益的重大事项应当及时公布。重大事项及时公布，是指对于集体财产的使用管理情况、涉及农村集体经济组织及其成员利益的重大事项，农村集体经济组织应当随时进行公开，并按照一般性规定的要求实行定期公开。此项规定在相关法律法规中亦有提及，例如，《农村集体经济组织财务公开规定》第七条规定，涉及集体经济组织及其成员利益的重大事项应当随时公开。又如，《农村集体经济组织示范章程（试行）》第三十七条指出，农村集体经济组织应当随时公开集体重大经济事项。①

三、农村集体经济组织理事会保证公布事项的真实性

本条第三句明确规定，农村集体经济组织理事会应当保证所公布事项的真实性。其具体包含以下两方面要求：一方面，根据《农村集体经济组织财务公开规定》，农村集体经济组织财务公开的内容主要包括财务计划、各项收入、各项支出、各项资产、各类资源、债权债务、收益分配以及其他需要公开的事项等。农村集体经济组织理事会应当充分审查上述各项内容的真实性和完整性，并保证全部财务公开内容均真实可靠。另一方面，确保公布事项的真实性的职责主体是农村集体经济组织的理事会。理事会是农村集体经济组织的执行机构，具体负责事务的执行，由其保证公布事项的真实性，符合其性质和职能定位。

【关联规范】

《农村集体经济组织示范章程（试行）》；《农村集体经济组织财务制度》第三十四条、第三十六条；《农村集体经济组织财务公开规定》第一条、第三条、第五条、第七条至第九条。

---

① 《农村集体经济组织示范章程（试行）》第三十七条表述为："本社在固定的公开栏每季度〔月〕公开一次财务收支情况；随时公开集体重大经济事项。会计年度终了后应及时公开上年度资产状况、财务收支、债权债务、收益分配、预决算执行等情况。财务公开资料须报乡镇人民政府（街道办事处）备案。"

> **第四十六条 【农村集体经济组织财务报告制度】** 农村集体经济组织应当编制年度经营报告、年度财务会计报告和收益分配方案,并于成员大会、成员代表大会召开十日前,提供给农村集体经济组织成员查阅。

【条文主旨】

本条是关于农村集体经济组织财务报告制度的规定。

【条文解读】

为有效规范农村集体经济组织的财务管理,保障广大农村集体经济组织成员的知情权,农村集体经济组织应当建立财务报告制度。构建农村集体经济组织财务报告制度,不宜仅将范围限定于编制年度财务会计报告,而应采用广义层面上的概念注解。由此,建立农村集体经济组织财务报告制度,应当编制年度经营报告、年度财务会计报告和年度收益分配方案。在本法颁布之前,财政部、农业农村部已经对此作出了相关规定,为构建农村集体经济组织财务报告制度提供了具体的操作指引。其中,《农村集体经济组织财务制度》第三十五条规定,农村集体经济组织应当按照国家统一的会计制度有关规定编制年度财务会计报告,按要求报送乡镇人民政府和农业农村部门、财政部门。《农村集体经济组织会计制度》专门设置一章内容,对农村集体经济组织财务会计报告的基本内涵、主要内容等作出了详细规定。本条从财务报告的主要内容和提供查阅两个方面规定了农村集体经济组织财务报告制度。

一、农村集体经济组织财务报告制度的主要内容

本条规定,农村集体经济组织应当编制年度经营报告、年度财务会计报告和收益分配方案。据此可知,农村集体经济组织财务报告制度的主要内容包括年度经营报告、年度财务会计报告、年度收益分配方案。

(一)农村集体经济组织年度经营报告

农村集体经济组织年度经营报告是对农村集体经济组织年度经营状况的全面表述,其中详细载明了农村集体经济组织的年度收入、年度支出等情况。根据《农村集体经济组织会计制度》第五十条规定,农村集体经济组织的收入,是指农村集体经济组织在日常活动中形成的、会导致所有者

权益增加的、与成员投入资本无关的经济利益总流入，包括经营收入、投资收益、补助收入、其他收入等。根据《农村集体经济组织会计制度》第五十五条规定，农村集体经济组织的支出，是指农村集体经济组织在日常活动中发生的、会导致所有者权益减少的、与向成员分配无关的经济利益的总流出，包括经营支出、税金及附加、管理费用（含运转支出）、公益支出、其他支出等。

（二）农村集体经济组织年度财务会计报告

农村集体经济组织年度财务会计报告是对农村集体经济组织年度财务状况、经营成果等的结构性表述，具体包括会计报表和会计报表附注。

根据《农村集体经济组织会计制度》第六十五条的规定，农村集体经济组织的会计报表包括资产负债表、收益及收益分配表。资产负债表，是指反映农村集体经济组织在某一特定日期财务状况的报表；收益及收益分配表，是指反映农村集体经济组织在一定会计期间内收益实现及其分配情况的报表。

根据《农村集体经济组织会计制度》规定，农村集体经济组织的会计报表附注，是指对在资产负债表、收益及收益分配表等会计报表中列示项目的文字表述或明细资料，以及对未能在这些会计报表中列示项目的说明等。会计报表附注应当按照下列顺序进行披露：（1）遵循农村集体经济组织会计制度的声明；（2）农村集体经济组织的基本情况；（3）农村集体经济组织的资本形成情况、成员享有的经营性财产收益权份额结构及成员权益变动情况；（4）会计报表重要项目的进一步说明；（5）已发生损失但尚未批准核销的相关资产名称、金额等情况及说明；（6）以名义金额计量的资产名称、数量等情况，以及以名义金额计量理由的说明；若涉及处置的，还应披露以名义金额计量的资产的处置价格、处置程序等情况；（7）对已在资产负债表、收益及收益分配表中列示项目与企业所得税法规定存在差异的纳税调整过程；（8）根据国家有关法律法规和集体经济组织章程等规定，需要在会计报表附注中说明的其他重要事项。

（三）农村集体经济组织年度收益分配方案

农村集体经济组织年度收益分配方案是对农村集体经济组织年度收益分配情况的具体表述，其中明确载明了各收益分配项目和收益分配比例，并且清晰阐明了收益分配的具体顺序。

根据《农村集体经济组织财务制度》第二十七条的规定，农村集体经济组织应当按照有关法律、法规、政策规定及组织章程约定的分配原则，按程序确定收益分配方案，明确分配范围、分配比例等重点事项，向全体成员公示。制定农村集体经济组织年度收益分配方案应当严格遵循相关法律、法规及政策规定，并须遵照农村集体经济组织章程约定的收益分配原则。农村集体经济组织年度收益分配方案的重点载明事项为农村集体经济组织收益分配的范围、农村集体经济组织收益分配的比例。

农村集体经济组织应当严格按照程序确定收益分配方案。根据《农村集体经济组织财务制度》第二十九条的规定，年终收益分配前，农村集体经济组织应当清查资产，清理债权、债务，准确核算年度收入、支出、可分配收益。据此，农村集体经济组织在制定年度收益分配方案前，应当先行核算年度收入、支出，确定当年的可分配收益。根据本法第二十六条、第二十八条和第三十条规定，农村集体经济组织年度收益分配方案由农村集体经济组织理事会起草，并由农村集体经济组织成员大会或成员代表大会批准。根据《农村集体经济组织财务制度》第二十七条的规定，农村集体经济组织收益分配方案应当向全体成员公示。由此，农村集体经济组织年度收益分配方案需要遵循起草、批准、公示等一系列程序要求。

二、农村集体经济组织财务报告的提供查阅

本条要求上述报告于成员大会、成员代表大会召开十日前，提供给农村集体经济组织成员查阅。这表明农村集体经济组织财务报告制度应当履行一定的程序要求，尊重农村集体经济组织成员的知情权和监督权，即在农村集体经济组织成员大会、成员代表大会召开十日前，提供给农村集体经济组织成员进行查阅。如此规定的主要原因在于，唯有给予农村集体经济组织成员充分的查阅时间，保障广大农村集体经济组织成员知情权，便于其行使监督权，才能实现农村集体经济组织财务报告制度的设立目标。

【关联规范】

《农村集体经济组织财务制度》第三十五条；《农村集体经济组织会计制度》第六十四条至第六十八条；《农村集体经济组织示范章程（试行）》。

第四十七条　【农村集体经济组织审计监督制度】农村集体经济组织应当依法接受审计监督。

县级以上地方人民政府农业农村主管部门和乡镇人民政府、街道办事处根据情况对农村集体经济组织开展定期审计、专项审计。审计办法由国务院农业农村主管部门制定。

> 审计机关依法对农村集体经济组织接受、运用财政资金的真实、合法和效益情况进行审计监督。

【条文主旨】

本条是关于对农村集体经济组织进行审计监督的规定。

【条文解读】

为保障农村集体财产保值增值，推动集体经济高质量发展，维护农村集体经济组织成员的合法权益，应当加强农村集体经济组织审计监督。在本法颁布之前，中共中央、国务院、农业农村部、财政部制定了相关政策性文件，对农村集体经济组织的审计监督规则进行了政策表达。其中，《中共中央 国务院关于稳步推进农村集体产权制度改革的意见》"（八）强化农村集体资产财务管理"规定，加强农村集体经济组织审计监督，做好日常财务收支等定期审计，开展村干部任期和离任经济责任等专项审计。[1]《农村集体经济组织示范章程（试行）》第三十八条指出，农村集体经济组织接受县级以上有关部门和乡镇人民政府（街道办事处）依法依规进行的财务检查和审计监督。[2]《农村集体经济组织财务制度》第六条要求，建立健全农村集体经济组织负责人任期和离任审计制度。[3]《农村集体经济组织审计规定》[4]详细规定了农村集体经济组织审计机构的审计范围、审计职权以及审计程序等。本条从以下三个方面规定了农村集体经济组织的审计监督。

---

[1] 《中共中央 国务院关于稳步推进农村集体产权制度改革的意见》"（八）强化农村集体资产财务管理"规定："……加强农村集体经济组织审计监督，做好日常财务收支等定期审计，继续开展村干部任期和离任经济责任等专项审计，建立问题移交、定期通报和责任追究查处制度，防止侵占集体资产……防止和纠正发生在群众身边的腐败行为。"

[2] 《农村集体经济组织示范章程（试行）》第三十八条表述为："本社接受县级以上有关部门和乡镇人民政府（街道办事处）依法依规进行的财务检查和审计监督，发现违规问题及时整改。"

[3] 《农村集体经济组织财务制度》第六条规定："建立健全农村集体经济组织负责人任期和离任审计制度，将新增债务作为重点审计内容。"

[4] 《农村集体经济组织审计规定》，载农业农村部网站，http://www.moa.gov.cn/gk/nyncbgzk/gzk/202210/P020221009500193460985.pdf，最后访问时间：2024年7月9日。

一、农村集体经济组织审计监督的宣示性规定

本条第一款规定,农村集体经济组织应当依法接受审计监督。该款是关于农村集体经济组织审计监督的宣示性规定,旨在强调对农村集体经济组织开展审计监督。从广义上讲,农村集体经济组织审计监督包括政府审计、内部审计及社会审计三种形态。具体来讲,政府审计是农业农村主管部门对农村集体经济组织进行审计,监督农村集体经济组织的经营管理活动,从而遏制农村集体经济组织中的腐败行为;内部审计是在农村集体经济组织内部设置独立的审计机构,进行专门的财务绩效审计和经营管理审计,以管控农村集体经济组织的日常运营风险;社会审计是第三方审计机构对农村集体经济组织开展专业化的审计监督活动,促进农村集体经济组织健康发展。据此,应当以政府审计为主导,不断强化内部审计,推动发展社会审计,增强审计监督合力,以此构建农村集体经济组织的审计监督体系。

二、农村集体经济组织审计监督的主体、类型和审计办法的制定

本条第二款第一句规定,县级以上地方人民政府农业农村主管部门和乡镇人民政府、街道办事处根据情况对农村集体经济组织开展定期审计、专项审计。一方面,明确规定了在政府审计的形态下,对农村集体经济组织进行审计监督的具体主体,分别为县级以上地方人民政府农业农村主管部门和乡镇人民政府、街道办事处。另一方面,明确规定了在政府审计的形态下,对农村集体经济组织进行审计监督的具体类型,分别为定期审计和专项审计。其中,定期审计的对象是农村集体经济组织的日常财务收支;专项审计的对象是农村集体经济组织负责人的任期和离任审计。据此可见,对于农村集体经济组织的日常财务收支款项,农村集体经济组织应当进行定期的审计监督,以确保农村集体经济组织的正常运营;对于农村集体经济组织负责人的任期和离任经济责任,农村集体经济组织应当开展专项的审计监督,以保证农村集体经济组织的负责人廉洁履职。

本条第二款第二句规定,审计办法由国务院农业农村主管部门制定。该规定明确指出农村集体经济组织审计办法由国务院农业农村主管部门制定,赋予农业农村部制定农村集体经济组织具体审计办法的权力。这意味着将农村集体经济组织审计监督的法律适用,具体指向了《农村集体经济组织审计规定》等已经出台以及未来农业农村部制定的有关农村集体经济组织审计的相关办法。

三、农村集体经济组织审计监督的内容

本条第三款规定,审计机关依法对农村集体经济组织接受、运用财政

资金的真实、合法和效益情况进行审计监督。本款明确规定了审计机关对农村集体经济组织进行审计监督的主要内容，具体包括以下三种情形：其一，农村集体经济组织接受、运用财政资金的真实情况；其二，农村集体经济组织接受、运用财政资金的合法情况；其三，农村集体经济组织接受、运用财政资金的效益情况。

【适用指南】

《农村集体经济组织审计规定》共六章，对农村集体经济组织开展审计监督作出了细化规定。本条第二款规定，审计办法由国务院农业农村主管部门制定。这表明，本法颁布施行后，农业农村部可能将结合农村集体经济组织的现实发展情况，制定新的农村集体经济组织审计规定，以更好地适应集体经济组织的实际需要。

【关联规范】

《农村集体经济组织示范章程（试行）》；《农村集体经济组织财务制度》第五条、第六条；《农村集体经济组织审计规定》。

> **第四十八条　【农村集体经济组织外部监督制度】** 农村集体经济组织应当自觉接受有关机关和组织对集体财产使用管理情况的监督。

【条文主旨】

本条是关于农村集体经济组织应当接受其他有关机关和组织对集体财产使用管理情况监督的规定。

【条文解读】

为保障农村集体经济组织正常运转，实现农村集体财产的保值增值，应当构建完善的农村集体经济组织监督机制。具言之，农村集体经济组织的监督机制包括内部监督机制和外部监督机制两个方面。其中，农村集体经济组织内部监督机制是在农村集体经济组织内部设置监事会等监督机构，实现对农村集体经济组织的监督管理；农村集体经济组织外部监督机制是指农村集体经济组织受到其他外部管理机构的监督。① 本条要求农村集体经济组织接受有关机关和组织的监督，该条中的"有关机关和组织"并非指农村集体经济组织的内部监督机构，而是指代外部监督管理机构。因而，本条规定指称的是农村集体经济组织外部监督机制。在本法颁布之前，已有相关文件出台，对建立农村集体经济组织外部监督机制进行了表达。例如，《中共中央 国务院关于稳步推进农村集体产权制度改革的意见》"（八）强化农村集体资产财务管理"规定，对集体财务管理混乱的村，县级党委和政府要及时组织力量进行整顿，防止和纠正发生在群众身边的腐败行为。又如，《农村集体经济组织财务制度》第五条指出，农村集体经济组织的财务活动应当依法依规接受乡镇人民政府（街道办事处）和农业农村部门、财政部门的监督指导，接受审计等相关部门的监督。本条从以下两个方面规定了农村集体经济组织外部监督机制。

一、农村集体经济组织外部监督的主体

本条规定农村集体经济组织应当自觉接受有关机关和组织的监督，条文中的"有关机关和组织"，主要包含县级农业农村主管部门、乡镇人民政府（街道办事处）、财政部门、民政部门、市场监管部门、税务部门、审计部门、规划部门、自然资源部门、水利部门、林业部门、文化旅游部门、村民委员会、村务监督委员会等。其中，结合地方规范性文件来看，县级农业农村主管部门和乡镇人民政府（街道办事处）是主要的外部监督主体。

二、农村集体经济组织外部监督的对象

本条规定农村集体经济组织应当自觉接受有关机关和组织对集体财产使用管理情况的监督，条文中重点强调"对集体财产使用管理情况"进行监督。其主要缘由在于，农村集体经济组织是经营管理农村集体财产的法定主体，承担着高效运营农村集体财产的职责，而农村集体财产的管理亦是农村经济建设的工作重心，故对农村集体经济组织进行监督的重点应当放在集体财产的使用管理情况上。应当加强农村集体财产管理，建立完善的外部监督机制，激发农村经济的整体活力，提高集体财产的利用价值。为此，本条规定农村集体经济组织外部监督的对象是农村集体财产的使用管理情况。

---

① 宋天骐：《论农村集体经济组织法人治理机构的特别性》，载刘云生主编：《中国不动产法研究》（2021年第1辑），社会科学文献出版社2021年版。

【适用指南】

本条是关于农村集体经济组织接受外部监督的兜底性条款,旨在将其他有关机关和组织的监督均囊括于农村集体经济组织外部监督体系之内,实现对农村集体经济组织的全面监督管理,从而推动农村集体经济组织发展壮大,促进农村集体财产保值增值。为此,对于有关机关和组织对集体财产使用管理情况依法进行的合理监督,农村集体经济组织应当自觉接受,并予以高度配合。

【关联规范】

《农村集体经济组织财务制度》第五条、第七条、第十五条、第三十五条。

第六章　扶持措施

> **第四十九条　【农村集体经济组织财政支持措施】**县级以上人民政府应当合理安排资金，支持农村集体经济组织发展新型农村集体经济、服务集体成员。
>
> 各级财政支持的农业发展和农村建设项目，依法将适宜的项目优先交由符合条件的农村集体经济组织承担。国家对欠发达地区和革命老区、民族地区、边疆地区的农村集体经济组织给予优先扶助。
>
> 县级以上人民政府有关部门应当依法加强对财政补助资金使用情况的监督。

【条文主旨】

本条是关于农村集体经济组织财政支持政策实施主体、支持目标、支持条件、财政支持重点地区以及对财政补助资金使用情况进行监督的规定。

【条文解读】

农村集体经济组织的设立与发展均离不开资金支持。基于农村集体经济组织自身的特殊性与服务乡村振兴的最终目标，财政支持不可或缺，发展新型农村集体经济也需要形成以财政支持为引导、多元投入为发展的共同扶持机制。因此，本条意图在于通过总括性规定，明确落实财政支持主体、统筹安排财政资金使用、提高财政支持效益、加强财政资金管理等。本条分三款对农村集体经济组织财政支持政策实施主体、支持目标、支持条件、财政支持重点地区以及对财政补助资金使用情况进行监督作出了规定。

一、财政支持主体及支持目标

本条第一款规定，县级以上人民政府应当合理安排资金，支持农村集体经济组织发展新型农村集体经济、服务集体成员。明确了财政支持主体的义务与财政支持的目标。

（一）支持主体

财政支持主体明确规定为"县级以上人民政府"，是从横纵两个维度进行的阐释。第一，从纵向层级关系看，县级以上人民政府包含从中央到地方市县的各级政府，要求农村集体经济组织的支持责任层层落实，同心协力。同时，也符合当前各级政府间的财政关系，有利于兼顾财政资金统筹协调与灵活自主的促进作用。第二，从政府部门间的内部关系看，农村集体经济组织的发展很难通过单一政府部门的力量完成，在资金使用方向的把握、具体工作的落实等诸多环节，要求着政府各部门的合理分工与统筹协作。此外，本款通过"应当"一词，将财政资金支持明确为义务性规定，强调了政府对农村集体经济组织的财政支持责任。

（二）支持目标

财政资金支持目标为"支持农村集体经济组织发展新型农村集体经济、服务集体成员"，显示出农村集体经济组织是关系着农村发展与治理的重要经济组织，财政资金应支撑农村集体经济组织发展。在本法出台前，《中华人民共和国乡村振兴促进法》第五十八条规定，国家建立健全农业支持保护体系和实施乡村振兴战略财政投入保障制度。县级以上人民政府应当优先保障用于乡村振兴的财政投入，确保投入力度不断增强、总量持续增加、与乡村振兴目标任务相适应。省、自治区、直辖市人民政府可以依法发行政府债券，用于现代农业设施建设和乡村建设。各级人民政府应当完善涉农资金统筹整合长效机制，强化财政资金监督管理，全面实施预算绩效管理，提高财政资金使用效益。在已有规定与相关实践的基础上，本款规定了财政资金对农村集体经济组织的支持目的，也回应了本法的立法目的及宗旨。当然，以目标为导向，本款也包含了财政资金使用的条件，重点应置于发展新型农村集体经济与服务集体成员。

二、财政支持条件、财政支持重点地区

本条第二款规定，各级财政支持的农业发展和农村建设项目，依法将适宜的项目优先交由符合条件的农村集体经济组织承担。国家对欠发达地区和革命老区、民族地区、边疆地区的农村集体经济组织给予优先扶助。本款规定包含了财政支持的要求与支持侧重，内含着财政资金使用与财政支持效益的要求。

第一，要求"符合条件"的农村集体经济组织优先承担财政支持项目是财政支持科学与效益的体现。具体而言，不同的农村集体经济组织有不同的发展路径，根据自身资产资源和区位条件，农村集体经济组织适宜开展资源有效利用、资产物业租赁、设施统一服务等诸多内容不同的农村发展和农村建设项目，而在农村集体产权制度改革成效较好的地区，农村集体经济组织也可能采取更有活力的经济发展方式。此外，不同村的经济发展状况也应加以考虑，实现巩固拓展脱贫攻坚成果同乡村振兴有效衔接，培植村级集体经济增长点。因此，农村集体经济组织承担财政支持项目要求综合考虑适宜性、契合度与紧迫性，从实际出发实现农村集体经济的有效增长。

第二，本款明确了对农村集体经济组织的扶助侧重点。《中共中央 国务院关于实现巩固拓展脱贫攻坚成果同乡村振兴有效衔接的意见》[1] 提出了支持革命老区、民族地区、边疆地区巩固脱贫攻坚成果和乡村振兴。通过对欠发达地区和革命地区、民族地区、边疆地区的农村集体经济组织给予优先扶助，可以实现对农村集体经济组织的精准支持。此外，本款具体体现了《中华人民共和国乡村振兴促进法》第五十九条规定的要求，可以进行联动考量。

三、监督保障

本条第三款规定，县级以上人民政府有关部门应当依法加强对财政补助资金使用情况的监督。具体而言，各级财政、农业农村主管部门应加强对财政补助资金的分配、使用、管理情况的监督检查，各级财政部门将改革所需经费纳入本级预算予以安排，严明工作纪律和财政纪律，加强资金监管，提高资金使用效益。同时，依照《中华人民共和国预算法》《中华人民共和国公务员法》《中华人民共和国监察法》和《财政违法行为处罚处分条例》[2]等国家有关规定，规制涉及农村集体经济组织发展的人、事、权。对农村集体经济组织则应强化财政补助资金使用及农村集体资产情况的审计巡查监督，并要求农村集体经济组织根据审计意见进行整改，报告整改情况。

【关联规范】

《中华人民共和国农业法》第三十七条、第三十八条；《中华人民共和国

---

[1] 《中共中央 国务院关于实现巩固拓展脱贫攻坚成果同乡村振兴有效衔接的意见》，载中国政府网，https://www.gov.cn/gongbao/content/2021/content_5598113.htm，最后访问时间：2024年7月12日。

[2] 《财政违法行为处罚处分条例》，载中国政府网，https://www.gov.cn/gongbao/content/2005/content_63294.htm，最后访问时间：2024年7月12日。

乡村振兴促进法》第五十八条、第五十九条；《中华人民共和国农业机械化促进法》第二十六条、第二十七条；《农村集体经济组织示范章程（试行）》。

> **第五十条　【农村集体经济组织税收支持措施】**农村集体经济组织依法履行纳税义务，依法享受税收优惠。
> 　　农村集体经济组织开展生产经营管理活动或者因开展农村集体产权制度改革办理土地、房屋权属变更，按照国家规定享受税收优惠。

【条文主旨】

本条是关于农村集体经济组织履行纳税义务与享有税收优惠的规定。

【条文解读】

一方面，作为独立的市场主体，农村集体经济组织参与市场活动要依法纳税；另一方面，作为特别的市场主体，农村集体经济组织所呈现出的社会功能的特别性，决定了农村集体经济组织应当享有一定的优惠措施。

一、依法纳税的义务

本条第一款明确规定了"农村集体经济组织依法履行纳税义务"。《中华人民共和国民法典》确认了农村集体经济组织特别法人地位，从此，农村集体经济组织获得了独立市场主体地位。本法第六条第一款规定，农村集体经济组织依照本法登记，取得特别法人资格，依法从事与其履行职能相适应的民事活动。《农业农村部 中国人民银行 国家市场监督管理总局关于开展农村集体经济组织登记赋码工作的通知》"（四）建立统一社会信用代码制度""（五）规范农村集体经济组织银行账户开立"规定，农村集体经济组织可以取得登记证与统一社会信用代码，并办理开立账户等手续。随着农村集体经济组织身份的明确与法人地位的确认，农村集体经济组织应当纳入正常的税收管理范围，进行纳税登记，履行缴纳税款的义务。

随着农村集体经济的持续发展，农村集体经济组织参与的市场经营活动更加丰富，不但围绕农业现代化、产业化展开，通过延长产业链，增加流通或者销售、旅游环节等实现增收，也出现了领办创办、参股合作、联合委托公司或其他经济组织等经营模式。由此可知，农村集体经济组织的经济行为将超过原有农业免税领域，需要缴纳相应的税费。从地方规定与实践看，各地发布的农村集体经济组织管理条例或农村集体资产管理条例中涉及税收优惠时，实际也是以需承担纳税义务为前提的。故而，本款从法律层面对农村集体经济组织纳税义务予以明确规定。

二、依法享受税收优惠

本条第一款规定，农村集体经济组织"依法享受税收优惠"；第二款规定，农村集体经济组织开展生产经营管理活动或者因开展农村集体产权制度改革办理土地、房屋权属变更，按照国家规定享受税收优惠。

农村集体经济组织享有税收优惠具有合理性。一是从基本职能看，农村集体经济组织代表农民集体行使所有权，负责经营管理农民集体土地和其他财产，发展集体经济，主要承担经济职能。[①] 农村集体经济组织涉农的发展方向与服务农村的公共性，在新形势下为促进乡村振兴发挥着重要力量，因此，应予以税收支持。二是从改革进程看，《中共中央 国务院关于稳步推进农村集体产权制度改革的意见》明确提出，农村集体经济组织承担大量农村社会公共服务支出，不同于一般经济组织，其成员按资产量化份额从集体获得的收益，也不同于一般投资所得，要研究制定支持农村集体产权制度改革的税收政策。《中共中央 国务院关于深入推进农业供给侧结构性改革 加快培育农业农村发展新动能的若干意见》[②] "30. 深化农村集体产权制度改革"提出，要研究制定支持农村集体产权制度改革的税收政策。2019年，《中共中央 国务院关于坚持农业农村优先发展做好"三农"工作的若干意见》[③] "五、全面深化农村改革，激发乡村发展活力"也提到，研究完善适合农村集体经济组织特点的税收优惠政策。此外，各地指导农村集体经济组织发展的文件中也有关于税收优惠支持的规定。因此，农村集体经济组织应当依法享有税收优惠。

本条第二款具体说明了两种享有税收优惠的情形。一是"开展生产经营管理活动"时，按照国家规定享受税收优惠。但因农村集体经济组织所

[①] 何宝玉：《关于农村集体经济组织与村民委员会关系的思考》，载《法律适用》2023年第1期。

[②] 《中共中央 国务院关于深入推进农业供给侧结构性改革 加快培育农业农村发展新动能的若干意见》，载中国政府网，https://www.gov.cn/gongbao/content/2017/content_5171274.htm，最后访问时间：2024年6月29日。

[③] 《中共中央 国务院关于坚持农业农村优先发展做好"三农"工作的若干意见》，载中华人民共和国农业农村部网站，http://www.moa.gov.cn/hd/zbft_news/2019yhwj/xgzxw/201902/t20190220_6172170.htm，最后访问时间：2024年6月29日。

能开展的经营活动范围极其广泛，应对其进行具体的解释。例如，农业生产者销售自产农产品可以免征增值税（《中华人民共和国增值税暂行条例》①第十五条）；又如，从事农、林、牧、渔业项目的所得，符合规定的，可以免征、减征企业所得税（《中华人民共和国企业所得税法》第二十七条）等。二是"开展农村集体产权制度改革办理土地、房屋权属变更"的，按照国家规定享受税收优惠。此情形是对《中共中央 国务院关于稳步推进农村集体产权制度改革的意见》中税收优惠政策的进一步明确，具体规定可参考《财政部 税务总局关于支持农村集体产权制度改革有关税收政策的通知》②《关于农村集体产权制度改革土地增值税政策的公告》③《国家发展改革委 财政部关于不动产登记收费标准等有关问题的通知》④中有关契税、印花税、土地增值税和不动产登记费的减免政策。实际落实则要求农业农村、财政、税务等部门密切沟通，加强协调，切实维护农村集体经济组织合法权益。

【关联规范】

《中华人民共和国增值税暂行条例》第十五条；《中华人民共和国企业所得税法》第二十七条；《中华人民共和国农业机械化促进法》第二十六条、第二十八条；《中华人民共和国农民专业合作社法》第六十七条；《农村集体经济组织会计制度》第五十七条。

第五十一条　【农村集体经济组织公共支出计入成本】
农村集体经济组织用于集体公益和综合服务、保障村级组织和村务运转等支出，按照国家规定计入相应成本。

---

① 《中华人民共和国增值税暂行条例》，载国家税务总局网站，https：//fgk.chinatax.gov.cn/zcfgk/c100010/c5194433/content.html，最后访问时间：2024年6月29日。

② 《财政部 税务总局关于支持农村集体产权制度改革有关税收政策的通知》，载国家税务总局网站，https：//www.chinatax.gov.cn/chinatax/n810341/n810765/n2511651/n2511693/c2801758/content.html，最后访问时间：2024年6月29日。

③ 《关于农村集体产权制度改革土地增值税政策的公告》，载中国政府网，https：//www.gov.cn/zhengce/zhengceku/202404/content_6947578.htm，最后访问时间：2024年8月29日。

④ 《国家发展改革委 财政部关于不动产登记收费标准等有关问题的通知》，载中国政府网，https：//www.gov.cn/xinwen/2016-12/13/content_5147338.htm，最后访问时间：2024年6月29日。

【条文主旨】

本条是对农村集体经济组织公共支出可以计入成本的规定。

【条文解读】

农村集体经济组织在农村基层治理中担负着一定的公共职能。农村集体经济组织具有惠及成员集体的公共职能，其公共支出有促进共同富裕之用，而相关支出按照国家规定计入相应成本是解决农村集体经济组织公共支出与税收负担的重要途径。将用于集体公益和综合服务、保障村级组织和村务运转等支出计入相应成本，意味着将减轻农村集体经济组织的税收负担，体现了对农村集体经济组织发展的扶持。

本条列举了较为典型的可以作为公共支出的费用类型，即用于"集体公益和综合服务、保障村级组织和村务运转等支出"。对此，可参考《农村集体经济组织财务制度》的收支管理规定与《农村集体经济组织会计制度》中关于成本类会计科目的规定，但在条文表述与涉及范围上又存在不同。具体而言，第一，本条"集体公益和综合服务"的表述相较于《农村集体经济组织会计制度》第五十九条规定的公益支出的定义，[①] 又增加了"综合服务"，扩大了公共支出的涉及范围，可包括治安、教育、环卫、社保、民兵、五保户和军烈属补助等公益福利费用以及道路、公园等公用基础设施建设支出等更多费用类型。第二，相较于《农村集体经济组织财务制度》第二十五条的规定，[②] 本条删去了"经营活动、日常管理"的费用类型，同时使用"依照国家规定"替换了"加强管理，严格执行审批程序"的程序性要求。但日常管理费用中"保障村级组织和村务运转"的各项支出被单独提出并予以立法保留，[③] 主要指向村民委员会的相关支出，涉及维护社会稳定、农村基本建设等村务活动。此处也突出了农村集体经济组织在基层治理中的独特地位与特殊经济职能。而"按照国家规定"一

[①] 《农村集体经济组织会计制度》第五十九条规定："公益支出，是指农村集体经济组织发生的用于本集体经济组织内部公益事业、集体福利或成员福利的各项支出，以及公益性固定资产折旧和修理费等。"

[②] 《农村集体经济组织财务制度》第二十五条规定："农村集体经济组织用于经营活动、日常管理、村内公益和综合服务、保障村级组织和村务运转等各种支出，应当计入相应的成本费用，加强管理，严格执行审批程序。"

[③] 《农村集体经济组织会计制度》第五十八条关于管理费用的界定中包括"保障村级组织和村务运转的各项支出"。

词的使用则指向国家制定的更全面、精准的农村集体经济组织财务管理文件，方便实践中的具体参考。当然，"等"字表明，本条仅为不完全列举，是否属于公共支出应从费用的支出目的与作用效果进行判断。

【关联规范】

《中华人民共和国会计法》第十条；《中华人民共和国企业所得税法》第八条、第十四条、第十五条；《农村集体经济组织会计制度》第四十九条、第五十五条、第五十八条、第五十九条。

第五十二条 【农村集体经济组织金融支持措施】 国家鼓励政策性金融机构立足职能定位，在业务范围内采取多种形式对农村集体经济组织发展新型农村集体经济提供多渠道资金支持。

国家鼓励商业性金融机构为农村集体经济组织及其成员提供多样化金融服务，优先支持符合条件的农村集体经济发展项目，支持农村集体经济组织开展集体经营性财产股权质押贷款；鼓励融资担保机构为农村集体经济组织提供融资担保服务；鼓励保险机构为农村集体经济组织提供保险服务。

【条文主旨】

本条是对政策性金融机构、商业性金融机构等不同金融主体对农村集体经济组织发展新型农村集体经济以及对农村集体经济组织成员提供金融服务的鼓励性规定。

【条文解读】

引领金融资源下乡，解决农村集体经济组织可能存在的投融资困境，需要对不同金融主体进行鼓励引导。本条正是在区分政策性金融机构与商业性金融机构不同职能定位、业务宗旨、运行机制等的基础上，对农村集体经济组织发展新型农村集体经济以及对成员进行差异化金融支持激励。

一、政策性金融机构的金融支持措施

本条第一款规定，国家鼓励政策性金融机构立足职能定位，在业务范围内采取多种形式对农村集体经济组织发展新型农村集体经济提供多渠道资金支持。这是对政策性金融机构支持农村集体经济组织发展提出的总括性、全面性要求。

第一，本款对政策性金融机构的金融支持要求中强调了其"职能定位"，理解重点在其"政策性"。政策性金融机构的主要目的在于配合政策发展经济、促进社会稳定以及进行宏观调控，不追求利益最大化。目前，我国主要的涉农政策性金融主体为国家开发银行、中国农业发展银行等，如《中国农业发展银行监督管理办法》[1]第五条明确规定，农发行应当依托国家信用，服务经济社会发展的重点领域和薄弱环节。主要服务维护国家粮食安全、脱贫攻坚、实施乡村振兴战略、促进农业农村现代化、改善农村基础设施建设等领域，在农村金融体系中发挥主体和骨干作用。因此，政策性金融机构为农村集体经济组织提供金融支持是服务"三农"需求的应有之义。

第二，本款在政策性金融机构业务范围内，强调了多形式、多渠道的资金支持。具体而言，开展信贷业务是政策性金融机构可采取的最直接、最基础的支持途径。建设基金、股权投资等投资业务也可以依法进行积极尝试。此外，发挥农业政策性金融支持农村集体经济组织发展，也应与农业规模经营、高标准农田建设、经营性建设用地入市和乡村产业发展等重点领域结合。

二、商业性金融机构的金融支持措施

本条第二款规定，国家鼓励商业性金融机构为农村集体经济组织及其成员提供多样化金融服务，优先支持符合条件的农村集体经济发展项目，支持农村集体经济组织开展集体经营性财产股权质押贷款；鼓励融资担保机构为农村集体经济组织提供融资担保服务；鼓励保险机构为农村集体经济组织提供保险服务。本款主要从受益主体、支持主体两方面对商业性金融机构进行了不同安排。

从受益主体看，商业性金融机构应当支持农村集体经济组织与集体成员两方，并对不同受益主体提供不同的金融支持。一是对农村集体经济组织，重点在农业发展和农村建设项目，即"优先支持符合条件的农村集体

---

[1] 《中国农业发展银行监督管理办法》，载中国政府网，https://www.gov.cn/gongbao/content/2018/content_5265000.htm，最后访问时间：2024年7月5日。

经济发展项目"。因为商业性金融主体为市场化运作，其独立决定经营活动，以追求自身经济效益和利润最大化为主要行为特征，社会效益体现于财务效益之中。因此，在理解"符合条件"时，应当看重农村集体经济发展项目的发展前景，要求安全性与营利性并重。二是应正确理解"支持农村集体经济组织开展集体经营性财产股权质押贷款"的指向主体，这里的"集体经营性财产股权质押贷款"指的是农村集体经济组织对其投资公司、合作社等市场主体而取得的股权的质押贷款。农村集体经济组织取得的股权是其财产权益的重要表现形式，当然可以使用集体经营性财产股权进行质押贷款融资。

从支持主体看，商业性金融机构类型多样，在农村金融领域，主要以银行金融机构为主，非银行金融机构为辅。本款强调了融资担保机构与保险机构两类支持主体责任与业务重点，即"鼓励融资担保机构为农村集体经济组织提供融资担保服务；鼓励保险机构为农村集体经济组织提供保险服务"。首先，融资担保机构应根据农村集体经济组织所拥有资产针对性增加产品供给数量，因地制宜加强金融服务创新与金融管理，放宽信贷准入条件，发展存货抵押、农业设备抵押和股权质押等方式，同时重视农地金融体系建设，使其农地产权得到合理的价值评估，通过融资担保较好实现其交换价值。其次，保险机构则应针对农村集体经济组织开发创新保险品种，扩大政策性保险覆盖面，建立健全农村集体经济组织风险分担机制，助力实现农村集体经济稳妥、快速发展。同时，农村商业性金融机构也可以引入保险公司和担保公司来分散、转移和缓释信贷风险。当然，针对一些保险机构可能自身欠缺驱动力与影响力的状况，政府仍需以财政支持、补贴及税收优惠等手段进行鼓励及引导。最后，本款突出强调了对融资担保机构及保险机构的鼓励。就机构性质而言，商业性金融机构已经包含融资担保机构和保险机构，但立法仍对上述两类机构予以单独强调，原因在于融资担保机构和保险机构的自身特点与农村经济发展的适应性较高，在农村集体经济组织发展中堪当重任，故予以特别强调。

【关联规范】

《中华人民共和国农业法》第四十五条、第四十六条；《中华人民共和国粮食安全保障法》第六条；《中华人民共和国畜牧法》第七十条；《中华人民共和国乡村振兴促进法》第六十三条至第六十六条；《中华人民共和国种子法》第六十五条；《中华人民共和国农村土地承包法》第四十七条。

> **第五十三条 【农村集体经济组织土地支持措施】** 乡镇人民政府编制村庄规划应当根据实际需要合理安排集体经济发展各项建设用地。
>
> 土地整理新增耕地形成土地指标交易的收益,应当保障农村集体经济组织和相关权利人的合法权益。

【条文主旨】

本条是对村庄规划中涉农村集体经济发展的建设用地的倾斜性安排,以及对农村集体经济组织及相关权利人关于土地指标交易合法权益保障的规定。

【条文解读】

合理的土地支持事关农村集体经济组织促进乡村振兴的实效,本条从保障建设用地直接需求与兼顾土地指标交易收益两方面,对农村集体经济组织的用地需求进行了明确的保障性规定。

一、建设用地倾斜性安排

建设用地是农村集体经济组织发展新型农村集体经济的重要可利用资源,关系到经济产业发展、公益公共事业建设等方面。本条第一款规定,乡镇人民政府编制村庄规划应当根据实际需要合理安排集体经济发展各项建设用地。本条款指明了用地保障主体、保障方式与建设用地的倾斜安排要求。

第一,乡镇人民政府是农村集体经济发展各项建设用地的保障主体,村庄规划是用地保障的具体方式。《中华人民共和国城乡规划法》第二十二条规定,乡、镇人民政府组织负责编制乡规划、村庄规划,并报上一级人民政府审批;第十八条第二款规定,乡规划、村庄规划的内容应当包括:规划区范围,住宅、道路、供水、排水、供电、垃圾收集、畜禽养殖场所等农村生产、生活服务设施、公益事业等各项建设的用地布局、建设要求,以及对耕地等自然资源和历史文化遗产保护、防灾减灾等的具体安排。乡规划还应当包括本行政区域内的村庄发展布局。因此,村庄规划范围与农村集体经济组织具有地域重合性。此外,《中华人民共和国乡村振兴促进法》第六十七条已对县级以上地方人民政府提出了乡村用地保障义务，要求完善农村新增建设用地保障机制，满足乡村产业、公共服务设施和农民住宅用地合理需求；规定建设用地指标应当向乡村发展倾斜，县域内新增耕地指标应当优先用于折抵乡村产业发展所需建设用地指标，并可以探索灵活多样的供地新方式；同时，增加了集体经营性建设用地优先用于发展集体所有制经济和乡村产业的规定，为优化配置土地资源要素、保障乡村振兴用地合理需求提供了法律依据。由此，本法衔接《中华人民共和国乡村振兴促进法》并细化了相关规定，包含了对土地总体利用规划上下衔接的基础要求，也进一步明确了用地保障主体。

第二，本条第一款规定"根据实际需要合理安排集体经济发展各项建设用地"，对建设用地的倾斜性保障提出了更具体的要求。首先，应遵照因地制宜原则，突出农村集体经济组织用地的不同样态与实践需求。其次，"合理安排"强调增加有度、科学安排，并非盲目追求建设用地增加，而是在节约用地、提高用地效率的基础上，根据农村集体经济组织所在地域的自然与社会条件决定用地保障方式与程度。最后，各项建设用地的倾斜性保障目的应指向发展集体经济。本款直接规定"集体经济发展"这一目的，强调了新增建设用地应优先用于农村各类直接或间接的经营活动。

二、土地指标交易的收益保障

本条第二款规定，土地整理新增耕地形成土地指标交易的收益，应当保障农村集体经济组织和相关权利人的合法权益。本款应从土地整理、土地指标交易，农村集体经济组织和相关权利人的合法权益等方面理解。

从土地整理看，《中华人民共和国土地管理法》第四十二条明确规定，国家鼓励土地整理。县、乡（镇）人民政府应当组织农村集体经济组织，按照土地利用总体规划，对田、水、路、林、村综合整治，提高耕地质量，增加有效耕地面积，改善农业生产条件和生态环境。地方各级人民政府应当采取措施，改造中、低产田，整治闲散地和废弃地。由此，土地整理可以直接增加耕地面积并提高耕地质量等级。但是，以土地整理新增耕地虽有诸多实益，却不能无限制地适用，特别是其和城乡建设用地增减挂钩相联系后，更应当注意农民权益的保护。[1] 因此，在土地整理新增耕地后，土地指标交易成为实际惠及农村集体经济组织及其成员的重要机制。

本款明确规定了保障"农村集体经济组织和相关权利人的合法权益"。

---

[1] 例如，《关于严格规范城乡建设用地增减挂钩试点切实做好农村土地整治工作的通知》等规定均有涉及，载中国政府网，https://www.gov.cn/gongbao/content/2011/content_1845062.htm，最后访问时间：2024年7月5日。同时应注意，土地整理不限于对农民宅基地进行复垦，也包括对公共设施用地、公益事业用地、乡镇企业用地等农村集体建设性用地。

秉持取之于农、用之于农的原则，农村集体经济组织及相关权利人应当成为主要受益主体。本款除明确农村集体经济组织的受益主体地位外，还要求对"相关权利人"进行保障，具体应包括土地使用权受到影响的农户、乡镇企业等各类主体，"合法权益"之保障则包括但不限于经济补偿、拆迁安置等方式。

【关联规范】

《中华人民共和国乡村振兴促进法》第五十一条、第六十七条；《中华人民共和国城乡规划法》第五条、第十八条、第二十二条、第四十一条；《中华人民共和国土地管理法》第十五条、第十六条、第四十二条；《中华人民共和国土地管理法实施条例》第十条、第三十三条。

> **第五十四条　【农村集体经济组织人才支持措施】** 县级人民政府和乡镇人民政府、街道办事处应当加强农村集体经济组织经营管理队伍建设，制定农村集体经济组织人才培养计划，完善激励机制，支持和引导各类人才服务新型农村集体经济发展。

【条文主旨】

本条明确规定了政府建设农村集体经济组织经营管理人才队伍、加强人才培养、完善激励机制的责任。

【条文解读】

人才振兴是乡村振兴的基础，发展新型农村集体经济更需要加强农村集体经济组织经营管理队伍建设。目前，农村集体经济组织主要从事以资源有效利用、资产物业租赁等较低风险、较为简单的经营方式，经营收益较为受限。为使农村集体经济组织收益持续获得增长，必须具备能够充分挖掘各方面集体资源，懂经营、懂管理的高素质人才，将农村集体经济组织的经营内容从单一的物业、土地租赁扩展到农村集体经济组织特有的产品、服务等方面。同时，本法第六条规定，农村集体经济组织可以依法出资设立或者参与设立公司、农民专业合作社等市场主体，以其出资为限对其设立或者参与设立的市场主体的债务承担责任。这对农村集体经济组织的出资、经营、管理提出了更高要求，需要相关人才队伍的支持。《中华人民共和国乡村振兴促进法》设立专章规定了乡村人才振兴的法律制度，从健全乡村人才体制机制、分类培育农村人才、促进农业人才流动机制、大力培养高素质农民、加快培育新型农业经营主体五个方面进行了总体安排。本条则立足农村集体经济组织实际情况，对农村集体经济组织人才支持主体、队伍建设与内培外引的具体支持路径进行了更为细致的规定。

本条规定以"县级人民政府和乡镇人民政府、街道办事处"为实施主体，即县级人民政府和乡镇人民政府、街道办事处应当加强农村集体经济组织经营管理队伍建设。就人才支持的具体措施而言，本条规定县级人民政府和乡镇人民政府、街道办事处还应"制定农村集体经济组织人才培养计划，完善激励机制，支持和引导各类人才服务新型农村集体经济发展"。具体而言，一是提升现有的或可作为预备的农村集体经济组织经营管理人才的水平。二是加强外来人才引进制度建设。通过地方政府出台吸引政策并营造良好发展环境，鼓励农村人才回流和吸引外来人才下乡。三是需在更高层面上，系统化理解人才支持措施，统筹内外，以人为本，营造良好的用人氛围并配合相应的支持、引导政策，以对接深化农村集体产权制度改革，发展壮大新型农村集体经济的人才需求。

【关联规范】

《中华人民共和国乡村振兴促进法》第二十四条至第二十八条。

> **第五十五条　【农村集体经济组织其他支持措施】** 各级人民政府应当在用水、用电、用气以及网络、交通等公共设施和农村人居环境基础设施配置方面为农村集体经济组织建设发展提供支持。

【条文主旨】

本条是对各级政府支持农村集体经济组织建设发展的其他支持措施的兜底性规定。

【条文解读】

农村集体经济组织虽然是市场主体，但其发展建设离不开有效市场与有为政府的双重作用。本条即规定了除财政、税收、金融、用地、人才等支持措施外的其他支持措施。

本条规定了政府支持政策的重点。一是基础层面的支持，即针对用水、用电、用气以及网络、交通等公共设施的支持。其中，水电气既关乎人民最基本的生存条件，也是生产建设必须保障的生产要素，是农村集体经济组织建设要素保障的硬性支撑，对此主要可给予供给与价格等方面的支持。而网络、交通的建设支持则一同关注实体物流与信息沟通建设，并可在未来发展中形成交叉协作，构建便利、高效、快捷、经济、安全、人性、智能的现代交通运输业，为农村集体经济组织实现区位跃进创造基础条件，对此可以进行规划设计与辅助建设等方面的支持。二是对农村人居环境基础设施配置方面的建设支持。农村集体经济组织的职能履行不仅需要关注农业生产方面，还需要兼顾农民生活质量，其公共服务需要覆盖人居环境服务，包括但不限于入户道路建设、农村厕所革命、生活垃圾分类和资源化利用等方面，农村集体经济组织应通过整治公共空间和庭院环境，消除私搭乱建、乱堆乱放的现象。

【关联规范】

《中华人民共和国农业法》第十七条；《中华人民共和国农业机械化促进法》第二十九条。

第七章　争议的解决和法律责任

> **第五十六条【农村集体经济组织内部争议的解决】** 对确认农村集体经济组织成员身份有异议，或者农村集体经济组织因内部管理、运行、收益分配等发生纠纷的，当事人可以请求乡镇人民政府、街道办事处或者县级人民政府农业农村主管部门调解解决；不愿调解或者调解不成的，可以向农村土地承包仲裁机构申请仲裁，也可以直接向人民法院提起诉讼。
>
> 确认农村集体经济组织成员身份时侵害妇女合法权益，导致社会公共利益受损的，检察机关可以发出检察建议或者依法提起公益诉讼。

【条文主旨】

本条是关于农村集体经济组织内部争议解决途径的规定。

【条文解读】

本条规定了农村集体经济组织内部争议的主要类型以及纠纷的解决方式，也特别规定了确认农村集体经济组织成员身份时保护妇女权益的途径。

一、农村集体经济组织的内部争议的主要类型

（一）确认农村集体经济组织成员身份纠纷

农村集体经济组织成员身份直接关涉成员重大利益，农村集体经济组织成员身份的争议是农村地区多发的矛盾纠纷类型。[①] 本条确认了农村集

---

① 刘高勇、高圣平：《论基于司法途径的农村集体经济组织成员资格认定》，载《南京社会科学》2020年第6期。

体经济组织成员身份纠纷的多元化解决机制，特别是认可了其可诉性，意义重大。

（二）农村集体经济组织因内部管理、运行、收益分配等纠纷

在农村集体经济组织履行法定职能职责过程中，也可能因内部管理、运行以及收益分配等事项发生内部争议。在本法出台之前，关于农村集体经济组织的内部争议如何解决缺少明确、统一的规定。实践中，关于解决农村集体经济组织内部争议可选择的途径，尤其是能否通过诉讼解决争议一直存在争议。

随着本法的颁布施行，上述问题就有了明确的法律规定。自此，有关农村集体经济组织成员身份和农村集体经济组织内部管理、运行、收益分配等发生的纠纷都可通过调解、仲裁或者诉讼方式解决。在这三种解决机制中，调解和仲裁不是诉讼的前置程序。该条所提供的多元纠纷解决机制既便于当事人以高效、便捷、低成本的方式解决问题、化解矛盾，也充分保障了当事人的诉讼权利，有利于维护农村基层和谐稳定，保障农村集体经济组织健康发展。

二、农村集体经济组织内部争议的纠纷解决机制

根据本条第一款规定，农村集体经济组织内部争议的解决途径有以下三种。

（一）调解

农村集体经济组织的内部争议具有相关性、复杂性、多样性等特征，只依靠诉讼往往并不能有效解决问题、化解矛盾，此时调解的比较优势就会凸显。相对于诉讼，调解更注重情、理、法相结合，当事人通常会自愿接受调解结果并履行调解协议，在解决纠纷的同时避免了双方的对抗，有利于切实化解矛盾。目前我国的调解制度主要包含人民调解、行政调解、司法调解三种类型。本款规定的"乡镇人民政府、街道办事处或者县级人民政府农业农村主管部门调解解决"，在性质上属于行政调解。

本款规定，对确认农村集体经济组织成员身份有异议，或者农村集体经济组织因内部管理、运行、收益分配等发生纠纷的，当事人可以请求乡镇人民政府、街道办事处或者县级人民政府农业农村主管部门调解解决，即调解的主体是"乡镇人民政府、街道办事处或者县级人民政府农业农村主管部门"。原因在于，农村集体经济组织内部争议发生在农村基层，具有较强的地域性，乡镇人民政府、街道办事处是距离纠纷及当事人最近的机构，符合便民原则。而且，这些组织比较熟悉当地社情、了解纠纷背景，方便纠纷解决。当然，由于农村集体经济组织纠纷的地域性，主持调

解的乡镇人民政府、街道办事处工作人员有可能受到其中一方当事人或其他相关人员的影响，此时由县级人民政府农业农村主管部门主持调解，有助于提升调解的公正性。当然，当事人是否申请调解要尊重其意愿。

（二）仲裁

本款规定对确认农村集体经济组织成员身份有异议，或者农村集体经济组织因内部管理、运行、收益分配等发生纠纷的，当事人不愿调解或者调解不成的，可以向农村土地承包仲裁机构申请仲裁。这赋予了农村土地承包仲裁机构相关的职责权限。主要是考虑到农村土地承包经营纠纷和农村集体经济组织纠纷具有较高的相似性，而且，将农村集体经济组织内部纠纷仲裁集中到农村土地承包仲裁机构受理免去了另行组建仲裁机构所需花费的额外成本。此外，各级农村土地承包仲裁委员会覆盖全国，由其受理仲裁利于便捷、及时、高效地解决纠纷。

（三）诉讼

本款规定对确认农村集体经济组织成员身份有异议，或者农村集体经济组织因内部管理、运行、收益分配等发生纠纷的，当事人直接向人民法院提起诉讼。这贯彻了"有权利必须有救济"的法治原则，是本法的重要制度安排，具有标志性意义。

三、确认农村集体经济组织成员身份过程中保护妇女合法权益的机制

为了全面保障妇女在农村集体经济组织成员身份确认过程中的合法权益，本条第二款特别规定，确认农村集体经济组织成员身份时侵害妇女合法权益，导致社会公共利益受损的，检察机关可以发出检察建议或者依法提起公益诉讼。

根据本款规定，检察机关发出检察建议或者依法提起公益诉讼需要同时符合两个条件：一是确认农村集体经济组织成员身份时侵害妇女合法权益，二是导致社会公共利益受损。这一机制不仅是检察机关履行法律监督职责的具体表现，更是对《中华人民共和国妇女权益保障法》的对接与落实，该法在2022年修订时新增第七十七条，明确规定检察机关可以针对确认农村妇女集体经济组织成员身份时侵害妇女权益的情形发出检察建议或提起检察公益诉讼。

通过检察公益诉讼，检察机关能够主动介入并解决农村集体经济组织成员认定中的妇女权益受损问题，不仅在司法层面上强化了对妇女权益的保护，而且在社会治理中发挥着重要作用，有助于推动性别平等观念的深化，形成全社会尊重和保障妇女合法权益的良好环境。

【适用指南】

本条第一款规定了调解、仲裁和诉讼三种纠纷解决机制，未对各项纠纷解决机制的启动设定前置程序。具体而言，调解并不是仲裁或诉讼启动的必经程序，仲裁也并不是诉讼启动的前置程序，当农村集体经济组织内部争议发生后，当事人可以选择直接申请仲裁，也可以选择直接向人民法院起诉。

【关联规范】

《中华人民共和国民法典》第二百六十五条；《中华人民共和国妇女权益保障法》第五十五条、第五十六条、第七十五条、第七十七条；《中华人民共和国农村土地承包经营纠纷调解仲裁法》第十二条至第四十九条。

案例评析

农村集体经济组织与其成员之间因收益分配产生的争议，属平等民事主体之间的纠纷。当事人就该纠纷起诉到人民法院，人民法院应当受理[①]

[案情简介]

屈某某于1993年与HX村一组村民薛某某办理了结婚登记，将户籍转入HX村一组成为该组村民，与其他村民一样缴纳统筹、村提留等费用，在该组有承包地。2016年9月26日屈某某与薛某某协议离婚，双方办理离婚登记后，屈某某未将户口迁出，在该村承包的土地未发生变化，与其他村民一样履行缴纳城乡养老保险等各项义务，亦未在其他村组收益分配。HX村一组也一直给屈某某发放食盐以及其他各项分红。2019年12月22日，HX村一组召开会议并形成会议纪要，决定"有纠纷的村民分红款暂留乡财政，最终依法院的裁定付给当事人"。HX村一组以屈某某属于"有纠纷的村民"为由，不给屈某某发放2019年的分红款。因屈某某系该

---

① 陕西省高级人民法院（2020）陕民再206号民事裁定书，载中国裁判文书网，https://wenshu.court.gov.cn/website/wenshu/181107ANFZ0BXSK4/index.html?docId=/5FH2H03CGnFq1mz5NSC9xVdRbuk09FgOlTEP0YKwPj16Qikp7ulLpO3qNaLMqsJ5iZ54+6YhvmD6LQ7ng5tkNbMGP0RflH0/aLBe8TO/ckviALEfqQyWOgphxpDD5ph，最后访问时间2024年7月13日。

村集体经济组织成员，应该享有村民待遇，故请求判令被起诉人 HX 村一组向其分配 2019 年征地补偿款 5 万元。

[核心问题]

农村集体经济组织收益分配问题是否属于村民自治范畴，人民法院是否应当进行干涉，该案是否属于人民法院受案范围。

[裁判要旨]

农村集体经济组织与其成员之间因收益分配产生的争议，属平等民事主体之间的纠纷。当事人就该纠纷起诉到人民法院，人民法院应当受理。本案中，屈某某起诉认为，1993 年其因与 HX 村一组村民薛某某结婚将户籍迁入该村，在该村有承包地，其虽于 2016 年与薛某某离婚，但户籍以及承包地均在该村组，并按规定缴纳乡统筹、村提留、城乡养老等款项，也参与了村组的收益分配。2019 年 12 月，该村组以其属于"有纠纷的村民"为由不给其发放分红款，侵犯了其作为集体经济组织成员应享有的合法权益，故诉至法院请求判令村组支付其 2019 年征地补偿款 5 万元，判决其享有与其他村民同等分配分红款待遇等一切权利。从屈某某起诉的诉讼请求以及事实与理由来看，其与本案有直接利害关系，有明确的被告，有具体的诉讼请求、事实及理由，系因集体经济组织成员与集体经济组织之间因收益分配发生的纠纷，符合《中华人民共和国民事诉讼法》第一百一十九条①规定的起诉条件，人民法院应当受理。原审裁定以本案纠纷不属于人民法院的民事案件受案范围为由对本案不予受理，适用法律错误，应予纠正。

[专家评析]

本案虽发生在《中华人民共和国农村集体经济组织法》颁布、实施前，但法院在判决中已充分体现本法第五十六条规定的精神，即人民法院应受理农村集体经济组织与其成员间因收益分配产生的纠纷。同时，本案也明确了判断涉及农村集体经济组织案件是否属于人民法院受案范围的标准，即依据《中华人民共和国民事诉讼法》规定的起诉条件进行判断。这实际上也是本法第五十六条规定的依据。将农村集体经济组织与其成员间因收益分配产生的纠纷纳入民事诉讼受案范围，既能有效保护当事人的诉权，又使得农村集体经济组织成员的实体权利能够落到实处，还能通过司法保障农村集体经济组织在法治轨道上持续、健康运行。

---

① 对应现行《中华人民共和国民事诉讼法》第一百二十二条。

> **第五十七条【农村集体经济组织成员撤销诉讼】** 农村集体经济组织成员大会、成员代表大会、理事会或者农村集体经济组织负责人作出的决定侵害农村集体经济组织成员合法权益的,受侵害的农村集体经济组织成员可以请求人民法院予以撤销。但是,农村集体经济组织按照该决定与善意相对人形成的民事法律关系不受影响。
>
> 受侵害的农村集体经济组织成员自知道或者应当知道撤销事由之日起一年内或者自该决定作出之日起五年内未行使撤销权的,撤销权消灭。

【条文主旨】

本条是关于受侵害的农村集体经济组织成员请求撤销农村集体经济组织或者其负责人作出的决定的规定。

【条文解读】

农村集体经济组织成员大会、成员代表大会、理事会或者农村集体经济组织负责人作出的决定关涉农村集体经济组织成员的共同利益,在实践中,农村集体经济组织或者其负责人在征地补偿、收益分配、成员身份确认等方面作出的决定可能侵害成员合法权益。成员撤销权出现在 2007 年《中华人民共和国物权法》(已失效)第六十三条第二款,《中华人民共和国民法典》延续了该条规定。《中华人民共和国民法典》第二百六十五条第二款规定,农村集体经济组织、村民委员会或者其负责人作出的决定侵害集体成员合法权益的,受侵害的集体成员可以请求人民法院予以撤销。本条对农村集体经济组织成员撤销诉讼做了更为细化的规定。

一、适用情形

本条第一款第一句规定,农村集体经济组织成员大会、成员代表大会、理事会或者农村集体经济组织负责人作出的决定侵害农村集体经济组织成员合法权益的,受侵害的农村集体经济组织成员可以请求人民法院予以撤销。

(一)撤销决定的实施主体

农村集体经济组织成员撤销的是"农村集体经济组织成员大会、成员代表大会、理事会或者农村集体经济组织负责人作出的决定",因此,相关决定的主体是"农村集体经济组织成员大会、成员代表大会、理事会或者农村集体经济组织负责人"。该规定相比《中华人民共和国民法典》第二百六十五条第二款规定的"农村集体经济组织、村民委员会或者其负责人作出的决定"更为具体。本法并未明确农村集体经济组织负责人的内涵和类型。《中华人民共和国民法典》第六十一条第一款规定,依照法律或者法人章程的规定,代表法人从事民事活动的负责人,为法人的法定代表人。本法第二十九条第二款规定,理事长是农村集体经济组织的法定代表人。据此,农村集体经济组织负责人作出的决定,是指农村集体经济组织理事长所作出的决定。当然,如果特殊情况下,由其他人代替理事长行使职责的,也属于负责人。

(二)撤销事由

本条第一款规定的撤销事由为"农村集体经济组织成员大会、成员代表大会、理事会或者农村集体经济组织负责人作出的决定侵害农村集体经济组织成员合法权益"。对于撤销事由的规定,本条未从实体与程序方面作出规定,而是从侵害后果的角度规定,与《中华人民共和国村民委员会组织法》第三十六条第一款规定保持一致。从具体适用上,农村集体经济组织成员权利包括共益权与自益权两类,适用本条的撤销事由应区分讨论。

在所作决定侵害成员共益权的情形下,按照侵害共益权程度区分是否属于本条撤销事由。若决定严重侵害成员共益权,致使决定在内容上违反法律法规与章程或在程序上不成立,则成员有权提起撤销诉讼。如农村集体经济组织作出决定时隐瞒真实情况,侵害成员依据本法第十三条第三项享有的知情权,成员有权依据本条提起撤销诉讼。若决定对成员共益权的侵害程度轻微,未对农村集体经济组织法人治理机制产生根本性影响,则可借助内部治理机制弥补决定瑕疵。例如,农村集体经济组织于成员大会、成员代表大会召开前的九日向成员公布收益分配方案,该做法不符合本法第四十六条规定的"大会召开的十日前"要求,成员向农村集体经济组织提出异议,要求弥补瑕疵即可。

在所作决定侵害成员自益权的情形下,因其内容侵害成员集体经济收益分配权、土地补偿费分配权等,成员可根据本条提起撤销诉讼。在此,由于成员自益权是成员专为自己利益而享有的权利,[①] 因而无须区分侵害成员权利的严重程度,侵害成员自益权的决定属于可撤销的决定。

二、撤销权主体、撤销方式与期限

(一) 撤销权主体

本条第一款规定,"受侵害的农村集体经济组织成员"可以请求人民法院撤销决定,即将撤销权的权利主体限于受侵害的农村集体经济组织成员。申言之,如果某项决定只侵害了部分或者个别成员的合法权益,则仅相应成员享有撤销前述决定的权利,权益未受到侵害的农村集体经济组织成员不享有撤销权。

(二) 撤销方式

本条第一款规定,受侵害的农村集体经济组织成员可以"请求人民法院予以撤销"。农村集体经济组织成员行使撤销权后,将对既成的民事法律关系产生重大影响,《中华人民共和国民法典》与本法均规定农村集体经济组织成员须以诉讼方式行使撤销权。成员撤销权本质上就属于形成诉权范畴,其行使需要借助于形成之诉完成,但究其本质仍属于形成权。

(三) 撤销期限

本条第二款规定,受侵害的农村集体经济组织成员自知道或者应当知道撤销事由之日起一年内或者自该决定作出之日起五年内未行使撤销权的,撤销权消灭。撤销权在性质上属于形成权,权利的行使受到除斥期间的限制。所谓除斥期间,是指法律规定的某种权利的预定存续期间。因此,在除斥期间内,撤销权存续;除斥期间届满后,撤销权消灭。本条第二款与《中华人民共和国民法典》第一百五十二条保持一致。除斥期间的起算通常以当事人知道或应当知道撤销事由之日起,即主观计算方法,本条规定的除斥期间为自受侵害的农村集体经济组织成员知道或应当知道撤销事由之日起一年内。为防止撤销权人长期不知道撤销事由导致民事法律关系不确定,客观计算方法作为除斥期间主观计算方式的补充。本条规定的适用客观计算方法的除斥期间为自决定作出之日起五年内。

三、决定的外部效力

本条第一款第二句规定,农村集体经济组织依据该决定与善意相对人形成的民事法律关系不受影响。这主要是出于保护善意第三人的信赖利益与交易秩序稳定。农村集体经济组织依据成员大会、成员代表大会、理事

[①] 温世扬:《从集体成员权到法人成员权——农村集体经济组织法人成员权的内容构造》,载《武汉大学学报(哲学社会科学版)》2022 年第 4 期。

会或者农村集体经济组织负责人所作出的决定与善意相对人形成民事法律关系，不受撤销权影响。地方司法文件也曾指出，决定被撤销的，集体经济组织依据该决定与善意相对人形成的民事法律关系不受影响。①

【适用指南】

需要正确认识本条与本法第六十一条规定的关系。农村集体经济组织成员大会、成员代表大会所作决定，违反法律法规，侵害成员合法权益时，乡镇人民政府、街道办事处或者县级人民政府农业农村主管部门应当责令限期改正。在责令改正之前，成员根据本条提起撤销诉讼的，人民法院不应根据第六十一条规定驳回起诉。本条与第六十一条规定构成纠正侵害成员权益决定、保障成员权益的民法路径与行政法路径，二者并无适用先后的区别。

本条是关于农村集体经济组织成员撤销诉讼的规定，本法第六十条规定是关于农村集体经济组织成员派生诉讼的规定，需要与本条规定相区分。从适用情形上看，第六十条规定针对的是农村集体经济组织理事会成员、监事会成员或者监事、主要经营管理人员侵害农村集体经济组织权益的情形。而本条针对的是农村集体经济组织成员大会、成员代表大会、理事会或者农村集体经济组织负责人作出的决定侵害农村集体经济组织成员合法权益的情形。从诉讼结果上看，成员根据本条提起撤销诉讼的诉讼结果为决定被撤销，而根据第六十条规定提起派生诉讼的诉讼结果为农村集体经济组织理事会成员、监事会成员或者监事、主要经营管理人员承担赔偿责任。即使农村集体经济组织理事会成员、监事会成员或者监事、主要经营管理人员作出的决定，既侵害农村集体经济组织权益，又侵害成员合法权益，成员根据本条提起成员撤销诉讼仅能使得决定被撤销，决定作出主体承担赔偿责任仍需成员根据第六十条规定提起派生诉讼。

【关联规范】

《中华人民共和国民法典》第一百五十二条、第二百六十五条；《中华

---

① 《广东省高级人民法院关于审理建设用地使用权合同纠纷案件的指引》第二十条规定："根据物权法第六十三条第二款的规定，集体经济组织、村民委员会或者其负责人作出的决定侵害集体经济组织成员合法权益的，受侵害的集体成员可以请求人民法院予以撤销。决定被撤销的，集体经济组织依据该决定与善意相对人形成的民事法律关系不受影响。"载广东法院网，https://www.gdcourts.gov.cn/gsxx/quanweifabu/content/post_1048204.html，最后访问时间：2024年7月12日。

人民共和国村民委员会组织法》第二十七条、第三十六条；《中华人民共和国妇女权益保障法》第五十六条、第七十五条；《最高人民法院关于审理涉及农村土地承包纠纷案件适用法律问题的解释》① 第一条。

案例评析

农村集体经济组织决定不得侵害成员合法权益，成员有权依法提起诉讼，请求撤销侵害其合法权益的决定②

[案情简介]

林某（女）于1980年2月4日出生后，落户在DGX村。2003年11月，林某与案外人董某结婚，婚后户籍未迁移，未在其丈夫董某所在村集体享受集体经济组织成员待遇。林某在DGX村具有选民资格。2015年8月14日，DGX居委会社区代表会议通过《DC街道DGX社区福利及土地征用款分配方案》。该方案规定："对在本年度死亡人员和本年度婚嫁出去的人员（以结婚登记日并已举行结婚仪式为准），取消享有土地征用款、年终分红款，福利待遇的时间以火化或结婚当月开始计算（如五月死亡则从六月开始取消享受土地征用款和年终分配款待遇，六月因结婚嫁出去的人员则从七月开始取消享受土地征用款和年终收益分配款待遇）。"2016年1月14日，DGX居委会出台本集体经济组织内部关于土地征用款分配方案。该方案于2016年1月1日开始实行，有效期限自实行之日起至2018年社区集体经营收益分配结束为止。工贸公司根据〔2018〕25号《高某土公司矿山征地问题专题会议备忘录》，于2018年3月30日将《关于请求批准启动高某土公司IPO募投项目涉及用地预征收工作的请示》呈送LY市人民政府，正式启动"南采场东扩一期项目、原矿仓库迁建项目、综合利用产品（瓷石、高硅石）加工项目"的征收工作。上述项目用地均位于

---

① 《最高人民法院关于审理涉及农村土地承包纠纷案件适用法律问题的解释》，载最高人民法院网站，http：//gongbao.court.gov.cn/Details/07b13918f18b8f2dc8a5f718a9e644.html，最后访问时间：2024年7月8日。

② 福建省龙岩市中级人民法院（2020）闽08民终371号民事判决书，载中国裁判文书网，https：//wenshu.court.gov.cn/website/wenshu/181107ANFZ0BXSK4/index.html？docId=SgtEef6D6MldxYBr/FCZJ5mn/m4OhgJkYn0SlwfIfUof9wgMksviz5O3qNaLMqsJCxn+aRrBS0hQiD6E1ZzmmLuIi8oYXzW9uwlV1ao9dg7nbWwnvZPeVZNrDp+yxuep，最后访问时间：2024年7月8日。

XL区DC街道DGX社区居民委员会，占地面积分别为270.10亩、26.94亩、115.38亩。按照LY市人民政府龙政综〔2017〕77号文件规定标准补偿，DGX居委会收到补偿款共计1400万元。DGX居委会已向征收单位移交了相关征用土地，征收单位也已将该土地的征用补偿款划拨至DGX居委会的银行账户。2018年11月，DGX居委会依据《DC街道DGX社区福利及土地征用款分配方案》向其集体经济组织成员分发征地补偿款每人38000元和集体经济收益分红款1500元，未向林某发放前述款项。2019年8月14日，DGX居委会及LY市XL区DC街道DGX社区委员会农村产权制度改革工作组作出《LY市XL区DC街道DGX社区委员会集体经济组织成员身份认定方案》，该方案第四条第七款载明："婚嫁出去的以结婚证书及举行结婚仪式为准，从下个月开始将不享有社区集体经济组织成员身份。"2019年9月26日，DGX居委会向林某之父林某某送达《XL区DC街道DGX社区集体产权制度改革特殊人员告知书》，主要载明："你家庭户成员林某不予认定为本社区集体经济组织成员，不享有本社区集体产权收益分配权。若对此认定有异议，请于2019年10月5日前向本社区改革工作组提交书面异议材料，逾期未提供相关材料，改革工作组不再处理。"此后，林某向DGX居委会提出异议。后起诉至法院，请求：1.判令撤销DGX居委会作出的不予认定林某为本社区集体经济组织成员和不享有本社区集体产权收益分配权的决定。2.判令DGX居委会支付林某的征地补偿款39500元并支付该款自起诉之日起至款清之日止，按月利率0.5%计算利息。本案因此成讼。

[核心问题]

本案核心问题有二：一是原告林某是否具有被告处农村集体经济组织成员身份；二是被告作出的关于成员身份认定的决定属于村民自治范畴，本案是否属于人民法院民事诉讼受案范围。

[裁判要旨]

妇女在农村集体土地承包经营、集体经济组织收益分配、土地征收或者征用补偿使用等方面，享有与男子平等的权利。任何组织和个人不得以妇女结婚等为由，侵害妇女在农村集体经济组织中的各项权益。2016年《中共中央 国务院关于稳步推进农村集体产权制度改革的意见》在"（十）确认农村集体经济组织成员身份"中明确规定，成员身份的确认既要得到多数人认可，又要防止多数人侵犯少数人权益，切实保护妇女合法权益。林某的父母为DGX村村民，林某自1980年2月4日出生即落户在DGX村生活。即便林某于2003年11月与享有城镇户籍的董某结婚，亦因农业户与城镇居民户籍的制度管理而无法在婚后户籍迁移并户，其自始居住并将在 DGX 村的生产、生活作为其基本生活保障，除此之外并无证据反映林某有获得其他替代性基本生活保障。故审案法院认为，DGX 居委会作出的不予认定林某为本社区集体经济组织成员和不享有本社区集体产权收益分配权的决定，侵害了林某的合法权益。根据《中华人民共和国物权法》①第六十三条第二款的规定，林某提起决定撤销诉讼于法有据，DGX 居委会上诉主张本案不属于人民法院民事案件受理范围的理由不能成立，法院不予支持。依据《中华人民共和国物权法》第四十二条第二款规定，林某在本案中诉请要求 DGX 居委会支付 2018 年 3 月征地补偿款 38000 元、集体经济收益分红款 1500 元及相应的利息，符合法律规定。

[专家评析]

农村集体经济组织所作出决定侵害成员合法权益的，成员需在规定的除斥期间内请求撤销决定，且除斥期间不适用有关诉讼时效中止、中断和延长的规定。若将本法第六十一条规定理解为人民政府责令改正是成员提起撤销诉讼的前置程序，或根据第六十一条认定不属于人民法院民事案件受理范围，则会造成本法第五十七条规定的虚置，不利于农村集体经济组织成员维护自身合法权益。在适用本条时，撤销之诉的主体可以不必拘泥于"农村集体经济组织成员"，对于农村集体经济组织作出的确认成员身份的决定，未被确认成员身份的主体、相关利害关系人亦能提起撤销权之诉。

> **第五十八条 【主要负责人的法律责任及违规担保的效力】** 农村集体经济组织理事会成员、监事会成员或者监事、主要经营管理人员有本法第三十五条第二款规定行为的，由乡镇人民政府、街道办事处或者县级人民政府农业农村主管部门责令限期改正；情节严重的，依法给予处分或者行政处罚；造成集体财产损失的，依法承担赔偿责任；构成犯罪的，依法追究刑事责任。
>
> 前款规定的人员违反本法规定，以集体财产为本人或者他人债务提供担保的，该担保无效。

---

① 《中华人民共和国物权法》已失效，下同。

【条文主旨】

本条是关于农村集体经济组织的主要负责人实施损害农村集体经济组织权益行为时所需承担法律责任以及违法担保的效力的规定。

【条文解读】

一、主要负责人的法律责任

（一）本条中法律责任的适用主体范围

本条规定的适用主体主要有农村集体经济组织理事会成员、监事会成员或者监事、主要经营管理人员。本条所规定的理事会成员、监事会成员（监事）范围自然十分明确，但"主要经营管理人员"的范围并不是由法律直接规定的，而是由农村集体经济组织成员大会、成员代表大会自行决定的。本法第二十六条第一款第六项和第二十八条第四款规定，农村集体经济组织成员大会、成员代表大会行使"决定农村集体经济组织……主要经营管理人员的聘任、解聘和报酬"的职权。本法允许农村集体经济组织自由决定其主要经营管理人员的设置契合实践需求，因为主要经营管理岗位的设置和人员的确定本身是一个经营决策问题。因此，本条中的"主要经营管理人员"范围要按照成员大会、成员代表大会的决定、具体农村集体经济组织的实际运营状况、具体经营管理人员的职权职责进行判断。本法之所以要将主要经营管理人员也纳入规制范围，是因为在当前农村集体经济组织治理结构模式和治理机制下，主要经营管理人员在农村集体经济组织重大事项和具体事务的决策、管理和执行中享有广泛的职权。因此，有必要使主要经营管理人员承担与理事会成员、监事会成员或者监事相同程度的义务。

（二）适用的违法行为

理事会成员、监事会成员（监事）和主要经营管理人员之所以承担本条所规定的责任，是因为"有本法第三十五条第二款规定行为"。

本法第三十五条第二款规定了十款违反义务的禁止性行为，包括（1）侵占、挪用、截留、私分、哄抢、私分、破坏集体财产；（2）直接或者间接向农村集体经济组织借款；（3）以集体财产为本人或者他人债务提供担保；（4）违反法律法规或者国家有关规定为地方政府举借债务；（5）以农村集体经济组织名义开展非法集资等非法金融活动；（6）将集体财产低价折股、转让、租赁；（7）以集体财产加入合伙企业成为普通合伙人；（8）接受他人与农村集体经济组织交易的佣金归为己有；（9）泄露农村集体经济组织的商业秘密；（10）其他损害农村集体经济组织合法权益的行为。

（三）违法行为的处置措施

1. 一般违法行为时的责令限期改正。

本条第一款规定，农村集体经济组织理事会成员、监事会成员或者监事、主要经营管理人员有本法第三十五条第二款规定行为的，由乡镇人民政府、街道办事处或者县级人民政府农业农村主管部门责令限期改正。依照本法第十条的规定，乡镇人民政府、街道办事处和县级以上地方人民政府农业农村主管部门均对本行政区内的农村集体经济组织具有监督职权，因此可以责令上述违法人员限期改正。

2. 情节严重时的责任。

本条第一款规定，情节严重的，依法给予处分或者行政处罚；造成集体财产损失的，依法承担赔偿责任；构成犯罪的，依法追究刑事责任。本条并未规定违法人员未按照要求改正和未按期完成改正所要承担的责任，但这并不会导致违法行为、状态无法得以纠正或消除，因为本条在"责令限期改正"后还规定了违法人员在"情节严重"时所应承担的其他形式的法律责任。在农村集体经济组织理事会成员、监事会成员（监事）、主要经营管理人员有本法第三十五条第二款规定的行为且情节严重的，此时责令改正已经不足以对违法人员形成有效惩戒，本法规定了梯度化的法律责任，以减少违法行为，最大程度上保障农村集体经济组织及其成员的利益。

二、违法担保的效力

本条第二款规定，农村集体经济组织理事会成员、监事会成员或者监事、主要经营管理人员违反本法规定，以集体财产为本人或他人债务提供担保的，该担保无效。

（一）违法担保的构成——违反本法规定

本条第二款中的"违反本法规定"，主要指向本法第三十五条第二款第三项的规定，即农村集体经济组织理事会成员、监事会成员或者监事和主要经营管理人员不得以集体财产为本人或者他人债务提供担保。该项规定属于强制性规定的范畴，其规范重心在于强调不得"为本人或者他人债务"提供担保，而不是指农村集体经济组织不得对外提供任何担保。申言之，农村集体经济组织理事会成员、监事会成员或者监事和主要经营管理人员不得未经合法程序、私自以集体财产为其本人或者他人债务提供担保，在经过法定和章程确定的程序后，农村集体经济组织可以为自身债务或经营管理的需要进行对外担保。对外担保应当属于本法第二十六条第十二项所规定的"重大事项",属于成员大会的职权范围,应当按照本法第二十七条所规定的成员大会议事规则以及该农村集体经济组织的章程进行表决。因此,本条第二款所规定的"前款规定的人员违反本法规定,以集体财产为本人或者他人债务提供担保"是指农村集体经济组织理事会成员、监事会成员或者监事和主要经营管理人员未经合法程序、私自以集体财产为其本人或者他人债务提供担保的情形。

(二)违法担保的法律效果——担保无效

根据本条第二款规定,农村集体经济组织理事会成员、监事会成员或者监事和主要经营管理人员违反本法规定,以集体财产为本人或者他人债务提供担保,导致的法律后果是该担保无效。在主债权债务合同有效但担保合同无效的情形之下,担保合同无效适用《中华人民共和国民法典》第三百八十八条第二款和第六百八十二条第二款规定,就债权人因担保合同被认定无效所受损失,在有过错的当事人之间进行分配。《最高人民法院关于适用〈中华人民共和国民法典〉有关担保制度的解释》① 第十七条第一款进一步规定:"主合同有效而第三人提供的担保合同无效,人民法院应当区分不同情形确定担保人的赔偿责任:(一)债权人与担保人均有过错的,担保人承担的赔偿责任不应超过债务人不能清偿部分的二分之一;(二)担保人有过错而债权人无过错的,担保人对债务人不能清偿的部分承担赔偿责任;(三)债权人有过错而担保人无过错的,担保人不承担赔偿责任。"

【适用指南】

乡镇人民政府、街道办事处及县级人民政府农业农村主管部门可以主动审查农村集体经济组织理事会成员、监事会成员或者监事、主要经营管理人员是否有本法第三十五条第二款所规定的行为,若发现上述人员存在本法禁止的行为,可以责令上述责任人限期改正。乡镇人民政府、街道办事处及县级人民政府农业农村主管部门可以根据村民或其他主体要求其履行责令改正职责的申请,对申请人所提出的理事会成员、监事会成员或者监事、主要经营管理人员是否存在本法第三十五条第二款所规定的行为进

---

① 《最高人民法院关于适用〈中华人民共和国民法典〉有关担保制度的解释》,载人民网,http://legal.people.com.cn/n1/2021/0101/c42510-31986425.html,最后访问时间:2024年7月8日。

行审查，如果认定存在上述行为，则应依法责令相关责任人限期改正，并告知申请人；如果认定不存在违反本法第三十五条第二款所规定的行为，则应向申请人作出不予处理的告知或决定。当申请人不服乡镇人民政府、街道办事处或县级人民政府不予处理的告知或决定，或者不认可责令改正的措施时，可以申请行政复议或向人民法院提起诉讼，要求乡镇人民政府、街道办事处或县级人民政府农业农村主管部门履行法定职责。对于相关责任人违法情节严重的，应当依照相关法律追究其行政法律责任、民事法律责任和刑事法律责任。

农村集体经济组织对外担保应属本法第二十六条第十二项规定的重大事项，应当由农村集体经济组织成员大会决定通过。农村集体经济组织理事会成员、监事会成员或者监事、主要经营管理人员违法为本人或者他人债务提供担保的，担保无效，但这并不意味着农村集体经济组织无须承担任何责任。根据《中华人民共和国民法典》及《最高人民法院关于适用〈中华人民共和国民法典〉有关担保制度的解释》，在农村集体经济组织对担保无效有过错时，其应当承担基于缔约过失的赔偿责任。在农村集体经济组织承担赔偿责任后，可以向债务人追偿，也可以请求造成违法担保的理事会成员、监事会成员或者监事、主要经营管理人员承担侵权责任。

【关联规范】

《中华人民共和国民法典》第三百八十八条、第六百八十二条；《中华人民共和国农村集体经济组织法》第二十六条、第三十五条；《最高人民法院关于适用〈中华人民共和国民法典〉有关担保制度的解释》第十七条、第十八条第一款。

第五十九条　【侵害农村集体经济组织合法权益的诉讼救济】 对于侵害农村集体经济组织合法权益的行为，农村集体经济组织可以依法向人民法院提起诉讼。

【条文主旨】

本条是关于农村集体经济组织可就侵害自身合法权益的行为提起诉讼，寻求司法救济的规定。

【条文解读】

为了明确农村集体经济组织的诉讼地位,本条对此进行了规定。《中华人民共和国民事诉讼法》第五十一条规定,公民、法人和其他组织可以作为民事诉讼的当事人。《中华人民共和国民法典》第九十六条规定,农村集体经济组织为特别法人。因此,农村集体经济组织作为法人具有诉讼权利能力。本条明确规定农村集体经济组织可以作为当事人提起侵权诉讼,为农村集体经济组织具有当事人能力提供了直接的法律依据。这一规定有利于保障农村集体经济组织合法权益,为其在面临侵权行为时提供有效的法律救济途径,体现了我国法律体系对农村集体经济组织权益保障的重视和保护。从更深层次来看,这一规定有助于强化农村集体经济组织的法律地位,提高其自主维权的能力。在农村集体经济组织与其他民事主体发生纠纷时,其可以依法行使诉讼权利,维护自身权益。同时,该条规定与本法第六十条、第六十三条规定相结合,形成了有效维护农村集体经济组织及其成员权益的制度和规范体系。

本法第八条规定,国家保护农村集体经济组织及其成员的合法权益,任何组织和个人不得侵犯。农村集体经济组织成员集体所有的财产受法律保护,任何组织和个人不得侵占、挪用、截留、哄抢、私分、破坏。本条规定是对本法第八条规定的进一步落实。但是,侵害农村集体经济组织权益并不局限于侵害其财产权,农村集体经济组织的名称权、名誉权和荣誉权等权利和利益也受到本法保护,其同样可以提起诉讼保障上述合法权益。农村集体经济组织的合法权益应当按照《中华人民共和国民法典》总则编第五章的规定确定。与此同时,《中华人民共和国民法典》侵权责任编对侵权责任的具体规则作出了详细规定。农村集体经济组织请求侵权人承担侵权责任应当按照《中华人民共和国民法典》侵权责任编的具体规定为依据展开。

【适用指南】

本条规定,对于侵害农村集体经济组织合法权益的行为,农村集体经济组织可以依法向人民法院提起诉讼。本条中向人民法院提起的诉讼应该不限于民事诉讼,侵害农村集体经济组织合法权益的行为同样可能启动行政诉讼和刑事诉讼(刑事自诉)。因此,本条中提起诉讼的类型要区分侵害农村集体经济组织合法权益的行为的严重程度,分别启动民事诉讼、行政诉讼和刑事诉讼。此外,本法第六十三条对于农村集体经济组织提起行政诉讼的可能情形进行了进一步规定。

【关联规范】

《中华人民共和国民法典》第一百二十条、第一千一百六十四条至第一千一百八十七条；《中华人民共和国民事诉讼法》第五十一条；《中华人民共和国农村集体经济组织法》第八条、第六十条、第六十三条。

> **第六十条　【农村集体经济组织成员派生诉讼】** 农村集体经济组织理事会成员、监事会成员或者监事、主要经营管理人员执行职务时违反法律法规或者农村集体经济组织章程的规定，给农村集体经济组织造成损失的，应当依法承担赔偿责任。
>
> 前款规定的人员有前款行为的，农村集体经济组织理事会、监事会或者监事应当向人民法院提起诉讼；未及时提起诉讼的，十名以上具有完全民事行为能力的农村集体经济组织成员可以书面请求监事会或者监事向人民法院提起诉讼。
>
> 监事会或者监事收到书面请求后拒绝提起诉讼或者自收到请求之日起十五日内未提起诉讼的，前款规定的提出书面请求的农村集体经济组织成员可以为农村集体经济组织的利益，以自己的名义向人民法院提起诉讼。

【条文主旨】

本条是关于农村集体经济组织理事会成员、监事会成员或者监事、主要经营管理人员因执行职务对农村集体经济组织造成损害时应当承担赔偿责任以及农村集体经济组织成员派生诉讼的规定。

【条文解读】

本条共分三款，分别规定了农村集体经济组织理事会成员、监事会成员或者监事、主要经营管理人员执行职务时违反法律法规或者农村集体经济组织章程的规定，给农村集体经济组织造成损失的赔偿责任；成员派生诉讼的前置程序与成员派生诉讼的提起。

一、农村集体经济组织理事会成员、监事会成员或者监事、主要经营管理人员的赔偿责任

根据本条第一款的规定,农村集体经济组织理事会成员、监事会成员或者监事、主要经营管理人员执行职务时违反法律法规或者农村集体经济组织章程的规定,给农村集体经济组织造成损失的,应当依法承担赔偿责任。这主要是基于理事会成员、监事会成员或者监事承担的诚实信用、勤勉谨慎的义务。本法第三十五条规定,农村集体经济组织理事会成员、监事会成员或者监事应当遵守法律法规和农村集体经济组织章程,履行诚实信用、勤勉谨慎的义务,为农村集体经济组织及其成员的利益管理集体财产,处理农村集体经济组织事务。农村集体经济组织理事会成员、监事会成员或者监事和主要经营管理人员不得实施破坏集体财产、直接或者间接向农村集体经济组织借款、以集体财产为本人或者他人债务提供担保等行为。

(一)行为主体

本条第一款规定的侵权主体为农村集体经济组织理事会成员、监事会成员或者监事、主要经营管理人员。根据本法规定,农村集体经济组织的组织机构包括成员(代表)大会、理事会与监事会或者监事。根据本法第二十九条与第三十条的规定,理事会是农村集体经济组织的执行机关,一般由三至七名单数成员组成,理事长是农村集体经济组织的法定代表人。根据本法第三十二条第一款的规定,监事会是农村集体经济组织的监督机关,成员较少的农村集体经济组织可设监事一至二人。对于农村集体经济组织的主要经营管理人员,本法并未规定主要经营管理人员的职责。根据本法第二十六条第一款与第三十条的规定,主要经营管理人员的聘任由理事会向成员大会、成员代表大会提出建议,成员大会、成员代表大会决定主要经营管理人员的聘任。结合《农村集体经济组织财务制度》《农村集体经济组织示范章程(试行)》与各地出台的条例和示范章程可知,主要经营管理人员是除理事会成员、监事会成员或者监事、会计人员外的,对农村集体资产运行负有经营管理职责的人,如农村集体经济组织聘请的专业经营管理人员、农村集体经济组织根据本法第六条第三款规定设立的公司、农民专业合作社等市场主体的经营管理人员。

(二)侵权行为

本法第三十五条第二款规定列举了农村集体经济组织理事会成员、监事会成员或者监事、主要经营管理人员不得实施的行为,具体包括:侵占、挪用、截留、哄抢、私分、破坏集体财产,直接或者间接向农村集体经济组织借款，以集体财产为本人或者他人债务提供担保，违反法律法规或者国家有关规定为地方政府举借债务，以农村集体经济组织名义开展非法集资等非法金融活动，将集体财产低价折股、转让、租赁，以集体财产加入合伙企业成为普通合伙人，接受他人与农村集体经济组织交易的佣金归为己有，泄露农村集体经济组织的商业秘密等损害农村集体经济组织合法权益的行为。除此之外，农村集体经济组织理事会成员、监事会成员或者监事、主要经营管理人员违反法律法规或者农村集体经济组织章程的规定，在执行职务时实施了侵害农村集体经济组织合法权益的行为，亦属于实施侵权行为。例如，农村集体经济组织主要经营管理人员违反《中华人民共和国黑土地保护法》第二十条规定盗挖、滥挖集体所有的黑土地；又如，对于集体林地经营权受让方违反法律规定或者合同约定造成森林、林木、林地严重毁坏，农村集体经济组织理事会未及时主张权利，未根据《中华人民共和国森林法》第十九条第二款规定收回林地经营权，造成集体财产进一步受到侵害等。

（三）损害事实

本条第一款规定"给农村集体经济组织造成损失"。农村集体经济组织理事会成员、监事会成员或者监事、主要经营管理人员承担赔偿责任，要求产生农村集体经济组织受到损失的后果。

（四）因果关系

本条第一款所述的"造成"表明农村集体经济组织理事会成员、监事会成员或者监事、主要经营管理人员承担赔偿责任，要求违法行为与损害事实之间必须有因果关系。

（五）主观过错

农村集体经济组织理事会成员、监事会成员或者监事、主要经营管理人员承担赔偿责任，要求行为人须有过错，即须存在过失或者故意。

二、农村集体经济组织成员派生诉讼的前置程序

农村集体经济组织成员派生诉讼制度是指农村集体经济组织成员在农村集体经济组织理事会成员、监事会成员或者监事、主要经营管理人员非法侵害或容忍他人非法侵害农村集体经济组织权益时，符合法定条件的农村集体经济组织成员有权为成员集体利益，以自己的名义提起诉讼追究有关侵害人责任的诉讼制度。农村集体经济组织成员派生诉讼有助于监督农村集体经济组织运行状况、保障集体秩序良好运行。本条第二款、第三款是关于农村集体经济组织成员派生诉讼的规定，分别规定了成员派生诉讼的前置程序和具体启动。

（一）适用情形

本条第二款规定，适用农村集体经济组织成员派生诉讼的情形是理事会成员、监事会成员或者监事、主要经营管理人员存在本条第一款规定情形。本条第一款规定，农村集体经济组织理事会成员、监事会成员或者监事、主要经营管理人员执行职务时违反法律法规或者农村集体经济组织章程的规定，给农村集体经济组织造成损失的，应当依法承担赔偿责任。需要注意的是，本条不同于《中华人民共和国公司法》第一百八十九条，《中华人民共和国公司法》第一百八十九条规定，适用股东派生诉讼的情形既包括公司董事、监事、高级管理人员侵害公司利益的情形，也包括公司董事、监事、高级管理人员以外的人侵害公司利益的情形，如公司外部人员侵害公司利益。而本条仅规定，适用成员派生诉讼的情形是理事会成员、监事会成员或者监事、主要经营管理人员损害农村集体经济组织权益情形。理事会成员、监事会成员或者监事、主要经营管理人员以外的其他人员侵害农村集体经济组织合法权益的，本法未予直接规定。其他人员侵害农村集体经济组织合法利益的，农村集体经济组织应当根据本法第五十九条规定提起诉讼，不适用本条所规定的成员派生诉讼。理事会成员、监事会成员或者监事、主要经营管理人员未履行相应职责，使农村集体经济组织未能依法提起诉讼，造成农村集体经济组织合法权益受到进一步损害的，可适用本条。

（二）成员派生诉讼的前置程序

本条第二款是关于成员派生诉讼前置程序的规定，即当"前款规定的人员有前款行为的，农村集体经济组织理事会、监事会或者监事应当向人民法院提起诉讼；未及时提起诉讼的，十名以上具有完全民事行为能力的农村集体经济组织成员可以书面请求监事会或者监事向人民法院提起诉讼"。

1. 存在侵害农村集体经济组织权益并造成损失的行为。

本法第六十条第一款规定，农村集体经济组织理事会成员、监事会成员或者监事、主要经营管理人员执行职务时违反法律法规或者农村集体经济组织章程的规定，给农村集体经济组织造成损失的，应当依法承担赔偿责任。即只有存在给农村集体经济组织造成损失的侵害行为，农村集体经济组织才有依法向人民法院提起诉讼的基础。

2. 农村集体经济组织理事会、监事会或者监事应当提起诉讼但未及时提起诉讼。

本条第二款规定，前款规定的人员有前款行为的，农村集体经济组织理事会、监事会或者监事应当向人民法院提起诉讼。农村集体经济组织法人属于特别法人，能够以自己的名义提起诉讼。因此，对于理事会成员、监事会成员或者监事、主要经营管理人员侵害农村集体经济组织权益的，首先应由直接受害人提起诉讼进行救济，即农村集体经济组织理事会、监事会或者监事应当以农村集体经济组织的名义依法向人民法院提起诉讼。

3. 成员的先诉请求。

本条第二款规定，未及时提起诉讼的，十名以上具有完全民事行为能力的农村集体经济组织成员可以书面请求监事会或者监事向人民法院提起诉讼。这就是前置程序中的先诉请求。农村集体经济组织理事会、监事会或者监事应当提起诉讼而未提起的情况下，并不会直接启动成员派生诉讼，还需经过十名以上具有完全民事行为能力的农村集体经济组织成员书面请求监事会或者监事向人民法院提起诉讼的前置程序。

（三）成员派生诉讼的启动

本条第三款规定，即监事会或者监事收到书面请求后拒绝提起诉讼或者自收到请求之日起十五日内未提起诉讼的，前款规定的提出书面请求的农村集体经济组织成员可以为农村集体经济组织的利益，以自己的名义向人民法院提起诉讼。

1. 成员提起派生诉讼的前提。

当成员提出先诉请求后，监事会或者监事收到书面请求后拒绝提起诉讼或者自收到请求之日起十五日内未提起诉讼的，此时成员可以直接提起派生诉讼，因为已经穷尽了正当救济程序，仍然得不到救济。该种情形下，农村集体经济组织利益受到损害，最终将损害成员利益。

2. 成员派生诉讼的原告。

根据本条第二款、第三款规定，提起成员派生诉讼的先诉请求的为"十名以上具有完全民事行为能力的农村集体经济组织成员"。在成员派生诉讼中，农村集体经济组织成员要以自己的名义向人民法院提起诉讼。因此，成员派生诉讼中的原告需要符合以下条件：一是具备本农村集体经济组织成员身份；二是具有完全民事行为能力；三是人数达到十名以上；四是以自己的名义。

3. 成员派生诉讼的被告。

根据本条第一款规定，农村集体经济组织成员提起派生诉讼针对的是理事会成员、监事会成员或者监事、主要经营管理人员侵害农村集体经济组织权益。因此，成员派生诉讼的被告包括理事会成员、监事会成员（监事）、主要经营管理人员，不包括农村集体经济组织。对于上述三类主体以外的其他人侵害农村集体经济组织权益的，原则上不适用本条。

【适用指南】

农村集体经济组织成员派生诉讼是实现农村集体经济组织利益维护、成员权利落实的重要制度安排。本条系统性确定了农村集体经济组织理事会成员、监事会成员或者监事、主要经营管理人员侵害农村集体经济组织权益的诉讼救济机制。在成员派生诉讼中，人民法院应当从前置程序、原告资格、被告范围等方面严格适用本条，如成员提起派生诉讼的适用条件是否满足等。在审查原告资格时，人民法院需要审查原告是否具备本农村集体经济组织成员身份。在审查被告范围时，将理事会成员、监事会成员或者监事、主要经营管理人员列为被告。在诉讼结果方面，本条明确规定农村集体经济组织成员为农村集体经济组织利益，以自己的名义提起诉讼，由此，胜诉利益归属农村集体经济组织，农村集体经济组织在成员提起的诉讼请求得到全部或部分支持时应当承担成员提起诉讼的合理费用。

【关联规范】

《中华人民共和国公司法》第一百八十九条；《中华人民共和国土地管理法实施条例》第六十四条。

> **第六十一条　【农村集体经济组织章程、决定的监督】**
> 农村集体经济组织章程或者农村集体经济组织成员大会、成员代表大会所作的决定违反本法或者其他法律法规规定的，由乡镇人民政府、街道办事处或者县级人民政府农业农村主管部门责令限期改正。

【条文主旨】

本条是关于农村集体经济组织的章程和决定在违反法律法规情况下，受到乡镇人民政府、街道办事处或者县级人民政府农业农村主管部门监督和处理的规定。

【条文解读】

一、监督的对象和原因

本法第十条第二款、第三款规定，县级以上地方人民政府农业农村主管部门负责本行政区域内农村集体经济组织的登记管理、运行监督指导以及承包地、宅基地等集体财产管理和产权流转交易等的监督指导；乡镇人民政府、街道办事处负责本行政区域内农村集体经济组织的监督管理等。这就授予了乡镇人民政府、街道办事处及县级以上地方人民政府农业农村主管部门对农村集体经济组织的监督职权，本条规定正是对上述监督职权的落实。农村集体经济组织作为特别法人，也要遵循法人的一般运行机制，按照章程和决定行动。在此过程中，章程的制定、决定的作出都属于集体自治事项，法律一般不会予以干预。但是，当农村集体经济组织的章程或决定违反法律法规时，如不进行纠正，会对整体的法律秩序和农村集体经济组织成员利益造成损害。此时，承担监督职权职责的乡镇人民政府、街道办事处或县级人民政府农业农村主管部门就可以责令农村集体经济组织改正章程、决定中违反法律法规的内容。

二、监督措施

本条中规定，农村集体经济组织章程或者农村集体经济组织成员大会、成员代表大会所作的决定违反本法或者其他法律法规规定的，"由乡镇人民政府、街道办事处或者县级人民政府农业农村主管部门责令限期改正"。"责令限期改正"即要求行政机关在作出"责令改正"决定的同时限定违法人员改正的期限。

【适用指南】

乡镇人民政府、街道办事处及县级人民政府农业农村主管部门可以主动审查农村集体经济组织章程、决定，若发现其中有违反法律法规的内容，可以责令农村集体经济组织限期改正。乡镇人民政府、街道办事处及县级人民政府农业农村主管部门可以根据利害关系人要求其履行责令改正职责的申请，对申请人所提出的相关章程、决定是否违反法律法规进行审查，如果认定农村集体经济组织的章程、决定存在违反法律法规的情况，则依法责令农村集体经济组织改正，并告知申请人；如果认定农村集体经济组织的章程、决定不存在违反法律法规的情形，则应向申请人作出不予处理的告知或决定。当申请人不服乡镇人民政府、街道办事处或县级人民政府不予处理的告知或决定，或者不认可乡镇人民政府、街道办事处或县级人民政府责令改正的措施时,可以申请行政复议或向人民法院提起诉讼,要求乡镇人民政府、街道办事处或县级人民政府农业农村主管部门履行法定职责。

【关联规范】

《中华人民共和国民法典》第一百五十三条;《中华人民共和国农村集体经济组织法》第十条;《中华人民共和国妇女权益保障法》第七十五条。

> 第六十二条 【地方政府的法律责任】地方人民政府及其有关部门非法干预农村集体经济组织经营管理和财产管理活动或者未依法履行相应监管职责的,由上级人民政府责令限期改正;情节严重的,依法追究相关责任人员的法律责任。

【条文主旨】

本条是关于地方人民政府及其有关部门法律责任的规定。

【条文解读】

根据《中华人民共和国民法典》第九十九条与本法第六条的规定,农村集体经济组织依法登记后,取得特别法人资格,可依法从事与其履行职责相适应的民事活动,可依法设立公司、农民专业合作社等市场主体。本条充分尊重了农村集体经济组织的市场主体地位,对地方人民政府及其有关部门非法干预农村集体经济组织经营管理和财产管理活动或者未依法履行相应监管职责的,配置了相应法律责任。

一、地方人民政府及其有关部门非法干预农村集体经济组织经营管理和财产管理活动或者未依法履行相应监管职责

本法第三十六条至第四十三条规定,农村集体经济组织依法对集体所有的财产进行经营管理。对于集体所有的财产,农村集体经济组织为经营管理主体。本法第十条原则性规定了各级人民政府、国务院农业农村主管部门与其他有关部门、县级以上地方人民政府农业农村主管部门与其他有关部门对农村集体经济组织建设与发展所负的职责。具体而言,国务院农业农村主管部门负责全国农村集体经济组织建设和发展的指导,县级以上

人民政府建立农村集体经济组织工作的综合协调机制，统筹指导、协调、扶持、推动农村集体经济组织的建设和发展，其他各级人民政府与部门的主要职责是监督管理职责。

结合本法第六章规定，地方人民政府及其有关部门对于农村集体经济组织规定的经营管理与财产管理活动，承担扶持与监督管理的职责，不得非法干预农村集体经济组织内部事务。例如，地方人民政府及其有关部门违反《中华人民共和国农村土地承包法》第二十六条规定，利用职权干涉农村土地承包；又如，地方人民政府及其有关部门违反本法第六十一条规定，以农村集体经济组织决定违反法律法规为由，干预农村集体经济组织经营管理与财产管理活动。

地方人民政府及其有关部门依法负有相应监管职责的，农村集体经济组织应当及时向地方人民政府及其有关部门报告，地方人民政府及其有关部门应当及时依法履行相应职责。例如，《中华人民共和国粮食安全保障法》第十三条第二款规定，县级以上地方人民政府农业农村主管部门应当加强耕地种植用途管控日常监督。村民委员会、农村集体经济组织发现违反耕地种植用途管控要求行为的，应当及时向乡镇人民政府或者县级人民政府农业农村主管部门报告。若农村集体经济组织向乡镇人民政府或者县级人民政府农业农村主管部门报告存在违反耕地种植用途管控要求行为，政府不履行监管职责的，应当追究其法律责任。

二、法律责任

本条规定，地方人民政府及其有关部门非法干预农村集体经济组织经营管理和财产管理活动或者未依法履行相应监管职责的，由上级人民政府责令限期改正，情节严重的，依法追究相关责任人的法律责任。根据《中华人民共和国地方各级人民代表大会和地方各级人民政府组织法》第七十三条规定，县级以上的地方各级人民政府领导所属各工作部门和下级人民政府的工作，有权改变或者撤销所属各工作部门的不适当的命令、指示和下级人民政府的不适当的决定、命令。因此，对于地方人民政府非法干预农村集体经济组织的，由上级人民政府责令限期改正。对于地方人民政府有关部门非法干预农村集体经济组织的，部门所属人民政府亦可责令限期改正。例如，县级人民政府农业农村主管部门非法干预农村集体经济组织，县级以上人民政府应责令其限期改正。

【适用指南】

在本条适用过程中，应当结合本条与其他法律法规来认定地方人民政府及其有关部门"非法干预"。法律法规明确地方人民政府及其有关部门对农村集体经济组织运行承担监督指导职责，地方性法规亦对地方人民政府及其有关部门的职责作出了详细规定，如《黑龙江省农村集体经济组织条例》①第四十七条第六项规定，各级人民政府、相关部门或者其工作人员违规干预农村集体经济组织运营造成损失的，对直接负责的主管人员和其他直接责任人员依法予以处分。本条按照情节严重程度作出了区分。对于地方人民政府及其有关部门非法干预农村集体经济组织，情节不严重的，由上级人民政府责令限期改正；对于情节严重的，应依法追究相关责任人的法律责任。

【关联规范】

《中华人民共和国乡村振兴促进法》第七十三条；《中华人民共和国农业法》第九十条；《中华人民共和国农村土地承包法》第二十六条、第六十五条；《中华人民共和国土地管理法》第十四条、第八十四条；《最高人民法院关于审理涉及农村集体土地行政案件若干问题的规定》②第一条；《最高人民法院关于审理森林资源民事纠纷案件适用法律若干问题的解释》③第二条。

第六十三条　【行政救济】农村集体经济组织对行政机关的行政行为不服的，可以依法申请行政复议或者提起行政诉讼。

【条文主旨】

本条是关于农村集体经济组织申请行政救济的规定。

---

①《黑龙江省农村集体经济组织条例》，载黑龙江省人民代表大会常务委员会网站，https：//www.hljrd.gov.cn/content.html？id＝8933，最后访问时间：2024年6月29日。

②《最高人民法院关于审理涉及农村集体土地行政案件若干问题的规定》，载最高人民法院网站，http：//gongbao.court.gov.cn/Details/2de188234b43e06cb4f7e3b94b6c38.html，最后访问时间：2024年6月29日。

③《最高人民法院关于审理森林资源民事纠纷案件适用法律若干问题的解释》，载最高人民法院网站，http：//gongbao.court.gov.cn/Details/fdd7cf0c9e3988c2c437626d7dbb9d.html，最后访问时间：2024年6月29日。

【条文解读】

根据本条规定，农村集体经济组织对行政机关的行政行为不服的，可以依法申请行政复议或者提起行政诉讼。本条规定了农村集体经济组织对行政行为不服的行政救济途径。

一、对行政机关的行政行为不服

通常情况下，行政机关在土地征收、登记管理、土地权属、成员身份确认等方面作出行政许可、行政处罚、行政确认等具体行政行为。例如，《中华人民共和国土地管理法》第八十二条规定，对于擅自将农村集体所有的土地通过出让、转让使用权或者出租等方式用于非农业建设的，县级以上人民政府自然资源主管部门应责令限期改正，没收违法所得，并处罚款。若农村集体经济组织对县级以上人民政府自然资源主管部门实施的行政处罚不服，则农村集体经济组织可申请行政复议或提起行政诉讼。又如，根据本法第四十七条规定，县级以上地方人民政府农业农村主管部门和乡镇人民政府、街道办事处根据情况对农村集体经济组织开展定期审计、专项审计，农村集体经济组织对审计决定不服的，可以依法申请行政复议或提起行政诉讼。需要注意的是，农村集体经济组织仅能对行政机关针对其作出的行政行为不服申请行政复议或提起行政诉讼。农村集体经济组织依法设立的公司对行政机关所做行政行为不服的，应由公司申请行政复议或提起行政诉讼。

二、申请行政复议

根据《中华人民共和国行政复议法》的相关规定，农村集体经济组织应当依法提起行政复议。需要注意的是，行政复议的范围、行政复议前置与行政复议效力需要结合《中华人民共和国行政复议法》的具体规定适用。

三、提起行政诉讼

根据《中华人民共和国行政诉讼法》的相关规定，农村集体经济组织认为行政机关作出的行政行为侵犯其合法权益的，可依法提起行政诉讼。《中华人民共和国行政诉讼法》第十二条与《最高人民法院关于适用〈中华人民共和国行政诉讼法〉的解释》[①] 第一条规定了行政诉讼的受案范围。

---

① 《最高人民法院关于适用〈中华人民共和国行政诉讼法〉的解释》，载国家法律法规数据库，https：//flk.npc.gov.cn/detail2.html？MmM5MGU1YmE2NWM2OGNmNzAxNjdmMjlkMGU2MDRlYzQ，最后访问时间：2024 年 7 月 6 日。

例如，行政机关违反本法第六十四条，非法干预农村集体经济组织经营管理与财产管理活动，农村集体经济组织可依法提起行政诉讼。根据《中华人民共和国行政诉讼法》第五十三条的规定，农村集体经济组织认为行政行为所依据的国务院部门和地方人民政府及其部门制定的规范性文件不合法，在对行政行为提起诉讼时，可以一并请求对该规范性文件进行审查。当农村集体经济组织对涉及农村集体土地的行政行为不起诉的，根据《最高人民法院关于审理涉及农村集体土地行政案件若干问题的规定》第三条的规定，过半数的村民可以以农村集体经济组织的名义提起行政诉讼。

【适用指南】

根据本条规定，农村集体经济组织可选择申请行政复议与提起行政诉讼。对此，需要注意行政复议与行政诉讼的受案范围问题与衔接问题。在受案范围上，根据《中华人民共和国行政复议法》第十一条、《最高人民法院关于适用〈中华人民共和国行政诉讼法〉的解释》第一条第二款第八项的规定，上级行政机关基于内部层级监督关系对下级行政机关作出的听取报告、执法检查、督促履责等行为，不属于行政复议或行政诉讼的受案范围。本法第六十二条规定，对地方人民政府及其有关部门非法干预农村集体经济组织经营管理和财产管理活动或者未依法履行相应监管职责的，由上级人民政府责令限期改正。

在行政复议与行政诉讼的衔接问题上，需要注意以下问题：第一，根据《最高人民法院关于适用〈中华人民共和国行政诉讼法〉的解释》第五十七条的规定，在法律法规未规定行政复议为提起行政诉讼必经程序的情况下，农村集体经济组织既提起诉讼又申请行政复议的，由先立案的机关管辖。同时立案的，农村集体经济组织可选择。农村集体经济组织已经申请行政复议，在法定复议期间内又向人民法院提起诉讼的，人民法院裁定不予立案。第二，根据《中华人民共和国行政复议法》第十条的规定，农村集体经济组织对行政复议决定不服的，可依法提起行政诉讼，法律规定行政复议决定为最终裁决的除外。因此，农村集体经济组织对行政复议决定不服的，原则上不得继续申请行政复议。第三，根据《中华人民共和国行政诉讼法》第二十六条第二款、第三款的规定，经行政复议的案件，复议机关决定维持原行政行为的，作出原行政行为的行政机关和复议机关是共同被告；复议机关改变原行政行为的，复议机关是被告；起诉复议机关不作为的，复议机关是被告。

【关联规范】

《中华人民共和国行政复议法》第二条;《中华人民共和国行政诉讼法》第二条;《中华人民共和国农业法》第七十八条;《中华人民共和国农村土地承包经营纠纷调解仲裁法》第二条;《中华人民共和国农村土地承包法》第二十六条;《中华人民共和国土地管理法》第七十一条、第八十四条;《中华人民共和国地方各级人民代表大会和地方各级人民政府组织法》第七十三条。

第八章　附　　则

> **第六十四条　【村民自治组织代行农村集体经济组织职能】**未设立农村集体经济组织的，村民委员会、村民小组可以依法代行农村集体经济组织的职能。
>
> 村民委员会、村民小组依法代行农村集体经济组织职能的，讨论决定有关集体财产和成员权益的事项参照适用本法的相关规定。

【条文主旨】

本条是关于村民委员会、村民小组依法代行农村集体经济组织职能的前提和参照适用规则的规定。

【条文解读】

本条分为两款，分别规定了村民委员会、村民小组依法代行农村集体经济组织职能的前提以及村民委员会、村民小组讨论决定有关集体财产和成员权益事项时的规则适用。

一、农村集体经济组织和村民委员会、村民小组的代行关系

本条第一款规定，未设立农村集体经济组织的，村民委员会、村民小组可以依法代行农村集体经济组织的职能。即村民委员会或者村民小组在代行农村集体经济组织职能时处于补充地位，只有在未设立农村集体经济组织的例外情形下，才能由村民委员会或者村民小组代行农村集体经济组织职能。

2015 年，中共中央办公厅、国务院办公厅印发的《深化农村改革综合

性实施方案》》①明确指出，农村集体经济组织制度和村民自治组织制度在农村治理体系中是互相交织但又互相独立的两个制度，同时进一步强调在进行农村集体产权制度改革、组建农村股份合作经济组织的地区，探索剥离村"两委"对集体资产经营管理的职能，开展实行"政经分开"试验，完善农村基层党组织领导的村民自治组织和农村集体经济组织运行机制，明确了"政经分离"的基本改革思路。2016年，《中共中央 国务院关于稳步推进农村集体产权制度改革的意见》在"（十二）发挥农村集体经济组织功能作用"中明确提出要将"探索明晰农村集体经济组织与村民委员会的职能关系"作为改革的重要任务。由此，在法律层面理顺农村集体经济组织和村民委员会的关系，使其能够各居其位，各司其职，互相配合，共同促进乡村治理体系现代化，是农村集体产权制度改革的一项重要内容。

《中华人民共和国民法典》第二百六十一条规定，农民集体所有的不动产和动产，属于本集体成员集体所有；本法第三十六条第二款规定，集体财产依法由农村集体经济组织成员集体所有。成员集体作为一种具有中国特色的民事主体，是集体所有权的归属主体。根据《中华人民共和国民法典》第二百六十二条、第一百零一条的规定，农村集体经济组织或村民委员会、村民小组作为集体所有权的代行主体，依法代表农民集体行使集体所有权。从法律关系上讲，农村集体经济组织和村民委员会、村民小组实际上都是集体所有权的代行主体，只是在代行的顺序上有先后之分。

二、村民委员会、村民小组代行农村集体经济组织职能时的规则适用

本条第二款规定，村民委员会、村民小组依法代行农村集体经济组织职能的，讨论决定有关集体财产和成员权益的事项参照适用本法的相关规定。本款在《中华人民共和国民法典》第一百零一条规定的基础上，进一步细化了村民委员会、村民小组代行农村集体经济组织职能时的适用规则。第一，代行的对象。当村民委员会、村民小组依法代行农村集体经济组织职能，即"讨论决定有关集体财产和成员权益的事项"时才参照适用有关规定。第二，参照适用"本法的相关规定"。具体是指本法第四章"组织机构"中有关的决议规则，如适用本法第二十六条至第二十八条中所规定的成员（代表）大会职权范围及其表决规则。

---

① 《深化农村改革综合性实施方案》，载中国政府网，https://www.gov.cn/chengce/2015-11/02/content_2958781.htm，最后访问时间：2024年6月30日。

有关集体财产和成员权益事项，属于农村集体经济组织代行集体所有权职能的范畴，原则上应当由农村集体经济组织作出决定。《中华人民共和国村民委员会组织法》第二十四条第三款明确规定，法律对讨论决定农村集体经济组织财产和成员权益的事项另有规定的，依照其规定。在本法第四章已经明确规定了农村集体经济组织的组织机构和议事规则的情况下，在未设立农村集体经济组织的地区，可以由村民委员会、村民小组参照农村集体经济组织的议事规则，代替农村集体经济组织作出决定。

【适用指南】

第一，人民法院在审理土地承包纠纷、集体土地征收补偿纠纷等相关案件时，首先要明确诉讼主体是否适格。在农村集体经济组织和村民委员会、村民小组并存时，应当明确农村集体经济组织是适格主体。第二，在农村集体经济组织成立前，由村民委员会代表农民集体签订的有关合同合法有效，其权利义务应当由农村集体经济组织概括承受。第三，在实践中应当严格把握村民自治组织介入农村集体经济事务的界限，只有在未设立农村集体经济组织的情况下，才能由村民委员会或村民小组代行农村集体经济组织职能。在农村集体经济组织已经成立，但由于组织机构不健全等原因未能有效运行的情况下，村民委员会、村民小组不得径行干涉农村集体经济事务，而应当在乡镇政府的指导下保证农村集体经济组织建立起规范有效的治理和运行机制。第四，在村民委员会、村民小组代行农村集体经济组织职能，讨论集体财产和成员权益有关事项时，会议的组成、召开、表决等议事规则应当参照适用本法。

【关联规范】

《中华人民共和国民法典》第一百零一条、第二百六十二条；《中华人民共和国村民委员会组织法》第八条、第二十四条；《中华人民共和国农村土地承包法》第十三条；《最高人民法院关于适用〈中华人民共和国民法典〉有关担保制度的解释》第五条。

> [案例评析]

未设立农村集体经济组织时，由村民委员会代行农村集体经济组织职能，承担土地发包等经济职责。新成立的农村集体经济组织，依法行使经济职能，概括承受此前村民委员会与承包方签订的土地承包合同所涉权利义务①

[案情简介]

YB村原由YB村村民委员会行使集体资产管理等事务，2019年5月8日YB村另行设立农村集体经济组织YB村合作社，业务范围包括集体资产经营与管理、集体资源开发与利用、农业生产发展与服务、财务管理与收益分配等。2020年经GT县人民政府调整，YB村被规划至GT县YJ社区辖区范畴内，YB村村委会变为YJ镇YJ社区YB村民小组。

尹作某系YB村村民，亦为YB村合作社成员。1999年YB村部分村民开垦种植，原YB村村委会曾将LWZ村东北QY高速南侧东注注地承包给尹作某耕种，承包期自1999年1月1日至2028年12月30日。尹作某后每年按照400元交纳承包费，一直交至2014年。2015年9月YB村村委会召开村民代表大会，决议收回涉案土地，尹作某未表示同意，要求依合同履行。YB村股份经济合作社向法院提起诉讼，要求判令尹作某交还案涉承包土地并支付所欠承包费用。

[核心问题]

本案系农村土地承包合同纠纷。在本案中，首要的争议焦点是明确本案的诉讼主体是否适格，而要确定本案当中适格的诉讼主体，应当首先厘清股份经济合作社、村民委员会和村民小组等各个组织之间的法律关系，明确案涉合同权利义务的承继关系。

[裁判要旨]

农村集体经济组织是以土地的集体所有制为基础，以乡村区域为范围，以管理土地和财产、组织本集体成员共同开展大规模的生产经营活动

---

① 山东省聊城市中级人民法院（2022）鲁15民终1358号民事判决书，载中国裁判文书网，https://wenshu.court.gov.cn/website/wenshu/181107ANFZ0BXSK4/index.html?docId=b7S8tNnGLPEM9Pf8Zdhj2Lj9jQagCZKfy6WU2o0rndv+vsrqlmjhUWI3IS1ZgB82Ri+Bat8cjBx4a17W9stuKERkj5LwY/EmYIPxW/rohf8vJDIZFjab5UF6eGjgzR+f，最后访问时间：2024年6月30日。

和提供其他社会经济服务的集体性经济组织，系农村集体土地的经营者和管理者，承担农村集体土地的经营和管理职责。但由于我国特殊的历史原因，农村多数地区是以村民委员会代行集体经济组织发包等职能。故根据我国农村经济发展实际，《中华人民共和国民法典》第一百零一条第二款规定，未设立村集体经济组织的，村民委员会可以代行村集体经济组织的职能，即明确农村集体资产优先由农村集体经济组织进行管理，农村集体经济组织在民事活动中担任一方民事主体，只有在未设立集体经济组织的自然村村委会才可在法律规定范围内代行农村集体经济组织职能。

本案争议土地原系由未设立集体经济组织的 YB 村村委会代为发包给尹作某耕种，后 YB 村成立 YB 村合作社，该集体经济组织应履行土地经营管理职责，即概括承受与尹作某的土地承包合同所涉权利义务。故 YB 村合作社作为争议土地的管理方有权作为原告参与本案诉讼，系适格的诉讼主体。

[专家评析]

人民法院在本案审理过程中对农村集体经济组织和村民委员会的法律关系进行了正确的梳理。在 YB 村未设立农村集体经济组织时，由当地村民委员会代行农村集体经济组织职能，依法与承包方签订发包合同。农村集体经济组织成立后，应当收回对集体资产的经营管理权。此前村民委员会代行农村集体经济组织职能期间，对外与承包方签订的土地承包合同，应当由农村集体经济组织概括承受。法院对本案中各个组织之间法律关系的梳理，符合《中华人民共和国民法典》第一百零一条的规定，与本条规范的所蕴含的精神也是一致的。

第六十五条　【已依法登记的农村集体经济组织的效力确认】 本法施行前已经按照国家规定登记的农村集体经济组织及其名称，本法施行后在法人登记证书有效期限内继续有效。

【条文主旨】

本条是关于本法实施前农村集体经济组织依法登记的效力确认。

【条文解读】

本条规定，本法施行前已经按照国家规定登记的农村集体经济组织及其名称，本法施行后在法人登记证书有效期限内继续有效。主要原因有二：

一是在本法施行前，我国已经开展了农村集体经济组织登记赋码工作。2018年5月《农业农村部 中国人民银行 国家市场监督管理总局关于开展农村集体经济组织登记赋码工作的通知》部署了农村集体经济组织赋码登记工作，明确由县级农业农村主管部门负责发放农村集体经济组织登记证书，并赋予统一社会信用代码。2015年以来，在农村集体产权制度改革试点中，先期已经取得组织机构代码和登记证的农村集体经济组织，应于2020年年底前完成换证赋码工作，未按期完成换证赋码的农村集体经济组织，其旧证照作废。二是本法关于农村集体经济组织登记的名称要求和部门规章的规定有所区别。《农业农村部 中国人民银行 国家市场监督管理总局关于开展农村集体经济组织登记赋码工作的通知》在"一、准确把握农村集体经济组织登记赋码的总体要求"中规定，农村集体经济组织的名称应含有"经济合作"（"经济联合"）或"股份经济合作"字样，且只能使用一个名称。但根据本法规定，农村集体经济组织的名称中应当标明"集体经济组织"字样，这就与前述规范的规定产生了差异。为了做好本法与前述规范的衔接问题，妥善处理已经按照前述文件规定登记的农村集体经济组织名称的合法性问题，本条规定，本法施行前已经按照国家规定登记的农村集体经济组织及其名称，本法施行后在法人登记证书有效期限内继续有效。

【适用指南】

在本法施行前，按照《农业农村部 中国人民银行 国家市场监督管理总局关于开展农村集体经济组织登记赋码工作的通知》的有关规定，已经成立的农村集体经济组织已完成登记工作。根据本法第二十二条的规定，新成立的农村集体经济组织，应当继续按照有关规定，向县级以上地方人民政府农业农村主管部门申请登记，取得农村集体经济组织登记证书，便于开展集体财产经营和管理活动。本条规定确认依据按照国家规定登记的农村集体经济组织及其名称，本法施行后在法人登记证书有效期限内继续有效，保证农村集体经济组织赋码登记工作的有效延续，是贯彻实施《中华人民共和国民法典》特别法人制度的必然要求。农村集体经济组织完成登记注册后取得登记证书，作为特别法人的身份证明。同时，按照有关建立覆盖全面、稳定且唯一的以组织机构代码为基础的法人和其他组织统一社会信用代码制度的要求，农村集体经济组织在登记后，从全国组织机构统一社会信用代码数据服务中心获取统一社会信用代码，凭登记证书和统一社会信用代码到有关部门办理公章刻制和银行开户等手续，以便开展经营管理活动。通过赋码登记工作，赋予农村集体经济组织统一的国家和市场身份认同，进一步确认和巩固农村集体经济组织法人资格，建立起有利于完善农村集体经济组织运行的机制，为农村集体经济组织参与市场经济创造了平等、便利的制度环境，对于增强农村集体经济发展活力，推进农村集体经济发展的市场化、法治化，对于繁荣农村市场经济、推动乡村振兴、实现农业农村现代化都有着重要的现实价值。

【关联规范】

《中华人民共和国农村集体经济组织法》第二十二条。

第六十六条　【与农村集体产权制度改革中成员身份确认的衔接】 本法施行前农村集体经济组织开展农村集体产权制度改革时已经被确认的成员，本法施行后不需要重新确认。

【条文主旨】

本条是关于本法实施前农村集体经济组织成员身份确认的效力确认。

【条文解读】

本法第十一条界定了农村集体经济组织成员的内涵，第十二条在第十一条的基础上进一步规定了农村集体经济组织成员身份的确认规则。在本法颁布之前，农村集体经济组织成员身份确认的一般原则、考量要素、确认程序等在国家层面的立法中并无统一规定。2016年《中共中央 国务院关于稳步推进农村集体产权制度改革的意见》对推进农村集体产权制度改革作出总体安排。该意见指出，改革的重点任务之一就是探索界定农村集体经济组织成员身份的具体办法，各地区要依据有关法律法规，按照尊重历史、兼顾现实、程序规范、群众认可的原则，统筹考虑户籍关系、农村土地承包关系、对集体积累的贡献等因素，协调平衡各方利益，做好农村集体经济组织成员身份确认工作，解决成员边界不清的问题。①

根据农业农村部网站公布的相关数据，2020年以来，农业农村部与16个联席会议成员单位，先后部署5批农村集体产权制度改革试点，覆盖全国所有涉农县市区，全面完成确认农村集体经济组织成员身份，共确认集体成员9亿人。② 在此基础上，全国各地加快成员权证发放工作，建立健全农村集体经济组织成员登记备案制度。

农村集体经济组织成员身份确认工作是农村集体产权制度改革的核心成果之一。本法关于农村集体经济组织成员身份确认的相关规定，是对农村集体产权制度改革实践中成熟经验的总结和提炼。为保持政策的延续性和农村集体经济组织成员地位的稳定性，本条规定，本法施行前农村集体经济组织开展农村集体产权制度改革时已经被确认的成员，本法施行后不需要重新确认。

【适用指南】

在农村集体产权制度改革推进过程中，各试点地区在《中共中央 国务院关于稳步推进农村集体产权制度改革的意见》精神的基础上，依托有关法律、法规和相关政策，根据本地的实际情况，普遍性地开展了成员身份确认工作。为保持政策的延续性和农村集体经济组织成员地位的稳定性，本条明确认可农村集体经济组织开展农村集体产权制度改革时的成员确认工作效力。

农村集体经济组织成员身份确认问题，主要属于法人内部成员自治的范畴。人民法院在审理有关农村集体经济组织成员身份纠纷的案件时，对于农村集体经济组织在农村集体产权制度改革期间已经依法完成的成员确认，原则上应当予以尊重和认可，但对于确实存在侵害成员合法权益的情

---

① 《中共中央 国务院关于稳步推进农村集体产权制度改革的意见》"（十）确认农村集体经济组织成员身份"规定："依据有关法律法规，按照尊重历史、兼顾现实、程序规范、群众认可的原则，统筹考虑户籍关系、农村土地承包关系、对集体积累的贡献等因素，协调平衡各方利益，做好农村集体经济组织成员身份确认工作，解决成员边界不清的问题。改革试点中，要探索在群众民主协商基础上确认农村集体经济组织成员的具体程序、标准和管理办法，建立健全农村集体经济组织成员登记备案机制。成员身份的确认既要得到多数人认可，又要防止多数人侵犯少数人权益，切实保护妇女合法权益。提倡农村集体经济组织成员家庭今后的新增人口，通过分享家庭内拥有的集体资产权益的办法，按章程获得集体资产份额和集体成员身份。"

② 《中央一号文件发布 农村集体产权制度改革阶段性任务基本完成》，载农业农村部网站，http://www.zcggs.moa.gov.cn/gdxw/202203/t20220309_6391121.htm，最后访问时间：2024年7月10日。

况，仍然应当进行必要的审查并予以纠正；对于农村集体产权制度改革之后新增的成员身份确认纠纷，应当根据本法关于成员身份确认的有关规则予以审理，保证相关法律政策的连续性，与农村集体产权制度改革的实践成果做好衔接，充分保护农村集体经济组织成员权利。

【关联规范】

《中华人民共和国农村集体经济组织法》第十一条、第十二条。

第六十七条 【生效日期】本法自2025年5月1日起施行。

【条文主旨】

本条规定了本法生效的时间。

【条文解读】

法律从何时开始生效，一般根据该项法律的性质和实际需要来决定。我国法律的生效时间规定主要有两种方式。第一种是在法律条文中明确规定，自法律公布之日起生效施行；第二种是在法律中明确规定生效施行的日期。本法即属于第二种情形，即在法律中明确规定生效施行的日期，我国大多数法律的生效时间均属于此种情形。本法自2025年5月1日起施行。

附 录

中华人民共和国
农村集体经济组织法

（2024年6月28日第十四届全国人民代表大会常务委员会第十次会议通过　2024年6月28日中华人民共和国主席令第26号公布　自2025年5月1日起施行）

目　　录

第一章　总　　则
第二章　成　　员
第三章　组织登记
第四章　组织机构
第五章　财产经营管理和收益分配
第六章　扶持措施
第七章　争议的解决和法律责任
第八章　附　　则

第一章　总　　则

第一条　为了维护农村集体经济组织及其成员的合法权益，规范农村集体经济组织及其运行管理，促进新型农村集体经济高质量发展，巩固和完善农村基本经营制度和社会主义基本经济制度，推进乡村全面振兴，加快建设农业强国，促进共同富裕，根据宪法，制定本法。

第二条　本法所称农村集体经济组织，是指以土地集体所有为基础，依法代表成员集体行使所有权，实行家庭承包经营为基础、统分结合双层经营体制的区域性经济组织，包括乡镇级农村集体经济组织、村级农村集体经济组织、组级农村集体经济组织。

第三条　农村集体经济组织是发展壮大新型农村集体经济、巩固社会主义公有制、促进共同富裕的重要主体，是健全乡村治理体系、实现乡村善治的重要力量，是提升中国共产党农村基层组织凝聚力、巩固党在农村执政根基的重要保障。

第四条 农村集体经济组织应当坚持以下原则：

（一）坚持中国共产党的领导，在乡镇党委、街道党工委和村党组织的领导下依法履职；

（二）坚持社会主义集体所有制，维护集体及其成员的合法权益；

（三）坚持民主管理，农村集体经济组织成员依照法律法规和农村集体经济组织章程平等享有权利、承担义务；

（四）坚持按劳分配为主体、多种分配方式并存，促进农村共同富裕。

第五条 农村集体经济组织依法代表成员集体行使所有权，履行下列职能：

（一）发包农村土地；

（二）办理农村宅基地申请、使用事项；

（三）合理开发利用和保护耕地、林地、草地等土地资源并进行监督；

（四）使用集体经营性建设用地或者通过出让、出租等方式交由单位、个人使用；

（五）组织开展集体财产经营、管理；

（六）决定集体出资的企业所有权变动；

（七）分配、使用集体收益；

（八）分配、使用集体土地被征收征用的土地补偿费等；

（九）为成员的生产经营提供技术、信息等服务；

（十）支持和配合村民委员会在村党组织领导下开展村民自治；

（十一）支持农村其他经济组织、社会组织依法发挥作用；

（十二）法律法规和农村集体经济组织章程规定的其他职能。

第六条 农村集体经济组织依照本法登记，取得特别法人资格，依法从事与其履行职能相适应的民事活动。

农村集体经济组织不适用有关破产法律的规定。

农村集体经济组织可以依法出资设立或者参与设立公司、农民专业合作社等市场主体，以其出资为限对其设立或者参与设立的市场主体的债务承担责任。

第七条 农村集体经济组织从事经营管理和服务活动，应当遵守法律法规，遵守社会公德、商业道德，诚实守信，承担社会责任。

第八条 国家保护农村集体经济组织及其成员的合法权益，任何组织和个人不得侵犯。

农村集体经济组织成员集体所有的财产受法律保护，任何组织和个人不得侵占、挪用、截留、哄抢、私分、破坏。

妇女享有与男子平等的权利，不得以妇女未婚、结婚、离婚、丧偶、户无男性等为由，侵害妇女在农村集体经济组织中的各项权益。

第九条 国家通过财政、税收、金融、土地、人才以及产业政策等扶持措施，促进农村集体经济组织发展，壮大新型农村集体经济。

国家鼓励和支持机关、企事业单位、社会团体等组织和个人为农村集体经济组织提供帮助和服务。

对发展农村集体经济组织事业做出突出贡献的组织和个人，按照国家规定给予表彰和奖励。

第十条 国务院农业农村主管部门负责指导全国农村集体经济组织的建设和发展。国务院其他有关部门在各自职责范围内负责有关的工作。

县级以上地方人民政府农业农村主管部门负责本行政区域内农村集体经济组织的登记管理、运行监督指导以及承包地、宅基地等集体财产管理和产权流转交易等的监督指导。县级以上地方人民政府其他有关部门在各自职责范围内负责有关的工作。

乡镇人民政府、街道办事处负责本行政区域内农村集体经济组织的监督管理等。

县级以上人民政府农业农村主管部门应当会同有关部门加强对农村集体经济组织工作的综合协调，指导、协调、扶持、推动农村集体经济组织的建设和发展。

地方各级人民政府和县级以上人民政府农业农村主管部门应当采取措施，建立健全集体财产监督管理服务体系，加强基层队伍建设，配备与集体财产监督管理工作相适应的专业人员。

第二章　成　　员

第十一条 户籍在或者曾经在农村集体经济组织并与农村集体经济组织形成稳定的权利义务关系，以农村集体经济组织成员集体所有的土地等财产为基本生活保障的居民，为农村集体经济组织成员。

第十二条 农村集体经济组织通过成员大会，依据前条规定确认农村集体经济组织成员。

对因成员生育而增加的人员，农村集体经济组织应当确认为农村集体经济组织成员。对因成员结婚、收养或者因政策性移民而增加的人员，农村集体经济组织一般应当确认为农村集体经济组织成员。

确认农村集体经济组织成员，不得违反本法和其他法律法规的规定。

农村集体经济组织应当制作或者变更成员名册。成员名册应当报乡镇人民政府、街道办事处和县级人民政府农业农村主管部门备案。

省、自治区、直辖市人民代表大会及其常务委员会可以根据本法，结合本行政区域实际情况，对农村集体经济组织的成员确认作出具体规定。

第十三条 农村集体经济组织成员享有下列权利：

（一）依照法律法规和农村集体经济组织章程选举和被选举为成员代表、理事会成员、监事会成员或者监事；

（二）依照法律法规和农村集体经济组织章程参加成员大会、成员代表大会，参与表决决定农村集体经济组织重大事项和重要事务；

（三）查阅、复制农村集体经济组织财务会计报告、会议记录等资料，了解有关情况；

（四）监督农村集体经济组织的生产经营管理活动和集体收益的分配、使用，并提出意见和建议；

（五）依法承包农村集体经济组织发包的农村土地；

（六）依法申请取得宅基地使用权；

（七）参与分配集体收益；

（八）集体土地被征收征用时参与分配土地补偿费等；

（九）享受农村集体经济组织提供的服务和福利；

（十）法律法规和农村集体经济组织章程规定的其他权利。

第十四条 农村集体经济组织成员履行下列义务：

（一）遵守法律法规和农村集体经济组织章程；

（二）执行农村集体经济组织依照法律法规和农村集体经济组织章程作出的决定；

（三）维护农村集体经济组织合法权益；

（四）合理利用和保护集体土地等资源；

（五）参与、支持农村集体经济组织的生产经营管理活动和公益活动；

（六）法律法规和农村集体经济组织章程规定的其他义务。

第十五条 非农村集体经济组织成员长期在农村集体经济组织工作，对集体做出贡献的，经农村集体经济组织成员大会全体成员四分之三以上同意，可以享有本法第十三条第七项、第九项、第十项规定的权利。

第十六条 农村集体经济组织成员提出书面申请并经农村集体经济组织同意的，可以自愿退出农村集体经济组织。

农村集体经济组织成员自愿退出的，可以与农村集体经济组织协商获得适当补偿或者在一定期限内保留其已经享有的财产权益，但是不得要求分割集体财产。

第十七条 有下列情形之一的，丧失农村集体经济组织成员身份：

（一）死亡；

（二）丧失中华人民共和国国籍；

（三）已经取得其他农村集体经济组织成员身份；

（四）已经成为公务员，但是聘任制公务员除外；

（五）法律法规和农村集体经济组织章程规定的其他情形。

因前款第三项、第四项情形而丧失农村集体经济组织成员身份的，依照法律法规、国家有关规定和农村集体经济组织章程，经与农村集体经济组织协商，可以在一定期限内保留其已经享有的相关权益。

第十八条 农村集体经济组织成员不因就学、服役、务工、经商、离婚、丧偶、服刑等原因而丧失农村集体经济组织成员身份。

农村集体经济组织成员结婚，未取得其他农村集体经济组织成员身份的，原农村集体经济组织不得取消其成员身份。

第三章 组 织 登 记

第十九条 农村集体经济组织应当具备下列条件：

（一）有符合本法规定的成员；

（二）有符合本法规定的集体财产；

（三）有符合本法规定的农村集体经济组织章程；

（四）有符合本法规定的名称和住所；

（五）有符合本法规定的组织机构。

符合前款规定条件的村一般应当设立农村集体经济组织，村民小组可以根据情况设立农村集体经济组织；乡镇确有需要的，可以设立农村集体经济组织。

设立农村集体经济组织不得改变集体土地所有权。

第二十条 农村集体经济组织章程应当载明下列事项：

（一）农村集体经济组织的名称、法定代表人、住所和财产范围；

（二）农村集体经济组织成员确认规则和程序；

（三）农村集体经济组织的机构；

（四）集体财产经营和财务管理；

（五）集体经营性财产收益权的量化与分配；

（六）农村集体经济组织的变更和注销；

（七）需要载明的其他事项。

农村集体经济组织章程应当报乡镇人民政府、街道办事处和县级人民政府农业农村主管部门备案。

国务院农业农村主管部门根据本法和其他有关法律法规制定农村集体经济组织示范章程。

第二十一条 农村集体经济组织的名称中应当标明"集体经济组织"字样，以及所在县、不设区的市、市辖区、乡、民族乡、镇、村或者组的名称。

农村集体经济组织以其主要办事机构所在地为住所。

第二十二条 农村集体经济组织成员大会表决通过本农村集体经济组织章程、确认本农村集体经济组织成员、选举本农村集体经济组织理事会成员、监事会成员或者监事后，应当及时向县级以上地方人民政府农业农村主管部门申请登记，取得农村集体经济组织登记证书。

农村集体经济组织登记办法由国务院农业农村主管部门制定。

第二十三条 农村集体经济组织合并的，应当在清产核资的基础上编制资产负债表和财产清单。

农村集体经济组织合并的，应当由各自的成员大会形成决定，经乡镇人民政府、街道办事处审核后，报县级以上地方人民政府批准。

农村集体经济组织应当在获得批准合并之日起十日内通知债权人，债权人可以要求农村集体经济组织清偿债务或者提供相应担保。

合并各方的债权债务由合并后的农村集体经济组织承继。

第二十四条 农村集体经济组织分立的，应当在清产核资的基础上分配财产、分解债权债务。

农村集体经济组织分立的，应当由成员大会形成决定，经乡镇人民政府、街道办事处审核后，报县级以上地方人民政府批准。

农村集体经济组织应当在获得批准分立之日起十日内通知债权人。

农村集体经济组织分立前的债权债务，由分立后的农村集体经济组织享有连带债权，承担连带债务，但是农村集体经济组织分立时已经与债权人或者债务人达成清偿债务的书面协议的，从其约定。

第二十五条 农村集体经济组织合并、分立或者登记事项变动的，应当办理变更登记。

农村集体经济组织因合并、分立等原因需要解散的，依法办理注销登记后终止。

第四章 组织机构

第二十六条 农村集体经济组织成员大会由具有完全民事行为能力的

全体成员组成，是本农村集体经济组织的权力机构，依法行使下列职权：

（一）制定、修改农村集体经济组织章程；

（二）制定、修改农村集体经济组织内部管理制度；

（三）确认农村集体经济组织成员；

（四）选举、罢免农村集体经济组织理事会成员、监事会成员或者监事；

（五）审议农村集体经济组织理事会、监事会或者监事的工作报告；

（六）决定农村集体经济组织理事会成员、监事会成员或者监事的报酬及主要经营管理人员的聘任、解聘和报酬；

（七）批准农村集体经济组织的集体经济发展规划、业务经营计划、年度财务预决算、收益分配方案；

（八）对农村土地承包、宅基地使用和集体经营性财产收益权份额量化方案等事项作出决定；

（九）对集体经营性建设用地使用、出让、出租方案等事项作出决定；

（十）决定土地补偿费等的分配、使用办法；

（十一）决定投资等重大事项；

（十二）决定农村集体经济组织合并、分立等重大事项；

（十三）法律法规和农村集体经济组织章程规定的其他职权。

需由成员大会审议决定的重要事项，应当先经乡镇党委、街道党工委或者村党组织研究讨论。

第二十七条 农村集体经济组织召开成员大会，应当将会议召开的时间、地点和审议的事项于会议召开十日前通知全体成员，有三分之二以上具有完全民事行为能力的成员参加。成员无法在现场参加会议的，可以通过即时通讯工具在线参加会议，或者书面委托本农村集体经济组织同一户内具有完全民事行为能力的其他家庭成员代为参加会议。

成员大会每年至少召开一次，并由理事会召集，由理事长、副理事长或者理事长指定的成员主持。

成员大会实行一人一票的表决方式。成员大会作出决定，应当经本农村集体经济组织成员大会全体成员三分之二以上同意，本法或者其他法律法规、农村集体经济组织章程有更严格规定的，从其规定。

第二十八条 农村集体经济组织成员较多的，可以按照农村集体经济组织章程规定设立成员代表大会。

设立成员代表大会的，一般每五户至十五户选举代表一人，代表人数应当多于二十人，并且有适当数量的妇女代表。

成员代表的任期为五年，可以连选连任。

成员代表大会按照农村集体经济组织章程规定行使本法第二十六条第一款规定的成员大会部分职权，但是第一项、第三项、第八项、第十项、第十二项规定的职权除外。

成员代表大会实行一人一票的表决方式。成员代表大会作出决定，应当经全体成员代表三分之二以上同意。

第二十九条 农村集体经济组织设理事会，一般由三至七名单数成员组成。理事会设理事长一名，可以设副理事长。理事长、副理事长、理事的产生办法由农村集体经济组织章程规定。理事会成员之间应当实行近亲属回避。理事会成员的任期为五年，可以连选连任。

理事长是农村集体经济组织的法定代表人。

乡镇党委、街道党工委或者村党组织可以提名推荐农村集体经济组织理事会成员候选人，党组织负责人可以通过法定程序担任农村集体经济组织理事长。

第三十条 理事会对成员大会、成员代表大会负责，行使下列职权：

（一）召集、主持成员大会、成员代表大会，并向其报告工作；

（二）执行成员大会、成员代表大会的决定；

（三）起草农村集体经济组织章程修改草案；

（四）起草集体经济发展规划、业务经营计划、内部管理制度等；

（五）起草农村土地承包、宅基地使用、集体经营性财产收益权份额量化，以及集体经营性建设用地使用、出让或者出租等方案；

（六）起草投资方案；

（七）起草年度财务预决算、收益分配方案等；

（八）提出聘任、解聘主要经营管理人员及决定其报酬的建议；

（九）依照法律法规和农村集体经济组织章程管理集体财产和财务，保障集体财产安全；

（十）代表农村集体经济组织签订承包、出租、入股等合同，监督、督促承包方、承租方、被投资方等履行合同；

（十一）接受、处理有关质询、建议并作出答复；

（十二）农村集体经济组织章程规定的其他职权。

第三十一条 理事会会议应当有三分之二以上的理事会成员出席。

理事会实行一人一票的表决方式。理事会作出决定，应当经全体理事的过半数同意。

理事会的议事方式和表决程序由农村集体经济组织章程具体规定。

第三十二条　农村集体经济组织设监事会，成员较少的可以设一至二名监事，行使监督理事会执行成员大会和成员代表大会决定、监督检查集体财产经营管理情况、审核监督本农村集体经济组织财务状况等内部监督职权。必要时，监事会或者监事可以组织对本农村集体经济组织的财务进行内部审计，审计结果应当向成员大会、成员代表大会报告。

监事会或者监事的产生办法、具体职权、议事方式和表决程序等，由农村集体经济组织章程规定。

第三十三条　农村集体经济组织成员大会、成员代表大会、理事会、监事会或者监事召开会议，应当按照规定制作、保存会议记录。

第三十四条　农村集体经济组织理事会成员、监事会成员或者监事与村党组织领导班子成员、村民委员会成员可以根据情况交叉任职。

农村集体经济组织理事会成员、财务人员、会计人员及其近亲属不得担任监事会成员或者监事。

第三十五条　农村集体经济组织理事会成员、监事会成员或者监事应当遵守法律法规和农村集体经济组织章程，履行诚实信用、勤勉谨慎的义务，为农村集体经济组织及其成员的利益管理集体财产，处理农村集体经济组织事务。

农村集体经济组织理事会成员、监事会成员或者监事、主要经营管理人员不得有下列行为：

（一）侵占、挪用、截留、哄抢、私分、破坏集体财产；

（二）直接或者间接向农村集体经济组织借款；

（三）以集体财产为本人或者他人债务提供担保；

（四）违反法律法规或者国家有关规定为地方政府举借债务；

（五）以农村集体经济组织名义开展非法集资等非法金融活动；

（六）将集体财产低价折股、转让、租赁；

（七）以集体财产加入合伙企业成为普通合伙人；

（八）接受他人与农村集体经济组织交易的佣金归为己有；

（九）泄露农村集体经济组织的商业秘密；

（十）其他损害农村集体经济组织合法权益的行为。

第五章　财产经营管理和收益分配

第三十六条　集体财产主要包括：

（一）集体所有的土地和森林、山岭、草原、荒地、滩涂；

（二）集体所有的建筑物、生产设施、农田水利设施；

（三）集体所有的教育、科技、文化、卫生、体育、交通等设施和农村人居环境基础设施；

（四）集体所有的资金；

（五）集体投资兴办的企业和集体持有的其他经济组织的股权及其他投资性权利；

（六）集体所有的无形资产；

（七）集体所有的接受国家扶持、社会捐赠、减免税费等形成的财产；

（八）集体所有的其他财产。

集体财产依法由农村集体经济组织成员集体所有，由农村集体经济组织依法代表成员集体行使所有权，不得分割到成员个人。

第三十七条　集体所有和国家所有依法由农民集体使用的耕地、林地、草地以及其他依法用于农业的土地，依照农村土地承包的法律实行承包经营。

集体所有的宅基地等建设用地，依照法律、行政法规和国家有关规定取得、使用、管理。

集体所有的建筑物、生产设施、农田水利设施，由农村集体经济组织按照国家有关规定和农村集体经济组织章程使用、管理。

集体所有的教育、科技、文化、卫生、体育、交通等设施和农村人居环境基础设施，依照法律法规、国家有关规定和农村集体经济组织章程使用、管理。

第三十八条　依法应当实行家庭承包的耕地、林地、草地以外的其他农村土地，农村集体经济组织可以直接组织经营或者依法实行承包经营，也可以依法采取土地经营权出租、入股等方式经营。

第三十九条　对符合国家规定的集体经营性建设用地，农村集体经济组织应当优先用于保障乡村产业发展和乡村建设，也可以依法通过出让、出租等方式交由单位或者个人有偿使用。

第四十条　农村集体经济组织可以将集体所有的经营性财产的收益权以份额形式量化到本农村集体经济组织成员，作为其参与集体收益分配的基本依据。

集体所有的经营性财产包括本法第三十六条第一款第一项中可以依法入市、流转的财产用益物权和第二项、第四项至第七项的财产。

国务院农业农村主管部门可以根据本法制定集体经营性财产收益权量化的具体办法。

第四十一条　农村集体经济组织可以探索通过资源发包、物业出租、居间服务、经营性财产参股等多样化途径发展新型农村集体经济。

第四十二条 农村集体经济组织当年收益应当按照农村集体经济组织章程规定提取公积公益金,用于弥补亏损、扩大生产经营等,剩余的可分配收益按照量化给农村集体经济组织成员的集体经营性财产收益权份额进行分配。

第四十三条 农村集体经济组织应当加强集体财产管理,建立集体财产清查、保管、使用、处置、公开等制度,促进集体财产保值增值。

省、自治区、直辖市可以根据实际情况,制定本行政区域农村集体财产管理具体办法,实现集体财产管理制度化、规范化和信息化。

第四十四条 农村集体经济组织应当按照国务院有关部门制定的农村集体经济组织财务会计制度进行财务管理和会计核算。

农村集体经济组织应当根据会计业务的需要,设置会计机构,或者设置会计人员并指定会计主管人员,也可以按照规定委托代理记账。

集体所有的资金不得存入以个人名义开立的账户。

第四十五条 农村集体经济组织应当定期将财务情况向农村集体经济组织成员公布。集体财产使用管理情况、涉及农村集体经济组织及其成员利益的重大事项应当及时公布。农村集体经济组织理事会应当保证所公布事项的真实性。

第四十六条 农村集体经济组织应当编制年度经营报告、年度财务会计报告和收益分配方案,并于成员大会、成员代表大会召开十日前,提供给农村集体经济组织成员查阅。

第四十七条 农村集体经济组织应当依法接受审计监督。

县级以上地方人民政府农业农村主管部门和乡镇人民政府、街道办事处根据情况对农村集体经济组织开展定期审计、专项审计。审计办法由国务院农业农村主管部门制定。

审计机关依法对农村集体经济组织接受、运用财政资金的真实、合法和效益情况进行审计监督。

第四十八条 农村集体经济组织应当自觉接受有关机关和组织对集体财产使用管理情况的监督。

第六章 扶持措施

第四十九条 县级以上人民政府应当合理安排资金,支持农村集体经济组织发展新型农村集体经济、服务集体成员。

各级财政支持的农业发展和农村建设项目,依法将适宜的项目优先交由符合条件的农村集体经济组织承担。国家对欠发达地区和革命老区、民族地区、边疆地区的农村集体经济组织给予优先扶助。

县级以上人民政府有关部门应当依法加强对财政补助资金使用情况的监督。

第五十条 农村集体经济组织依法履行纳税义务，依法享受税收优惠。

农村集体经济组织开展生产经营管理活动或者因开展农村集体产权制度改革办理土地、房屋权属变更，按照国家规定享受税收优惠。

第五十一条 农村集体经济组织用于集体公益和综合服务、保障村级组织和村务运转等支出，按照国家规定计入相应成本。

第五十二条 国家鼓励政策性金融机构立足职能定位，在业务范围内采取多种形式对农村集体经济组织发展新型农村集体经济提供多渠道资金支持。

国家鼓励商业性金融机构为农村集体经济组织及其成员提供多样化金融服务，优先支持符合条件的农村集体经济发展项目，支持农村集体经济组织开展集体经营性财产股权质押贷款；鼓励融资担保机构为农村集体经济组织提供融资担保服务；鼓励保险机构为农村集体经济组织提供保险服务。

第五十三条 乡镇人民政府编制村庄规划应当根据实际需要合理安排集体经济发展各项建设用地。

土地整理新增耕地形成土地指标交易的收益，应当保障农村集体经济组织和相关权利人的合法权益。

第五十四条 县级人民政府和乡镇人民政府、街道办事处应当加强农村集体经济组织经营管理队伍建设，制定农村集体经济组织人才培养计划，完善激励机制，支持和引导各类人才服务新型农村集体经济发展。

第五十五条 各级人民政府应当在用水、用电、用气以及网络、交通等公共设施和农村人居环境基础设施配置方面为农村集体经济组织建设发展提供支持。

第七章　争议的解决和法律责任

第五十六条 对确认农村集体经济组织成员身份有异议，或者农村集体经济组织因内部管理、运行、收益分配等发生纠纷的，当事人可以请求乡镇人民政府、街道办事处或者县级人民政府农业农村主管部门调解解决；不愿调解或者调解不成的，可以向农村土地承包仲裁机构申请仲裁，也可以直接向人民法院提起诉讼。

确认农村集体经济组织成员身份时侵害妇女合法权益，导致社会公共利益受损的，检察机关可以发出检察建议或者依法提起公益诉讼。

第五十七条 农村集体经济组织成员大会、成员代表大会、理事会或者农村集体经济组织负责人作出的决定侵害农村集体经济组织成员合法权益的，受侵害的农村集体经济组织成员可以请求人民法院予以撤销。但是，农村集体经济组织按照该决定与善意相对人形成的民事法律关系不受影响。

受侵害的农村集体经济组织成员自知道或者应当知道撤销事由之日起一年内或者自该决定作出之日起五年内未行使撤销权的，撤销权消灭。

第五十八条 农村集体经济组织理事会成员、监事会成员或者监事、主要经营管理人员有本法第三十五条第二款规定行为的，由乡镇人民政府、街道办事处或者县级人民政府农业农村主管部门责令限期改正；情节严重的，依法给予处分或者行政处罚；造成集体财产损失的，依法承担赔偿责任；构成犯罪的，依法追究刑事责任。

前款规定的人员违反本法规定，以集体财产为本人或者他人债务提供担保的，该担保无效。

第五十九条 对于侵害农村集体经济组织合法权益的行为，农村集体经济组织可以依法向人民法院提起诉讼。

第六十条 农村集体经济组织理事会成员、监事会成员或者监事、主要经营管理人员执行职务时违反法律法规或者农村集体经济组织章程的规定，给农村集体经济组织造成损失的，应当依法承担赔偿责任。

前款规定的人员有前款行为的，农村集体经济组织理事会、监事会或者监事应当向人民法院提起诉讼；未及时提起诉讼的，十名以上具有完全民事行为能力的农村集体经济组织成员可以书面请求监事会或者监事向人民法院提起诉讼。

监事会或者监事收到书面请求后拒绝提起诉讼或者自收到请求之日起十五日内未提起诉讼的，前款规定的提出书面请求的农村集体经济组织成员可以为农村集体经济组织的利益，以自己的名义向人民法院提起诉讼。

第六十一条 农村集体经济组织章程或者农村集体经济组织成员大会、成员代表大会所作的决定违反本法或者其他法律法规规定的，由乡镇人民政府、街道办事处或者县级人民政府农业农村主管部门责令限期改正。

第六十二条 地方人民政府及其有关部门非法干预农村集体经济组织

经营管理和财产管理活动或者未依法履行相应监管职责的，由上级人民政府责令限期改正；情节严重的，依法追究相关责任人员的法律责任。

第六十三条　农村集体经济组织对行政机关的行政行为不服的，可以依法申请行政复议或者提起行政诉讼。

第八章　附　　则

第六十四条　未设立农村集体经济组织的，村民委员会、村民小组可以依法代行农村集体经济组织的职能。

村民委员会、村民小组依法代行农村集体经济组织职能的，讨论决定有关集体财产和成员权益的事项参照适用本法的相关规定。

第六十五条　本法施行前已经按照国家规定登记的农村集体经济组织及其名称，本法施行后在法人登记证书有效期限内继续有效。

第六十六条　本法施行前农村集体经济组织开展农村集体产权制度改革时已经被确认的成员，本法施行后不需要重新确认。

第六十七条　本法自 2025 年 5 月 1 日起施行。

后　记

《中华人民共和国农村集体经济组织法》已经由中华人民共和国第十四届全国人民代表大会常务委员会第十次会议于 2024 年 6 月 28 日通过，自 2025 年 5 月 1 日起施行。《中华人民共和国农村集体经济组织法》是一部固根本、稳预期、利长远的重要法律。该法从农村集体产权制度改革的实践沃土中走来，经过了实务与理论界的各方助力，体现了农业农村的自驱发展和对农民的利益关切，意在推进农村集体产权制度改革成果的法律化、规范化，为进一步全面推进乡村振兴，加快建设农业强国，促进共同富裕提供了法治保障。

为做好这部法律的宣传普及工作，笔者组织力量编写了这本书。出于对受众群体广泛性与具体适用便利性的考虑，本书将体现全面、实用、普遍、简明的特点，力求语言平实、通俗易懂。现将编委会成员与工作分工列举如下：房绍坤：负责全书的总协调和总统稿；管洪彦：负责撰写第一条至第四条、第十二条，负责全书初步统稿；张蓓：负责撰写第五条，协助全书初步统稿；王洪平：负责撰写第六条至第十条；林广会：负责撰写第十一条、第十三条、第十四条；严聪：负责撰写第十五条至第十八条；曹相见：负责撰写第十九条至第二十二条；姜楠：负责撰写第二十三条至第二十五条；宋天骐：负责撰写第二十六条至第三十条；张泽嵩：负责撰写第三十一条至第三十五条；张洪波：负责撰写第三十六条至第四十条；任怡多：负责撰写第四十一条至第四十八条；袁晓燕：负责撰写第四十九条至第五十五条；马鹏博：负责撰写第五十六条、第五十八条、第五十九条及第六十一条；路鹏宇：负责撰写第五十七条、第六十条、第六十二条、第六十三条；崔炜：负责撰写第六十四条至第六十七条。

期待本书能为《中华人民共和国农村集体经济组织法》的理解适

用和宣传普及尽一份力量。最后，在本书出版之际，感谢中国法治出版社王熹编辑的辛勤付出与努力，向吉林大学、吉林大学法学院以及全国各界关注吉林大学农业农村法治研究院发展的各位领导、同仁、朋友表示诚挚的感谢！

本书编写组

2024年9月29日

图书在版编目（CIP）数据

中华人民共和国农村集体经济组织法理解与适用／房绍坤，管洪彦主编. --北京：中国法治出版社，2024.10. -- ISBN 978-7-5216-4619-1

Ⅰ. D922.45

中国国家版本馆 CIP 数据核字第 2024SB9195 号

策划编辑：王熹　　　责任编辑：王熹　贺鹏娟　李若瑶　　　封面设计：李宁

中华人民共和国农村集体经济组织法理解与适用
ZHONGHUA RENMIN GONGHEGUO NONGCUN JITI JINGJI ZUZHIFA LIJIE YU SHIYONG

主编/房绍坤，管洪彦
经销/新华书店
印刷/三河市国英印务有限公司

开本/730 毫米×1030 毫米　16 开　　　　　印张／16　字数／230 千
版次/2024 年 10 月第 1 版　　　　　　　　　2024 年 10 月第 1 次印刷

中国法治出版社出版
书号 ISBN 978-7-5216-4619-1　　　　　　　　定价：69.00 元

北京市西城区西便门西里甲 16 号西便门办公区
邮政编码：100053　　　　　　　　　　　　　传真：010-63141600
网址：http://www.zgfzs.com　　　　　　　　编辑部电话：010-63141795
市场营销部电话：010-63141612　　　　　　　印务部电话：010-63141606

（如有印装质量问题，请与本社务部联系。）